WESTERN
ETHICS
CLASSICS
OF
THE 20TH
CENTURY

20世纪西方伦理学经典

伦理学基础

原理与论理

［下］

万俊人　主　编
唐文明　副主编

北京师范大学出版集团
BEIJING NORMAL UNIVERSITY PUBLISHING GROUP
北京师范大学出版社

［英］黑尔（Richard Mervyn Hare，1919—2001）

《道德语言》（1952）（节选）

《自由与理性》（1963）（节选）

《道德思维——及其层次、方法和出发点》（1981）（节选）

《道德语言》（1952）（节选）

一、祈使语气

"德性是一种支配我们选择的气质。"

——亚里士多德《尼各马科伦理学》1106^{b}36

(甲)规定语言

1.1. 如果我们问某人的道德原则是什么，我们最有把握作出正确回答的方式，是研究他的所作所为。当然，他可以在他的谈话中主张各种原则，而在行动中又完全无视它们；但当他了解到与某一境况相关的全部事实，并面对行为的各种选择性方式和对"我将做什么"这一问题的各种选择性答案之间作出选择或决定时，他实际所相信的行为原则就会显现出来。行为之所以能以独特的方式展示道德原则，其原因正在于，道德原则的作用就是指导行为。道德语言是一种规定语言。这即是使伦理学值得研究的缘由所在：因为"我应做什么"这一问题，是一个我们无法回避太久的问题。尽管行为问题有时并不及填字谜游戏那么妙趣横生，但行为问题必须得以解决这一点也与填字谜游戏不同。我们不能等待下回分解，因为下回讨论的问题也有赖于这些问题的解决。因之，在行为问题日益复杂而令人烦恼的这个世界里，存在着一种对我们据以提出并解答这些问题的语言进行理解的巨大需要。因为有关我们道德语言的混乱，不仅导致理论上的混乱，而且也会导致不必要的实践中的困惑。

一种业已过时但却依然有用的研究方式是种加属差；如果道德语言属于"规定语言"一类，倘若我们先把规定语言与其他类语言，然后将道德语言与其他类规定语言相互比较和对照一下，那么，我们就很易于理解道德语言的本性。简言之，这即是本书的计划。我将从简单到复杂，先论及最简单的规定语言形式，即通常的祈使句。道德语言的研究者对这类语句的逻辑行为颇有兴趣，因为尽管它比较简单，但它却以一种易于识别的形式，提出了许多困扰伦理学理论的问题。因此，尽管把道德语言"还原"为祈使句并非我的目的之一，但祈使句的研究却是伦理学研究迄今为止最好的开篇。假如读者不能马上明白本书前面部分的讨论与伦理学的相关性，我得要求他不必心急。忽略本书第一部分所阐述的原则，乃是伦理学中许多最隐秘有害的混乱之源。

我将从单称祈使句入手，进而到全称祈使句或普遍原则。对这些语句或原则的讨论，以及对如何逐步取用或反驳它们这一问题的讨论，将使我有机会来描述教与学的程序，描述我们出于这些目的而使用的语言逻辑。因为道德语言最重要的效用之一就在于道德教导，故而，这种讨论与伦理学的相关性将是显而易见的。

然后，我将继续讨论一种规定语言，这种规定语言与道德语言的关系比简单祈使句与道德语言的关系更为接近。这就是非道德价值判断语言——所有那些包含着像"应当""正当""善"这类词但不是道德判断的语句。我将试图确立这样一些语句所展示的许多特点，这些特点已使得伦理学研究者们烦恼不堪——我们能在多大程度上合理地理解这些特点，也就能在多大程度上阐明伦理学本身的问题。我还将依次探讨"善"和"应当"这两个最为典型的道德词，先探讨它们的非道德用法，然后讨论其道德用法；并希望在这两种情形中都能表明这些用法具有许多共同的特点。在结论中，我将通过建立一种逻辑模式，把道德语境和非道德语境中的"应当"和"善"的逻辑与祈使句的逻辑联系起来，在这种逻辑模式中，人工概念可以在某种程度上取代日常语言中的价值词，人们是依照一种修正过的祈使语气来定义人工概念的。对于这种逻辑模式，人们大可不必过于严肃对待，我只是把它当作前面讨论的内容非常简略的图式来看的，它本身包含着我必须论述的实质内容。

因此，可以将我所提出的规定语言分类表述如下：

这种分类只是粗略的，在本书中我将逐步使它更精确一些。比如说，读者将会看到，日常语言中的所谓"全称祈使句"就不是严格意义上的全称语句。我也并不以为这种分类已经穷尽所有规定语言的种类，例如，单称祈使句和非道德的价值判断就有许多不同的类型，而且，除了单称祈使句和全称祈使句之外，还有其他类型的祈使句。但这种分类已足以让我们着手研究并说明本书的计划。

1.2. 有时候，一些基础语法书的作者们根据语句所表达的陈述、命令或疑问，将语句划分为陈述句、命令句或疑问句。对于逻辑学家来说，这种划分既不够透彻，也不够严格。比如说，逻辑学家们就花费了大量精力力图表明：在陈述语气中，各种语句可能有颇为不同的逻辑特征；把这些语句统统归类于"陈述句"，会让我们忽略它们之间的一些重要区别，从而可能导致严重错误。在本书的后一部分，我们将会明白，那种表达价值判断的陈述句，在逻辑上是如何以一种完全不同于日常陈述句的方式来起作用的。

同样，祈使句也是一种混合语句。一些语法学家在其著作中的相同部分是把"如若我在格兰彻斯特的话！"这类语句作为祈使句来处理的。即使我们撇开这类句子不说，在各种严格意义上的祈使语气的语句中，我们依旧有许多不同的表达（utterance）。诸如军事命令（在阅兵场或其他场合）、建筑师的工程设计书、煎蛋卷和真空吸尘器的使用指南，各种忠告、要求、恳求，以及其他不胜枚举的语句类型，它们的许多功能彼此间都相互重叠。这些不同类型的语句之间的区别，可能会给一位细心的逻辑学家提供在哲学杂志上大作文章的素材，但要做这种性质的工作，还必须大胆才行。因此，我将依照语法学家们的做法，用"命令"这一单称语词来概括语句用祈使语气表达的所有这些类型的东西，而在命令式这一类中，我只作一些很宽泛的划分。我采取这种程序的理由是，我希望引起读者对所有或几乎所有这种类型的语句都共有的特点产生兴趣，读者对这类语句之间的区别无疑是足够熟悉的。基于同样的理由，我将用"陈述"这个词概括由各种典型陈述句所表达的一切，倘若有这种语句的话。这就是说，我将在像"关上门！"这样的语句与"你将要去关上门"这样的语句之间作一个对照。

人们很难否认陈述与命令之间存在一种差别，但更难说出这种差别究竟是什么。它不单是一种语法形式的差别，因为，如果我们不得不去研究一种新发现的语言，我们就应该能够识别（identify）那些分别用来表达陈述和命令的语法形式，而且应该把这些形式称之为"陈述的"和"祈使的"（假如这种语言是以一种使该区分有效的方式来建构起来的话）。这种区分存在于不同语言形式所传达的各种意义之间。人们用这两种语句谈论同一主题（subject-matter），但谈论的方式有所不同。"你将要去关门"与"关上门！"这两个语句所说的，都是指你在即近的将来去关门，但它们对此意的所说所云却大相径庭。一陈述句被用来告诉某人某事是事实，而一祈使句却不然——它被用来告诉某人去使某事成为事实。

1.3. 关于人们所主张的或可能会主张的有关祈使句具有意义的方式的理论，是很值得道德哲学家们去考察一番的。道德哲学家们提出了一种非常引人注目的关于道德评价的相似的理论。这种理论表明，在两种语句之间，可能有某种重要的逻辑相似性。让我们先考察一下两种理论，它们与我将在后面称之为"自然主义的"伦理理论类型相似（5.3）。这两种理论都试图把祈使句"还原"为陈述句。第一种理论通过把祈使句描述为表达说话者心灵的陈述来进行这种还原。该理论认为，正如"A 是正当的"意味着"我赞同 A"一样，我们也可以认为，"关上门"同样意味着"我要你去关上门"。在口语层次上这样说无伤大雅，但在哲学上却容易引起误解。它会产生这样一种后果：如果我说"关上门"而你却（对同一个人）说"别关门"，而我们之间不发生矛盾。这种情况是荒唐的。支持这种理论的人可能会说，尽管没有矛盾，但却有一种愿望上的分歧，而这也足以说明我们的这种感觉：这两个语句彼此间多少有些互不相容（这种"不"具有在"你将不去关门"这个语句中的"不"同样的功能）。但是，这里仍存在困难之处："关上门！"这个句子似乎是关于关门的事，而不是关于说话者的心灵状态；这如同煎蛋卷的指导（"拿四个鸡蛋……"）是关于煎蛋卷所需鸡蛋的指导，而不是对比顿女士［煎蛋卷时］的心灵之反省分析一样。说"关上门"与"我要你去关门"意思相同，正如说"你将要去关门"与"我相信你将要去关门"两者的意思相同一样。在这两种情形中，把一种关于关门的评论描绘为一种关于我心灵中打算去做的事情之评论，似乎是令人感到奇怪的。但事实上，"相信"或"要求"这两个词都不能作这种解释。"我相信你将去关门"并不是一种关于我的心灵的陈述（除非用一种高度比喻的方式），而是一种关于你关门的试探性陈述，是对于"你将要去关门"的一种更为不确定的说法。同样，"我要求你去关门"也不是一种关于我的心灵的陈述，而是"关上门"这一祈使句的有礼貌的表达方式。除非我们理解了"你将要去关门"的逻辑，否则就无法理解"我相信你将要去关门"的逻辑；同样，除非我们理解了"关上门"，否则就不能理解"我要求你去关门"。因此，这种理论并没有说明任何问题，而与其平行的伦理学理论也同样如此；因为"我赞同 A"仅仅是说"A 是正当的"的一种更为复杂和迂回的方式。通过上述观察便可证实：这种表达方式不是一种我具有某种可认知的感觉或经常发生的心灵构架的陈述，而是一种价值判断。倘若我问："我赞同 A 吗？"我的回答就是一种道德决定，而并非一种对可反省事实的观察。"我赞同 A"对于某个并不理解"A 是正当的"的人来说是无法理解的，而作为一种解释则比原来的句子更难于理解。①

1.4. 我想考察的第二种把祈使句还原为陈述句的尝试是由 H. G. 波耐特博士（Dr. H. G. Bohnert）所提出来的。[1] 我希望能够将这种颇有意义的见解（不带偏见地）以下述陈述来加以概括。这个陈述即：语句"关上门！"与语句"或者你将去关门，或者 x 将要发生"（x 对于被告知者来说是某种坏事情）的意义相同。有一种相似的理论这样主张：它（该语句）所表示的意思与"如果你不关门，x 将会发生"

———————————

① "obscurum per obscurius"为拉丁文，其意为"解释得比原来更难懂"。

的意思相同。这种理论与那种使"A 是正当的"和"A 是有益于 y 的"相互等同的伦理学理论是一致的。在这里，y 一般被认作是好事情，比如说快乐或避免痛苦。稍后我们将会看到，价值表达往往获得——由于用来衡量它们的标准固定不变——某种描述的力量。因此，在一个明显以功利主义为标准的社会里，如果我们说"公共医疗事业做了大量有益的事"，大家都会明白，我们的意思是说公共医疗事业防止了大量的痛苦、忧愁等等。同样，就具有高度"假设性"的祈使句来说(3.2)，波耐特的分析似乎可以成立，因为我们很快就会认识到，人们用祈使句所指向的要么是实现某种目的，要么是防止某种趋于发生的结果。用他自己的例子来说，在一所燃烧着的房子里说"跑！"其意图多少类似于说"你要么快跑，要么就被烧死"。但是，这种意指的目的并不那么容易为人们认识到（祈使句只是在很小的范围内才是"假设的"，或者根本不是"假设的"），在此情况下，根据上述分析，听者很可能对说话者想在"要么"这个词后面添加的东西莫名其妙。人们很难明白，像"请告诉你父亲我打过电话"这样的语句，又如何按照波耐特的理论来加以分析？当然，人们总是可以用"要么某种坏事情将会发生"这样的句子来终止这种分析。但是，这种便宜只有通过把一个规定词加进分析之中才能获得，因为"坏的"是一个价值词，因而是规定性的。同样，伦理学目的论把"正当"解释为"有益于 Z 的"，这里的"Z"是一种价值词，诸如"满足"或"幸福"之类，这也只是给这些理论本身增加分析此类价值词的困难而已。

把祈使句还原为陈述句颇有诱惑力，且与那种以所谓"自然主义的"方式来分析价值词的诱惑力具有同一来源。这就是人们关于陈述句的那种感觉，即，被认为是惟一的那种"严格的"陈述句是不容怀疑的，而其他语句则恰恰相反。因此，为了使其他语句也无可怀疑，就需表明它们是真正的陈述句。当所谓意义的"证实主义"理论普遍流行时，人们的上述感觉更加深了。证实主义理论在其本身的范围内是一种卓有成效的理论。粗略地说，这种理论主张，若某一语句为真，则必定存在某种与之相应的事实，否则它就没有意义。现在，这种理论是对于某类语句（典型的陈述句）获得意义方式的解释理论中颇有前途的一种。显而易见，如果我们宣称某一语句表达了一种事实陈述，而我们不了解当该语句为真时的实际情况可能如何，那么，这一语句(对我们来说)就是无意义的。就陈述事实来说，这种意义标准是有效的，但倘若我们不加区别地把这种标准运用于各种并不表达事实陈述的语句时，就会招致麻烦。祈使句不符合这种标准，那些表达道德判断的语句也可能不符合这种标准。但这仅仅表明，它们不能在这一标准规定的意义上表达陈述，而这一意义可能是一种较正常用法的意义更为狭窄的意义。所以，这并不意味着它们是无意义的，或者甚至也不意味着它们的意义具有一种任何逻辑规则都无法适合其应用的特点。[2]

1.5. 那种对于惟有"严格意义上的陈述句"才不容怀疑的感觉居然可以(令人惊奇地)经受住了这样一个发现，即：我们日常语言中的许多完全有意义的语句并不能还原为陈述句。这种感觉之所以保存下来，在于这样一个假设：我们所发现的这些语句的任何意义都必然地在逻辑上处在低于陈述句的地位。该假设已经导致像 A. J. 艾耶尔教授这样的一些哲学家们在将其极有价值的研究扩展到阐述道德判断之本性的过程中，作出了一些无关紧要却又引起许多不必要的抗议风潮的评论。[3]艾耶尔的理论实质是：道德判断在日常生活中发挥作用的方式是不同于陈述语句的，他的证实标准提供了划分这种区别的依据。但是，由于其陈述观点的方式，由于他把道德判断与其他那些(完全不同的)按照证实标准不属于陈述句类型的语句等同起来，从而引起了一场至今尚未平息下来的混乱。由于对祈使句的处理方式相似，所有这些争论都密切平行——似乎与艾耶尔站在同一条战线上的作者关于祈使句的看法都为同一类型，如同他们对道德判断的看法也同样如此一般。假定我们认识到了祈使句不同于典型陈述句这一明显事实，进而言之，假定我们只是把典型陈述句视为无可怀疑的；那么，我们就会很自然地说："祈使句并不陈述任何事情，它们只表达愿望。"正如我所考察的第一种理论那样，在口语范围内，说祈使句表达愿望乃是平常的；如果某人说："把我的名字从这上面删掉"，那么，我们确乎可以说他所表达的是一种将其名字从这上面删掉的愿望。但尽管如此，"表达"这个词的极端暧昧性可能会带来哲学上的混乱。如果我们谈到表达陈述、意见、信念、数学关系等等，而且假如我们只是在这些意义中的一种意义上来使用表达这个词，那么，尽管这种理论告诉我们的东西寥寥无几，也无妨碍。然而不幸的是，人们也把这个词用于不同于这些意义的方面，而且，艾耶尔（在谈到道德判断时）还把"表明"（evince）这个词作为表达一词的近似同义语来使用，这就很危险了。我们可以说艺术家、作曲家和诗人们表达着他们自己的感情和我们的感情；也可以说诅咒表达着愤怒，而在舞台上跳舞则表达着欢乐。因之，说祈使句表达愿望可能使粗心大意的人设想我们在使用某一祈使句时发生的事情是：我们内心涌动一种渴望，当压力大得无法忍受时，便通过说一句祈使句来给这种渴望制造一个发泄渠道。当我们把这种解释应用到像"给门装上撞锁和塑料把手"这样的语句中时，就显得不真实可信了。况且，价值判断似乎也不符合这种证实标准，在某种意义上，价值判断确实像祈使句那样具有规定性，而且没有我们所说的那类问题。在口语范围内，说"A 是善的"这一语句是被用来表达对 A 的赞同，这完全无可厚非（《简明牛津英语辞典》上说："赞同……即宣布……为善"）；但如果我们以为所表达的这种赞同是我们内心的一种特别热烈的感情，就会在哲学上导致误解。如果地方政府的长官通过指派其下级写信给我，表达他对我的城市计划的赞同，信中说："长官赞同你的计划"，或者说："长官认为你的计划是最好的一个计划"，这时候，我总不至于去雇用一位私人侦探去观察这位长官的情绪表征，以证实其部下的信函吧。在这种情况下，他让部下给我写这封信也就是赞同我的计划。

1.6. 就单称祈使句来说，不存在任何可与表示"态度"的那种价值判断之赞同论相类似的东西。[4]但关于全称祈使句却有可能建立这样一种理论。假如某人说："不要对人落井下石"，我们就会很自然地说，他表达的是关于落井下石之行为的一种态度。要准确地定义这种态度或建立一种认识该态度的标准是极端困难的，正如我们很难准确地说道德赞同相对于其他类型的赞同而言是什么一样。要刻画由全称祈使句所表示的态度之特征，惟一可靠的方式是说"人们不应该（或应该）做某事"；而要刻画由道德判断所表示的态度之特征，惟一可靠的方式则是说"做某事是错误的（或正当的）"。对某一确定的实践持一种"道德赞同"态度，即是具有一种在适当时机认为该实践是正当的气质倾向；或者说，如果"认

为"本身是一个倾向性的词，那么，这种道德赞同态度就是认为该
实践是正当的；而我们认为其正当的想法，可能是由我们的行为
以某些方式泄露或展示出来的。行为主义者可能会说是由我们的
行动以某种方式构成的（首先，当时机来临之际，我们便做出这种
行动；然后说它们是正当的，继而又用别的方式来赞许这些行为；
如此等等）。但在所有这些情况下，当某人认为某一类型的行为是
正当的时候，他究竟在想什么？对此我们是无法解释的。同样，
如果我们说："不要对某人落井下石"表示了要人们不应该打他之
类的态度（或者说，这句话表示了憎恶打人的态度或对于打人的一
种"反态度"），那么，对于某个并不理解我们正在解释的语句的
人，我们原本就不应该对他说任何可以理解的事情。

　　我想强调的是，我并不是企图反驳这些理论。它们都具有这样
一种特征，即：如果用日常语词来说，就它们的主要论点来看，
它们所谈的并没有什么可以反对的地方。但是，当我们试图理解
它们是如何解释那些致使它们苦恼的哲学困惑时，我们不得不把
它们解释为是不可信的；或者发觉它们只不过是在用一种更为复
杂的方式解决这些相同的问题而已。包含着"赞同"这一术语的语
句是如此难以分析，以至于用这种概念去解释道德判断的意义已
不合常情。因为在我们知道"赞同"这个词以前，我们早已学会了
道德赞同；同样，用愿望或者别的感情或态度来解释祈使语气的
意义，也可能有悖常理。因为在我们知道"愿望""欲望""憎恶"等
比较复杂的概念之前，我们早已学会了如何对各种命令作出反应，
又如何去使用各种命令。

　　1.7. 现在，我们必须考察另一类理论，这些理论是与我们刚才
考察的那一类理论同时提出来的。其主张是，道德判断或祈使句在
语言中的功能（此类理论常常将这两者等同起来），是在因果意义上
影响听者行为或情绪的。R. 卡尔纳普教授就写道：

　　　　实际上，价值陈述不外乎是以一种使人误解的语法形式提
　　出的命令。它可以影响人们的行动，这些影响可能与我们的愿
　　望相符或不符；但它既不为真，也不为假。[5]

艾耶尔教授也写道：

> 伦理学语词不仅仅是用来表达感情。它们还适合于引发感
> 情，因而也适合于刺激行动。的确，它们中的一些被人们以这
> 样一种方式给予它们所在的语句以命令的效果。[6]

在更近时期，斯蒂文森教授也精心论证了这种观点。[7]在此，我们又遇到这样一种理论，它在口语层次上可能无伤大雅，但由于它把使用命令或道德判断的过程等同于其他在事实上明显不同的过程，因而产生了一些哲学错误。

确实，如果一个人诚实忠厚，那么他在使用祈使句时，他的意图是想让其祈使句所指涉的那个人去做某事（即他命令该人去做某事）。就命令而言，这一点确为诚实的检验标准，正如只有当说话者相信某一陈述时我们才能认为该陈述是诚实的一样。而且，正像我们稍后将要看到的那样，对于诚实地赞成由某个其他的人所给出的命令或他所作出的陈述，也可采用类似的标准。但这些理论并不是这个意思，而是认为：一种命令的功能是对听者产生因果性影响，或者是要他去做某事，而这样说可能会使人产生误解。在日常说法中，说我们使用一种命令的意图是要某人去做某事并无妨害；但从哲学上说，却必须做一种重要的区分。从逻辑上说，吩咐某人去做某事的过程与使他去做某事的过程是完全不同的。[8]我们可以通过考察陈述情形中一种类似的情况来说明这种区别。告诉某人某事是事实，这在逻辑上不同于使他（或试图使他）相信它。在告诉某人某事是事实之后，如果他不相信我们所说的，我们就可以着手以一种完全不同的过程试图使他相信这一点（试图说服他或使他相信我们所说的是真的）。任何人在试图解释陈述句的功能时，都不会说他们是企图说服某人，使他相信某事是事实。所以同样无任何理由说命令是企图说服某人或使某人去做某事。在这里，我们也是先吩咐某人去做某事，然后，如果他不打算去做我们所说的事情，我们就可以着手另一完全不同的过程试图使他去做这件事。因此，我们前面已经引述过的"给门装上撞锁和塑料把手"这一操作指南，并非想刺激木工去行动，因为我们可以使用别的方法来刺激他。

对于道德哲学来说，这种区别非常重要，因为事实上，这种认为道德判断之功能是说服的提议，导致了一种把道德判断之功能与宣传之功能区别开来的困难。[9]因为我想使人们注意命令与道德判断的某些相似性，并把这两者都划归为规定语句，所以我尤其要求我自己避免把这两者中的任何一种与宣传混淆起来。如同经常出现在哲学中的情况那样，在这里，我们也混淆了两种区别。第一种区别是陈述语言与规定语言之间的区别。第二种区别是告诉某人某事与使他相信(或做)别人告诉他的某事之间的区别。只要我们稍加考虑就会清楚，这两种区别既殊为不同，又相互重叠。因为我们可以告诉某人某事是事实，或者吩咐某人去做某事，在这里，不存在任何说服(或影响，或引诱，或促使)的企图。如果这个人不想同意我们所告诉他的事情，那么我们就可能诉诸夸张巧辩、宣传鼓动、额外编造事实、心理诡计、恐吓威胁、贿赂、折磨、冷嘲热讽、许诺保护以及各种各样的其他权宜之计。所有这些都是引诱或促使他去做某事的方式，前四种也是促使他相信某事的方式，其中没有一种是告诉他某事的方式，尽管那些运用语言的方式也许告诉了他各种事情。倘若我们把这些方式视为引诱或说服的权宜之计，则这些方式成功与否就只能通过它们的效果来加以判断了，亦即通过看此人是否相信或者是否做我们正力图促使他相信或促使他去做的事，来判断这些方式是否成功。至于用来说服他的手段是公道的，还是污秽的，这无关宏旨，只要这些手段能说服他就行。因此，当某一个人意识到别人正在试图说服自己时，他对这一意识的自然反应便是："他正在试图游说我，我必须警惕，切莫让他偏执地左右我的决定；我必须在这件事情上拿定主意，保持自己作为一个自由责任之主体的地位。"哲学家们不应鼓励这种对道德判断的反应。另一方面，对于某人告诉我们某事是事实或者他吩咐我们去做某事(比如说，给门装上撞锁)来说，我们并不会自然地作出上述那些反应。吩咐某人去做某事，或告诉某人某事是事实，都是对"我将做什么"或"这些事实是什么"之问题的回答。我们回答这些问题后，听者便知道去做什么或事实真相是什么——假如我们告诉他的是正确的话。他并不必然会因此而受到影响，而倘若他没有受到影响，我们也没有失败。因为他可以决定不相信我们或不服从我们，仅仅告诉他事实真相并未做任何事情——也未试图去做任何事情——来阻止他不相信我们或不服从我们。但说服并不针对一个作为理性主体并正在问他自己（或我们）"我该做什么"的人，因为它不是对这样或别的问题的回答，而是一种使他用一种特殊方式来回答它的企图。

因此，人们不难看出，所谓道德判断的"祈使理论"究竟为何会招致它所引起的那些抗议的缘故所在了。因为这种理论不单是建立在对道德判断之功能的误解基础上，而且也建立在对命令之功能的误解基础上，并将它们两者同化，所以这种理论似乎是对道德学说之合理性的诘难。但如果我们意识到，不论命令与陈述有多大不同，在这样一点上它们却是相同的，即：它们都是要告诉某人某事，而不是想去影响他，这样，让人们注意命令与道德判断的相似性也就有益无害了。因为正如我们将要表明的那样，由于命令像陈述一样本质上是用来回答理性主体所提出的那些问题的，因而命令与陈述一样都受着逻辑规则的支配。这意味着道德判断也受逻辑规则的支配。我们还记得，那位最伟大的理性主义者康德就是把道德判断称作祈使句（律令）的，尽管我们也必须牢记，他是在广义上使用祈使句（律令）这一词语的。① 而且，尽管道德判断在某些方面与祈使句相同，但在其他方面，它们又有区别（11.5）。

（乙）祈使句与逻辑

2.1. 为了说明祈使句与陈述句之间的差异，分析这两种类型的语句以弄清它们共有的意义因素，从而将两者的本质差异分离出来，将是颇有裨益的。因为我已经在前面提到过的一篇文章（1.4）中作过这种尝试，所以我在此将尽可能简明地谈谈这个问题。

我们已经注意到，"你将去关门"与"关上门"这两个语句都是关于同一件事的，即你要在最近的将来关门，但它们却又被用来说关于这件事的不同方面。那些在各自情形中涉及它们所说事情的口语语句或书写语句之诸部分之所以不同，纯粹只是一种语法的偶然结

---

① "Imperatives"一词在英语中有多重含义。从语言学上取用它，是指祈使句；从哲学或统伦理学上取用它，则表示（道德）命令、律令等。在本书中，黑尔教授更多的是从前一个角度来取用它的，但康德则是从后一种角度来使用它的，故以括弧注明之。当然，这两种含义亦有相互涵盖之处。

果。让我们通过书写下列在两种情形中都一致的短语，来指称它们两者所说的那件事，以重新将上述两个语句改写得更清楚些吧。这一短语可写为：

你要在最近的将来关门。

然后，我们将不得不再附加某些东西——在各自情形中所附加的东西互不相同——它们将补充各语句所传达的其他意义。迄此为止，我们所作的研究已将这些语句所指的意义很清楚地告诉我们了。然而这并未告诉我们说话者正在说的是什么。我们不知道，他是在陈述你要在最近的将来关门是将要发生的事情，或已成为事实呢，还是在吩咐我们去使关门成为事实，抑或是在告诉我们别的事情？因此，为了使这一语句完整，还须附加某些东西以告诉我们这一点。我们可以写出下述两个语句，以便使这些语句分别为一个命令句或陈述句。

请很快关上门。
是的，你很快将关上门。

这两个语句与下列标准英语语句相对应：

关上门。
你将要去关门。

我们需要一些技术性术语来指称这些语句的不同部分。拙文所采用的那些术语都不令人满意，因此，我将造一些全新的词。我将把两种语气共同的部分（"你要在最近的将来关门"）叫做指陈（phrastic）；把命令和陈述之不同的语句部分（"是的"或"请"）称为首肯（neustic）。李德尔（Liddell）和司各特（Scott）的《希腊语词典》的读者们将会认识到这两个术语的恰当性。"phrastic"源于一个希腊词，其意为"指示或指出"，而"neustic"则源于另一个希腊词，其意为"点头同意"。这两个词的使用与祈使性说法和陈述性说法没有关系。一个含有指陈和首肯的语句之说法可以形象化为如下形式：（1）说话者指出或指示出他准备去陈述的是事实，或命令的将成为事实；（2）他点头，仿佛说"这是事实"或"干吧"。然而他必定以一种不同的方式点头，因而来表示其中的某一种意思。

2.2. 现在清楚了：如果我们要找出陈述与命令之间的本质差异，我们就不得不留意这种首肯，而不必留意那种指陈。但就"首肯"这一单词的用法所指示的来看，在陈述性首肯与祈使性首肯之间，仍然存在某种共同的东西。也就是说，还存在着"点头"这一共同概念。这种共同的东西是通过任何一个认真使用语言的人所造成的，人们不仅仅是用引号来提示它或引用它，对于说（和意指）任何事情来讲，这种共同的东西都是本质性的。在书面语言中，引号的缺乏象征着我正在谈论的那种意义要素。在不加引号的情况下书写一个语句，就像签署一张支票一样；而在引号内书写这个句子，则像开出一张不签名的支票一样，也就是告诉某人怎样开支票。我们可以有这样一种约定俗成：对于我们正提及但不是正在使用的语句可以不加引号；相反，当我们正认真使用一个语句时，我们却点头首肯，或在写的时候作一些特别标记。在弗雷格、罗素和怀特海的逻辑体系中，"断定符号"（assertion symbol）有许多其他功能，其中之一，便是意指一个语句的使用和确认。[10] 在此功能中，断定符号可能既适用于命令，也适用于陈述。也许我们可以使语言稍微紧凑一些，对命令和陈述两者都使用"确认"这个词。

与此确认符号（affirmation sign）密切相连的，可能是听者用来表示同意或认同的那种符号。使用这种认同符号（a sign of assent），也就等于是用代名词——在必要的地方加以变动——等来重复这个语句。因此，如果我说："你将要去关门"，而你回答说："是的"，那么这就是一种认同符号了，它等同于"我将要去关门"。如果我说："关上门！"而你回答说："是！是！先生。"这同样也是一种认同符号。如果我想表达与此相同的意思，我就可以说："让我去关门"或"我将关门"（在此，"我将"不是一种预计，而是一种决意或一种允诺的表达）。由此，我们可能会发现一条考察陈述与命令之本质差异的线索：这一线索存在于对命令和陈述的认同所包含的意味之中，而正如我已说过的那样，对它们的认同所包含的意味与最初对它们的确认中所包含的东西密切相连。[11]

如果我们认同一种陈述，那么，当且仅当我们相信该陈述为真（即相信说话者所说的），人们才会说，我们的认同是真诚的。另一方面，我们认同一种以第二人称［身份］向我们发出的命令时，当且仅当我们做或决意去做说话者叫我们去做的事情时，人们才会说，我们的认同是真诚的。如果我们不做这件事而只是决意以后再做，那么，当做这件事的时机成熟而我们又不做时，人们就会说我们改变了主意，我们不再坚持认同我们以前所表达的意见了。说我们无法真诚地认同一种以第二人称［身份］向我们发出的命令，且同时又说我们在执行这一命令的时机已经成熟时，而我们又有（身体的和心理—逻辑的）能力去执行该命令却不执行它，这种说法只是一种同义反复。同样，说我们不能真诚地认同一种陈述，而同时又不相信这一陈述，也是一种同义反复。因此，我们可以暂时这样来描绘陈述与命令的差异：对前者（陈述）的真诚认同必然包括相信某事的意思，而对后者（命令）的真诚认同则必然包括做某事的意思（在时机合适并为我们力所能及的情况下）。但这么陈述过于简单化了，稍后（11.2）我们将予以限定。

至于第三人称的命令，认同它也就是和发命令者一起确认它。就第一人称的命令（"让我们做某事吧"）和决意（"我将做某事"）而言——这种命令和决意彼此密切相连——确认与认同是相互统一的。从逻辑上说，一个人不可能不认同他自己确认的事情（即令他可以不是真诚地确认这件事情）。

2.3. 必须说明的是，我在使用"确认"这个词时，该词并不是与"否认"相对立的。我们既可以确认一个肯定句，也可以确认一个否定句。否认符号"不"是陈述句与祈使句两者之指陈的正常部分，因此我们不应该写"你将不去关门"，而应写"是的，你不会很快关门"；我们也不说："不要关门"，而说："请不要很快关门"。包含有"可以"一词的模态语句似乎可以用对首肯的否认来加以表述，因此，"你可以关门"（同意）可以写成"我没有叫你不去关门"，后者又可转换成"你不想很快关门？请别这样"。同样，"你可以准备去关门"这一语句，也可转换成"我没有说你不想关门"或"你不想很快关门？不！"但是，这些语句就变得很复杂了，对此我们不必深究。

　　在前面提及的那篇文章中，我已经指明，对于那些普通的逻辑连词"如果""和""或者"等，在其日常用法中都与否定符号一样，我们最好也把它们作为语句之指陈部分来加以处理。这意味着它们是陈述句与祈使句之间的共同基础。"全部"和"一些"这些量词也是如此，对它们某种限定我稍后再谈（1.5）。现在我还不敢肯定，在日常语言中，这些词的逻辑行为是不是在祈使句和陈述中都以差不多相同的方式而起作用，但可以肯定，即便有所不同，其差异也纯粹是一种语法上的偶然差异而已。在我们重新修订的祈使句的指陈中，通过使用日常逻辑连词——如同我们在陈述语气中使用它们一样，我们就可以用修正过的祈使语气来做任何我们现在用自然的祈使语气所做的事情。从下述事实中我们便可清楚地看到这一点：通过一迂回婉转的方式，我们总是可以使一陈述句为真，以替换一简单命令（如："使'琼斯将要去关门或插上门闩'这一陈述句为真"），而不是发布一简单命令（如：对琼斯说："关上门或把门闩插上"）。然而，我们不能把这一点解释为是对陈述语气之逻辑"首要性"的一种承认（无论我们怎样解释），因为我们还有其他方式来做同样的事情——例如，我们可以不说："琼斯下午五点关上了门"，而说"'让琼斯下午五点关门'的命令（实际的或想象的都行）已被琼斯执行"。在此程序中，惟一的限制是由于这样一种事实——稍后（12.4.）我们还会涉及——即：祈使语气远不及陈述语气丰富，特别是在时态上更是如此。

　　由于祈使语气和陈述语气共同的指陈因素所致，也使它们整个与其所指涉的实际事态或可能事态有密切关系。"你很快关门"这一指陈所指涉的是一种可能事态，并不受尔后发生的事情影响。祈使句与陈述句两者都必定指涉它们将要指涉的那种事态。这意味着，祈使句和陈述句一样，也可能带有那种所谓意义证实理论所关注的弊端；因为这种弊端作为一种指陈的弊端与陈述本身毫无关系；那些作如是观的人们被引入歧途了。一语句无法意指的方面之一，是它无法指涉一种可以证明是同一的事态。因此根据同样的理由，"上帝是绿色的"和"使上帝成为绿色的"这类语句毫无意义，即是说，我们不知道"绿色的上帝"是指什么东西。有些语句也可能因为同样理由而无法为某个人理解，尽管这些语句对另一个人来说是完全有意义的。例如，对于那些不知道转舵为何物的人来说，"转舵"这种命令就毫无意义了。倘若人们认为证实标准是对除陈述句之外所有其他语句之意义性的诘难，则这种标准就太不幸了：仿佛"关上门"这一语句和"Frump the bump"一样都毫无意义。①

由于逻辑连词出现在祈使句和陈述句两者的指陈之中，故祈使句和陈述句一样也往往带有另一种弊端。就陈述句来说，这种弊端被称为自相矛盾，而自相矛盾这一术语也同样适用于祈使句。任何命令和陈述一样，相互间都可能发生矛盾。即便这不是一种正规说话方式，我们也很可能会采用它，因为在命令中，它所引起人们注意的特征与人们通常称之为矛盾的特征是同一的。让我们考察一下下述例子，它取自坎宁安勋爵的自传。[12]该例说的是，在一艘作为旗舰的巡洋舰上，海军上将和该舰的舰长差不多是同时对舵手大喊起来，以避免一次相撞，一位大喊"左满舵!"而另一位则大喊："右满舵!"坎宁安勋爵把这两个口令称作"相反的命令"，而且在严格的亚里士多德式意义上[13]，这两个口令也确实如此。由此可以推出，这两个口令彼此间相互矛盾，在此意义上，它们的关联也自相矛盾。它们之间的这种关系与"你准备左满舵"和"你准备右满舵"这两个预计之间的关系是一样的。当然有些命令可以在没有相互对立的情况相互矛盾，"关上门"就只与"别关门"相互矛盾。

人们可能会认为，排中律并不适用于命令。然而，如果这意思是说，在这一方面命令是别具一格的，那就错了。很清楚，如果我不说："关上门"，在逻辑上这并不迫使我说："别关门。"我可以说："你可以关上门，也可以不关门"；或者我可以一言不发。但同样，如果我不说："你将要去关门"，逻辑上也不强迫我说："你不要去关门。"我可以说："你可能要去关门，也可能不去关门"；或者我可以什么也不说。但是，倘若我问自己："我是去关门呢，还是不去关门?"由于回答这一问题有多种语词，所以，除非我根本拒绝回答这个问题，否则我就要回答："我将要去关门"，或回答："我将不去关门"。而"我可能会去"则不是对这一问题的一种回答。同样，如果有

---

①　"Frump the bump"是作者随意举出的一个"例句"，本无意思，也无语法规则，只是两个单词毫无理由的组合，因而无任何意义。

人问我："关不关门?"倘若我想回答这一问题，就不得不回答："关门"，或者回答："不关门"。实际情况是：我们的语言拥有用一种三重语值方式(three-valued way)来说的多种方式，也拥有用一种二重语值方式(two-valued way)来说的多种方式。而在陈述语气和祈使语气中，三重语值方式与二重语值方式都适用。

还可以用另一种方法来表明，简单祈使句在正常情况下是二重语值的。这种方法就是指出，给一位弈棋者出的主意如"下一步走你的后，或不走你的后"是分析性的[对于分析性的这一术语，我将在下面(3.3)作出界定]。这句话对棋手到底走哪步棋并未提供任何肯定的指导，就好像"或会下雨，或不会下雨"这一语句没有告诉我任何关于天气的情况一样。[14] 如果简单祈使句的逻辑是三重语值的，那么，我上面引用的那个语句就不是分析性的，它会在肯定的意义上排除第三种可能性，即既不走后，也不要不走后。这种形式的祈使句的选言式并不总是分析性的。例如，人们会很自然地以为，"或者待着，或者别待着"的意思是"别挡住门口"，但这与祈使句本身毫无关系；它只是这个语句之指陈的一种特征而已，只要我们将它与类似的陈述句"你准备待着或不准备待着"比较一下，就会很清楚地看到这一点(你待着或别待的意思即是要你别站在门口发呆)。

2.4. 从命令可能相互矛盾这一事实中，我们可以推出如下结论：为了避免自相矛盾，命令也必须像陈述一样遵守某些逻辑规则。这些规则即是那些用于所有已包含在这些命令内的词语的规则。就某些词语而言——所谓逻辑词——这些规则就是给这些词语以其拥有的全部意义的规则。因此，了解"全部"这个词的意义，即是了解一个人无法在没有自相矛盾的情况下说某些事情，比方说，"全部人都是要死的，苏格拉底是一个人，但苏格拉底却是不死的。"如果读者思考一下，他怎样才能判别某个人是否知道"全部"这个词的意义？他会明白他所能采取的惟一方式是，找出那个人所思考的为那些含有"全部"这个词的语句所蕴涵的更为简单的语句是什么。"蕴涵"是一个强语气词，而时下逻辑学家们已不使用强语气词了，要充分讨论这个词的意义，特别是在数学语境中的意义，尚需大量篇幅。但就我目前的意图来说，对这个词作如下界定就足够了：当且仅当出现这样一种事实，一语句 P 必须蕴涵一语句 Q；该事实是：一个人认同 P 却不认同 Q，这是他说他误解这两个句子中的任何一个的充足理由。[15]在这里，所谓"语句"只是特定的说话者在特定场合所使用的语句之缩写，因为说话者可以在不同场合使用具有不同意义的词，而且这意味着他们说的语句所蕴涵的意义也将不同。当然，我们可以通过询问他们，他们以为自己的话语所蕴涵的意义是什么，来导出其语句的意义。[16]

现在，"全部"这个词和其他逻辑词已被用于命令之中，正如它们已被用于陈述之中一样。由此可推：在各种命令之间，也必定存在各种蕴涵关系；否则，我们就不可能给予那些被用于命令之中的词以任何意义。假如我们不得不弄清某一个人是否知道在"将全部箱子都搬到车站去"这一命令中的"全部"一词的意义的话，那么，我们就不得不弄清他是否意识到了这样一种情况：即一个人认同了这一命令，而且也认同了"这是全部箱子中的一只箱子"这一陈述，但他却拒不认同"把这只箱子搬到车站去"这一命令，只有在他误解了上述三个语句中的一个语句之情况下①，他才可能这么做。倘若这种检验标准不适用，则"全部"这个词(在祈使句和陈述句中)就毫无意义。因此，我们可以说，在我们的语言中，以祈使语气表达的全称语句的存在，本身就是我们的语言包容着蕴涵关系的一个充足证据，而在这些蕴涵关系中，至少有一个语词是命令式的。是否可以用"蕴涵"这个词来表示这些关系？这只是一个术语上方便与否的问题。我主张可以这样用。[17]

在前面所引用过的那篇文章中，我曾列举了不少其结论为命令式的蕴涵关系的例子。因为在祈使句的指陈中出现了日常的逻辑词，所以，从原则上说似乎可以仅仅用指陈来重新建构通常的语句样式(sentential calculus)，然后只要通过附加合适的首肯词，便可以将此语句样式同时运用于陈述句和祈使句之中。[18]这种重建的语句样式在多大程度上与我们的日常语言相一致？尚有待于研究。就陈述

---

①　这三个语句是：(甲)"将全部箱子搬到车站去"；(乙)"这是全部箱子中的一只箱子"；(丙)"把这只箱子搬到车站去"。这三个语句是一组具有逻辑蕴涵关系的语句，句(甲)为大前提，句(乙)为小前提，句(丙)为逻辑结论。如果不误解其中某一语句，该组的蕴涵关系必定成立。

句逻辑而言，这是一个为大家所熟悉的问题，其解决尚有赖潜心研究，研究这种语句样式中的逻辑符号是否也像决定我们在正常谈话中所使用的逻辑词的意义一样受制于同样规则。人们可以发现，在不同语境中，日常谈话对使用"如果""或者"这类词有很多不同规则，特别是，它们在陈述句语境中的用法可能不同于它们在祈使句语境中的用法。所有这些都是有待探究的问题，但这至少不会影响以下原则：即假若我们发现了这些规则，或制订出了这些规则，就可以像研究陈述句的逻辑一样有把握地研究祈使句的逻辑。在此也和其他地方一样，不可能存在"对立逻辑"（rival logics）的问题，只可能存在决定我们的逻辑符号的使用（即蕴涵关系）的选择性规则问题；那种以为只要我们继续在相同意义上使用我们的语词，它们的蕴涵关系就将保持不变的说法，只是一种同义反复而已。[19]

2.5. 在此，我们不必深究那些复杂情况。在本书中，我们只需要考虑从全称祈使语句以及陈述句的小前提，到单称祈使句的结论之推论就行了。对于这样一种推论，我已经举了一个例子，并且坚持认为，如果不可能进行这类推论，那么，"全部"这个词在命令中就毫无意义。但是，该类型的推论会产生一个更深刻的难题，因为前提之一包含在陈述句中，而另一个则包含在祈使句中。这个推论是：

> 把全部箱子搬到车站去。
> 这是其中的一只箱子。
> 所以，把这只箱子搬到车站去。

人们可能会问：这两个前提是以不同的语气给定的，我们怎么知道结论将是什么语气呢？前提和结论的语气对推论所产生的影响问题，一直为逻辑学家们所忽略，他们从来没有看到陈述语气之外的东西；尽管他们忽略这一问题毫无道理，但我们又如何着手证实从一组陈述式前提中所推出的结论也一定是陈述句呢？然而，如果像我们所主张的那样，把日常逻辑的蕴涵关系视为语句指陈之间的关系，则该问题就变得十分紧迫了。姑且承认上述三段式推论的有效性理由是："你把全部箱子都搬到车站去，而这是其中的一只箱子"，这一指陈与"你不把这只箱子搬到车站去"在逻辑上互不一致，但由于逻辑规则支配着"全部"这个词的用法，即便承认这一点，我们又如何知道，我们就不能用一种与上述方式不同的方式来补加一个首肯词呢？比如说，我们可以写成：

> 把全部箱子搬到车站去。
>
> 这是其中一只箱子。
>
> 所以，你将会把这只箱子搬到车站去。

我们可以把这一推论称为一有效三段式推论吗？显然不能。

让我们先陈述一下两个似乎支配着这一问题的规则，我们可以把这两个规则的证明问题放到后面处理。这两个规则是：

（1）只要我们不能从陈述句中有效地引出一组前提，则我们就不能从这组前提中有效地引出任何陈述式结论。

（2）如果一组前提中不包含至少一个祈使句，则我们就不能从这组前提中有效地引出任何祈使式结论。

显然，只有第二个规则与我们的探究有关。对于该规则来说，有一个非常重要而明显的例外：这就是所谓"假言祈使句"（hypothetical imperative），我将在下一章讨论这个问题。然而，眼下让我们对该规则的本义作番考察。对伦理学来说，该规则具有极其重要的意义。只要列举伦理学上的一些著名论点，便可以很清楚地看出这一点。在我看来，伦理学上的这些著名论点都有意或无意地基于这一规则。正如我将在稍后所主张的那样，若我们承认道德判断的功能必定有一部分是规定或引导选择，这就是说，道德判断的部分功能必定蕴涵对"我该做什么"这类问题的回答，那么很清楚，根据我们刚才陈述的第二条规则，任何道德判断都不可能是一种纯事实陈述。正是间接地基于这一基础，苏格拉底反驳了色法洛斯（Cephalus）把正义定义为"讲真话和以恩报恩、以怨报怨"的做法，也反驳了波利马库斯（Polemarchus）后来对这一定义所作的所有修正。[20]亚里士多德在他与柏拉图主义发生最具决定性的分裂时也间接地诉诸这一规则，这一分裂就是：他弃绝了善的理念。而在他提出的其他理由中，有一个理由是：假如存在这样一种理念的话，则有关这一理念的各

种语句就不会是行动的引导（"它不可能是一种你可以通过你的行动
而产生的善"[21]）。亚里士多德提出了一种"由行动完成的善"或如他
通常所说的"目的"，来取代一种事实性的、实存的、可以通过一种
超感觉观察来认识的善；这就是说，他已经隐隐约约地认识到：若
说某事是善的就是引导行为，就不可能只是去陈述一种关于世界的
事实。他与柏拉图在伦理学上的分歧，绝大部分可以追溯到这一根
源上来。

　　再者，在这一逻辑规则中，我们也可以发现休谟关于从一系列
的"是"命题中不可能推演出一"应当"命题的著名观点的基础。诚如
他正确指出的那样，这一观点"将会推翻全部粗陋的道德体系"，而
不仅仅是推翻在他那个时代业已出现的那些道德体系。[22]康德在反
对"作为一切虚假道德原则之根源的意志他律"的论点中，也是基于
这一规则的。他说："如果意志……超出它自身而在其对象的特征中
去寻求这种规则的话——其结果永远是他律。"[23]为什么道德的他律
原则是虚假的呢？原因在于：从一系列的关于"其对象的特征"之陈
述语句中，不可能推导出任何关于应做什么的祈使语句，因而也无
法从这种陈述语句中推导出任何道德判断。

　　正如我们稍后将会看到的那样（11.3），在较近时期，这一规则
是 G. E. 摩尔教授著名的"自然主义反驳"背后的要点所在，也是普
里查德对拉席多尔（Rashdall）的攻击背后的要点所在。实际上，普里
查德的论点是：某一境况的善性（即他和他所攻击的人都视为一种关
于该境况的事实），本身并不构成我们为什么应当努力实现这一境况
的一种理由；我们还需要他（多少有些误解地）称之为"祈使性感情或
义务感情的那种东西，这种感情是由产生它的行动之思想所引起
的"。的确，如果用许多直觉主义者已使用的那种方式来看待"善"这
个词，则该论点完全有效；因为这样来理解包含着善这个词的各种
语句，这些语句就不是真正的评价性判断，因为从这些语句中不能
推导出任何祈使句。[24]但是，这种反驳不仅适用于直觉主义者的
"善"理论，而且也适用于所有坚持认为道德判断只具有事实性特征
的人；亦适用于普里查德本人。艾耶尔教授反驳直觉主义者所使用
的一个总的论点就是基于这一基本规则之上的。[25]但在所有这些情
形中，人们都只是含蓄地诉诸这一规则。就我所知，明确陈述过这

一规则的只有两个人：第一个人是彭加勒[26]，然而，他对该规则作了一种在我看来是不合法的运用，上述论证清楚地表明了这一点。第二个人是波普尔教授。[27]波普尔教授正确地把这一规则称为"也许是关于伦理学的最简单而又最重要的要点"。在没有更进一步的祈使前提的情况下，如果一个判断没有提供做某事的理由，它就不是道德判断。

二、"应当"

一种分析模式

12.1. 如果我们现在进行如下试验，可能有助于我们澄清价值语言与祈使语气之间的关系，这种试验是：让我们想象一下我们的语言不包含任何价值词，然后，让我们探询一下，一种用这种祈使语气和日常逻辑词定义的新的人工术语，能够在多大程度上填补因没有任何价值词所留下的裂缝。换言之，我们是否能够仅仅使用祈使语气和那些用祈使语气定义的词来担负那些本来靠日常语言中的"好的"、"正当"和"应当"这样的价值词完成的全部或部分工作？为了尽可能清楚地表明我们的新人工语言与日常价值语言之间的相似性，我将在两方面都使用相同的词，但将人工语言用斜体字表示。① 我想使人们完全明白，我并非要对日常语言的价值词作一个明确的分析。的确，日常语言的价值词在其用法上是如此多变、如此精妙灵活，以致任何人为的建构都必定是对它们的曲解。我也不是在犯"还原主义"之罪，这种还原主义由于过于流行，已经成为哲学异端的狩猎者们的一个时髦目标。这也就是说，我并不想用一种语言来分析另一种语言；相反，我力图通过了解一种语言在能够担负另一种语言的工作之前需要作一些什么样的改造，经过这些改造之后它又能担负到什么程度，来展示出两种语言之间的异同。

我的程序如下：首先，我将表明如果我们能够做"应当"的工作，也就可以担负"正当"和"好的"工作，以此简化所讨论的问题。因为

---

① 在中文译文中，用着重号表示。

我将表明（当然是用这些方法可以提供的所有粗略而便利的方式）：混有"应当"一词的那些语句可以替代包含其他两个词的语句。然后，我将着手处理"应当"这个词。为了达到这一目的，我将研究一下，为了使日常祈使语气成为达到我们目的的一种合适的工具，必须对日常祈使语气作些什么样的改造才行。我将表明，要如何改造祈使语气，才能使我们在祈使语气中构造出真正的全称语句。再后，我将用这种经过改造的祈使语气来定义一种人工的"应当"概念①，而这一概念将作为我最简单和最基本的人工价值词。倘若这就是我要对出现在日常语言中的"应当""正当"和"好的"等词进行的分析，这样的程序确乎未免鲁莽粗陋了；但是，我使用的斜体字②可以反复地提醒读者注意：这并非我所要做的事情。在前面的章节里我已经发表完了我有机会就日常语言中这些词的逻辑行为想要发表的所有观点；我现在的目的却完全不同了，它更多的是一种试验性探索。

12.2. 这样一来，我们必须首先弄清楚，一个用日常词"应当"来定义的人工词"正当"，究竟能在多大程度上取代日常语言中的"正当"。我不想考察"正当"的所有用法，而只限于考察那些似乎是最为重要的用法。首先是我们所说的："做某事是不正当的（或者是在一种特殊情况下可能是或过去是不正当的）"这一用法。这种用法既有道德判断，又有非道德判断；因此，我们可以说："在琼斯刚死不久而他的妻子在场的时候，就开他的玩笑，这本是不正当的"；也可以说："史密斯刚才已经玩了好一阵子保龄球，现在又安排他先击球，这本是不正当的"。这种用法总是以否定形式出现，然则，还有一种与之相平行的肯定用法。如："变换话题③是完全正当的"；或者"让史密斯先休息一会儿是正当的"。再者，还有一种用法，在该用法中，"正当"的前面总是有一个定冠词，所以，"正当的"就不是一个谓词，而是与一个名词连在一起，在这里，也存在道德的与非道德的两种实例；我们可以说："正当的做法本来是变换话题"；或者"鲁

----

① 为明确起见，本章译文中凡人工概念均直接加上"人工的"形容词，并加着重号，以示限定和区别。

② 中译文中用加着重号的方式表示。

③ 即不开琼斯的玩笑。

滨孙是这一工作的正当(合适)人选"。

现在，正像我们准备假定的那样，倘若我们的语言并不包含"正当"这个词，而包含"应当"这个词的话，我们就可以通过用"应当"来定义一个人工词"正当"，使原由"正当"一词所做的工作转给由人工的"正当"一词来做。这样，对这几种不同用法，我们就不得不作几种不同的规定。而假如我是一个非常精细的人，我就不得不用不同的下标——如"正当₁""正当₂"等——来区别这些用法了。然而，在这种概述中，这种做法几乎没有什么必要。我提出的这些规定如下："做 A 事是不正当的"的意思等同于"一个人不应当做 A"。而"X 君做 A 事可能是不正当的"也和"X 君不应当做 A 事"的意思相同。"X 君做 A 事可能原本就不是正当的"与"倘若 X 君做了 A 事，他就可能做了他不应当做的事"的意思也是一样的。这些例子足以说明我们应该如何处理"正当"的第一种用法。

我们可以对其第二种用法作类似处理。"X 君做 A 事原本是正当的"与"X 君做 A 事，就是做了他应当做的事"的意思是一样的。注意："正当"还有一种不同的用法并没有包括在我们前面所考察的那些用法之中，在此用法中，它几乎有"对的"(all right)的意思。但"X 君做 A 是对的"一语不能用我们刚才提出的方式加以转换；我们不得不说"X 君做 A 事原本是对的"与"X 君做 A 事时并没有做他不应当做的事"的意思相同。

第三种用法需要作稍微不同的处理。"正当的 A 事"的意思也就是"人们应当选择(或本应当选择)的 A 事"。因此，"他是(或者可能就是)这种工作的正当(合适)人选"与"他就是那位应当(或本应当)被选来做这种工作的人"的意思相同；而"要做的正当的事可能就是变换话题"与"他本应当变换话题"的意思相同。注意：在这里有一个复杂的问题是我将要忽略不论的，因为它与伦理学毫无关系。这个问题是："他本应当去做 A 事"这一语句通常意味着他没有做 A 事。如果要对这一问题作一种完全的形式分析，可能需要补加一个额外的从句来处理这种特殊性，但在此我们无须管它。

有时候，要道出"被选择"(chosen)这个词的完整意思，还需要通过给出比较的类别来加以补充。因此，为了用我们的人工术语来表示"他并没有访问那所正当(正确)的房子"，我们就必须说"他并没有访问那所正当（正确）的房子"的意思与"他并没有访问他本应当选择去访问的那所房子"的意思一样，但与（比如说）"他并没有访问那所他应当选择去用炸药炸掉的房子"的意思却不相同。所以，我们可以蛮有把握地预言：倘若我们不得不用我们的人工词"正当"进行替换的话，我们就会发现，可以毫不困难地从该语境中使一位说话者的意思得以表达，正如我们用自然词"正当"所能做的一样。

我将详细地考察人工的"正当"一词可以在什么样的程度上充分替代自然的"正当"这个词。我的印象是，我们在这一方面可以取得相当大的进展。然而，如果以为任何一个人工词都可以随时准确地担负起，且仅仅是担负起应由一个自然词所担负的全部工作，那就荒唐可笑了。要知道，我们的日常语言太微妙、灵活和复杂，以致难以用这种即兴的方式加以模仿。

12.3. 现在，让我们遵循同样的程序来处理"好的"一词。由于下述原因，使我们的人工词"好的"的定义要比人工词"正当"的定义复杂得多。这些原因是：正如不止一位伦理学家已经注意到的那样，定义"比……更好"这一比较级比定义其原级容易得多。在这一点上，"好的"和"热的"一词相同。我们能够提供非常简单而适当的标准来决定物体 X 是否比物体 Y 更热一些；但是，如果有人要求我们提供精确的标准说一物体是不是热的，我们就完全不能如法炮制了。我们所能做的只是解释"比……更热"的意义，然后说，如果某一物体较其同类的另一物体之平常温度高，我们就说该物体是热的。这一解释的后半部分是很不严格的；逻辑学家们还是不管它的好，因为"热的"乃是一个不严格的词。由于同样原因，"好的"也是一个不严格的词——重要的是要注意，正如它与"热的"一词的平行关系所表明的那样，这种不严格性与"好的"是一个价值词这一事实毫无关系。的确，"好的"一词还有一些其他特征，这些特征源于它作为一个价值词的特性并为它赢得了"不严格的"名声——例如，它的描述意义可以依照正在应用的标准而改变。然而，这与我们现在讨论的问题毫无关系；因为后一种意义上的"比……更好"也和"好的"一词同样不严格（如果"不严格"是一个恰当的词的话）；但是，我现在所谈到的这种不严格性，只是与原级相关，而不涉及比较级。

那么，就让我们用"应当"来定义人工概念"比……更好"吧。我

们可以提出下列定义："A 是一个比 B 更好的 X"与"如果一个人正在
选择 X，那么，若他选择 B，则他应当选择 A"的意思相同。由于该
定义很复杂，所以，人们最初可能会抓不住它的要点。首先，我们
必须记住：只有当前项为真，而后项（结果）为假时，一条件句才会
为假。关于定义"若"（如果）的真值函数的可能性，不论我们采取什
么样的观点，都可以这样说。比如，我们现在假设：有一位学生要
我就关于亚里士多德《伦理学》的好几种讲座之各自优点给他提提建
议，我可能会说："A 君关于《伦理学》的讲座比 B 君的更好（依你的
目的来看）。"这样一来，我们不得不问：在什么样的条件下，我才能
说我的学生没有采纳我的建议呢？假设：我假定他总是做他认为应
当做的事情，那么，如果他去听 A 君的讲座而不去听 B 君的讲座，
他就是在遵循我的建议。即使他 A、B 两者的讲座都听，我也不能
指责他无视我的建议。因为他可能仍然认为 A 君的讲座比 B 君的更
好。反过来，如果他 A、B 两者的课都不听，情况也是一样。只有
在一种情况下，我才能责备他没有采纳我的建议，这就是，如果他
去听 B 君的讲座而不去听 A 君的讲座，那就可以责备他；因为这表
明，当他在两种关于《伦理学》的课程之间进行选择时，他选择了去
听 B 君的课，在此情况下，他认为，他不应当再去听 A 君的课。而
根据我的定义，如果他认为 A 君的课比 B 君的讲得更好的话，他就
会认为他也应当去听 A 君的课。

　　现在，我认为人们将会一致同意，经过这样定义了的"比……更
好"的人工词，完全足以担负那种在日常语言中由自然词"比……更
好"来做的工作了。但就道德用法而言，却还存在一种复杂之处，它
已经吸引了许多伦理学作者的注意，而且也是道德用法中的"正当"
与"好的"之间为人们所极力强调的区别的基本点之一。[28] 说某一种
行为是正当的，并不是说它是一种好的行为，这是一个普通的常识；
因为好的行为必须是出自好的动机来做的行为，而正当的行为却只
须与某一原则相符合，不论它出自什么样的动机。因此，即便我在
付给裁缝工钱时，希望他把这些钱都花在酗酒上，我付给他钱仍然
是正当的行为，尽管因为我的动机不好，这种行为不是好的行为。
我们也可以说，一个人所做的某事不是正当的（即不是他应当去做
的），也不一定因此就指责或责备他；因为，尽管他做了不正当的事

情，他也可能是出于最好的动机来做的，或者是，他可能没有抵制住一种诱惑，但我们却不能因为他没有抵制住这种诱惑而责备他。按照我对人工词"比……更好"所下的定义，因此也按照我对"好的"所下的定义，我们有可能把这种区别弄得比我们迄今所了解的清楚得多。在此，我们不得不对这种定义稍加修改，因为按照这种定义，"A在此情况下是一种比B更好的行为"可能只是这样一种意思："若一个人正在选择在类似情况下做什么，那么，如果他选择B，则他应当选择A。"因此，倘若我们直接运用这一定义，它就不一定包含人们做该行为的动机。所以，我们必须间接地着手，改变一下亚里士多德的说法，说好行为是好人可能会做的那种行为。[29]这样一来，按照我们的定义，我们就可以把一个好人定义为：他是一个比普通人更好的人；而说A君是一个比B君更好的人，也即是说，如果一个人正在选择要成为什么样的人，那么，若他选择成为B君所是的那种人，则他应当选择成为A君所是的那种人；而且根据前提来看，由于A君与B君不是同样类型的人，所以，归结起来就应该说，如果我们选择是像A君还是像B君的话，那么，我们应当选择成为像A君那样的人。

我们可以将这个多少有些复杂化的"好行为"定义较为简略地解释如下：当我们正在谈论一种好行为时，我们也就是把它作为人之好的表示来谈论的；而当我们谈论人之好时，我们试图去引导的那些选择，主要并不是那些正好与这个人行动时所处境况（比如说，从裁缝那里收到账单的境况）完全相同的人的选择，而是那些正在问他们自己"我应当努力成为什么样的人呢"的人的选择。我们在一种道德教育和品格形成的语境中谈论好人和好行为，但却是在一种不同的语境中谈论正当行为的，在这种语境中，我们谈论特殊情况中的各种义务，不论行为者的动机或品格是好是坏，他都可以履行这些义务。如果这确确实实就是我们如何使用"好行为"定义的实际情形的话，那么，"好的"这一人工词就像我已经处理过它的那样，能够很好地表现出"好的"这一自然词的那种特征。

到此为止，我的全部分析一直都非常粗略而实际，但即令如此，也是极为复杂和很难懂的。倘若我将这种分析弄得更精确些，那就更难懂了，而我却不知道用什么样的方式才能使这种分析更简易一些。所以，我惟一能够期待的是，我已能让读者充分认识到了：如果我们把"好的""正当的"从我们的语言中去除掉，我们可以如何通过使用"应当"这个词来填补因去除"好的"、"正当的"二词之后所留下的空缺。我认为，尽管新的人工词与老的［自然的］词比较起来，最初可能会显得笨拙，但当我们要说我们现在用"好的"和"正当的"这些自然词所说的那些事情时，我们还是能够用这些新的人工词将就过去的。

12.4. 到目前为止，我们在我们的定义中一直还在使用"应当"这一自然词。现在，我们必须来探究一下，倘若我们以后不使用这个自然词的话，我们能否用人工概念"应当"将就过去。这个人工概念是用扩充了的祈使语气来定义的。这正是我们分析的一部分，它很可能会引起最严重的怀疑。所以，我们必须首先表明，为了能够在祈使语气中构造出全称语句，我们必须对祈使语气做些什么样的分析；然后再用这些真正的全称祈使句来定义人工词"应当"，以便使它能够履行自然词"应当"所具有的各种功能。

为什么我们不能用祈使语气来构造真正的全称语句呢？其理由有二：第一，除少数明显不合规则者外，这种语气多限于将来时，而真正的全称语句必须适用于所有时间，包括过去、现在和将来（例如，如果"所有的骡子都是不孕的"为一真正的全称语句，它就必须能适用于世界史上所有时期中的所有骡子；我们就必须能从这一语句连同"乔是一匹骡子"这一语句中，推导出"乔是不孕的"这一语句）。第二，祈使语气主要出现在第二人称中；当然，也有一些第一人称的复数祈使句和一些第三人称的单称祈使句与复数祈使句；而且还有一种"让我……"的形式，这一形式是第一人称的单称祈使句。但在英语中，这些人称有着不同于第二人称的形式，因之也可能有一种多少不同的逻辑特性。更为严重的是存在着这样一种困难，即：无法构造一种以"一个人"打头或以非人称的"你"打头的祈使语句；在祈使语气中，也没有任何可以与"现如今谁也看不到很多漂亮的马车了"这样的陈述语句，或"一个人不应当说谎"这样的价值判断相类比的东西。显而易见，倘若我们可以构造一些真正的全称祈使句，它们必定是这样的：通过辅之以合适的小前提，我们便可以根据它们推导出所有人称的祈使语句，也能推导出所有时态的祈使语句。

因此，根据我们的目的，为了能够构造出所有人称和所有时态的祈使语句，我们必须丰富祈使语气。

由于会产生一些可能在我们的语言中毫无用处的语句（诸如过去时的祈使句），这种打算丰富语气的想法可能会引起人们的怀疑。为什么我们从来不命令某些事情在过去发生，其道理是显而易见的。因此，我们可以说，一个过去式的祈使句毫无意义。我无意否认这一点——因为，如果某一表达方式没有任何可能的用途，那么，在此意义上，它就是毫无意义的；但尽管如此，人们仍将看到，这些语句在我的分析中确实具有一种功能，因此，我必须要求读者容忍它们的存在。也许，这与数学中虚数的用法有某种相似之处。也正是在这一点上最为清晰地显露了日常语言的祈使句与价值判断之间的本质差异；然则，由于我的分析是想暴露这些区别，而不是想掩盖它们，所以，这一点并不构成我分析中的缺陷。

12.5. 为了在时态和人称方面丰富祈使语气，我将利用一种从我在前面(2.1)讨论祈使句的构成时推导出来的办法。在那一节的讨论中，我们已经看到，与一个陈述句一样，一个祈使句也由两种因素所构成，我曾将这两种因素称之为指陈和首肯。指陈是那种对陈述语气和祈使语气都共通的语句的一部分，因此，我们用这样一种方式就可以分析出"你将去关门"与"关上门"这两个语句都有相同的指陈；这样，我们就可以把它们分别写成：

> 是的，你将在最近的将来去关门。

和

> 请你在最近的将来把门关上！

首肯则是语句中决定语气的那部分。它是通过刚才所引用的那两个语句中"是的"（陈述式）与"请"（祈使式）来表示的。这样，一个语句的时态表示就包含在指陈中。但由于存在着各种时态的陈述语句，也就必须得有各种时态的指陈才行；因此，我们有可能取出一个陈述句的指陈，然后在其上面加上祈使式首肯，这样一来，我们就有了一种过去式的祈使句。因之，我们可以写出这样的语句：

> 请你昨晚把门关上！

我们还可以有无时态的祈使句，不过要用时间范围来取代时态。因之，我们又可以写出这样的语句：

> 请你在三月四日下午十一时把门关上！

因此，假如我们可以克服对过去时祈使句最初的厌恶，构造这些过去时祈使句也就没有什么逻辑困难了。对于其他的时态也是如此。

用类似的办法使我们可以构造出任何人称的祈使句。我们必须做的一切，就是取出这种人称的陈述句中的指陈部分，然后在它后面加上祈使式首肯。或者，我们可以舍弃所有的人称代名词，或者代之以专有名称，或者代之以明确的或不明确的描述。最后，正像我们所要做的那样，我们可以将一个真正的全称陈述句中的指陈部分取出，在它后面加上祈使式首肯，获得一个真正的全称祈使句。因此，我们可以以"所有的骡子都是不孕的"这一陈述句为例，并将其写成：

> 是的，所有的骡子都是不孕的。

而真正的全称祈使语句则可写成：

> 请所有的骡子都是不孕的！

这一语句在意义上不同于日常语言的祈使句"让所有的骡子都是不孕的"，因为后者只能指涉将来的骡子，而前者则是针对过去、现在和将来所有骡子的一项命令（fiat）。因此，如果公元前 23 年有一头骡子生育了后代，这并不会违背在公元 1952 年所说的"让所有的骡子都是不孕的"这一命令，但它会违背在随便某一时间里发出的一种真正的全称命令。就我们的目的来说，这一点很重要，因为，各种行为都可以违背尚未说出来的"应当"一原则，这正是"应当有"这一表达方式的关键所在。

现在，如果我用这种丰富了的祈使语气构造合适的真正全称语句，我们将会看到，它们在意义上就很接近于价值判断。我们业已考察过日常语言祈使句："不要以恶报恶"，并已经看到，如果把它当作一个真正的全称语句的话，那么它的意思大致上等同于"一个人不应当对任何人以恶报恶"。但它出现在《福音全书》中时，我们就不能这样看待它，因为它是对明确的一群人讲的，即是对基督徒们讲的，而不适用于任何一个不是基督徒的人。一般说来，对于祈使句而言，也是如此，正如我们已经看到的那样，它们有一定的应用限制。而且"不要以恶报恶"这一语句的应用无疑是指将来。在这一语句被说出来的那一时刻，如果某人刚刚报复了敌人，他就不算违背这一命令。但是，用我们改造过的祈使语气，我们可以构造一种具有充分普遍性的原则，以至于无论何时、无论何人的任何行为，都有可能是对它的违背。而这一点正是与道德原则或其他"应当"一原则相类似的地方。

因此，让我们撇开指陈和首肯这样一些冗繁的术语，采用"应当"这一人工词吧。我们可以将这个词定义如下：如果我们取一个真正的全称陈述句"所有 P 都是 Q"，并将它分成指陈和首肯两部分，即"是的，所有 P 都是 Q"；然后，再用祈使式首肯替代陈述式首肯，即"请所有 P 都是 Q"。于是，我们便可以不写后一个语句，而反过来写成："所有 P 应当都是 Q。"

到此为止，这个定义还仅仅是给与了人工的"应当"一词在可能被用于构造能履行一般"应当"一原则之功能的语句，或我们在第十章第三节中提到的那种 B 型语句时所具有的意义。这即是说，它提供了诸如下列语句的替代句："如果汽车的发动机不能靠自动启动器立即发动起来，就应当使用发动摇把来发动它"，或者"一个人应当永远说真话"。这些语句只有经过重新改造，才能属于这样一种全称格式："若想靠自动启动器立即发动汽车的一切尝试都失败了，就应使用发动摇把"；或"人们所说的一切，都应当是真话"。如果人工词"应当"是自然词"应当"的一种合适的替代词，人们就可以根据我的定义提供这种类型的语句。另一方面，C 型和 D 型语句都是单称"应当"—语句——将来时的和过去时的，迄今为止都还不适合上述要求。对于它们的分析，乃是一件极为复杂的事情，但我们可以提出下列替换方式，即：让我们把"你应当对他讲真话"改写成如果你不对他讲真话，你就将违背我特此赞成的一般'应当'—原则"。同样，让我们把"你原本应当对他讲真话"改写成"由于你对他不讲真话，你已经违背了我特此赞成的一般'应当'—原则"。如果更形式化一些，我们还可以写成"至少存在一种 P 值和一种 Q 值，以使：(1)所有 P 应当都是 Q；(2)你不对他讲真话可能是（或已经是）一种 P 非 Q 的情况"。在此还有：如果人工词"应当"是自然词"应当"的一种合适的替代词，我的定义就可以包括 C 型和 D 型语句。

　　在作这种比较时，首先要注意，正如我们已经对人工词"应当"所定义的那样，该词具有一种自然词"应当"也具有的重要特征，而这种特征又使它们两者与简单祈使句区别开来。之所以有这种特征是由于以下事实：人工词"应当"和自然词"应当"出现于其中的那些语句总是（或至少总是依赖于）真正的全称语句。有时候，人们坚持认为，"应当"—语句的逻辑在某种意义上具有三重语值（也就是说，排中律不适用它们）；即使我否认 X 君应当做 A 事，也不能必然推出我在逻辑上就必定肯定 X 君不应当做 A 事的结论。如我们所说，情况可能是：X 君是否做 A 事都无关紧要，因此，肯定他应当做 A 事或他不应当做 A 事，也许是不可能的。现在，所有的全称语句都具有这种性质，而这种性质早在人们想到三重语值之逻辑以前，就已被人们在传统的亚里士多德式的逻辑中认识到了。"所有 P 都是 Q"和"所有 P 都不是 Q"（或"没有任何 P 是 Q"）并不矛盾，而是相对立的；因此，如果我们否认所有 P 都是 Q，我们并不因此而强迫我们自己肯定没有任何 P 是 Q；因为有些 P 可能是 Q，而有些 P 则不是 Q。在此，我们没有必要去讨论，谈论一种三重语值逻辑是不是描述全称语句的这种特征的最佳方式，但是，在这一方面，"应当"—语句与全称语句之间的这种相似性却支持了我的定义。

　　12.6. 现在，我们必须要探询一下，人工词"应当"是不是自然词"应当"的一个完全的替代词——我们能否通过它的帮助，来担负我们在日常语言中用后一个词来做的全部工作。在此，我们可以将这些工作分为两类：第一类是真正的评价性工作或规定性工作；第二类是描述性工作。在这些工作中，我们将会发现，前一类完全可以由人工词"应当"来承担，而后一类工作则并非没有进一步规定的必要，因之也没有那么顺手。我们已在前面看到，"应当"的评价性用法是那些蕴涵了单称祈使句的用法。显而易见，我所定义的人工词"应当"也履行这种功能。这意味着，人们可以用它来承担自然词"应当"的所有功能，包括道德的或其他任何类型的教导或建议的功能。因此，如果我们在教某个人驾驶汽车时使用人工的"应当"一语句，他就会得到清楚而有效的指导，仿佛我们使用的是日常语言的"应当"一语句。当我们用这种手段对他施教之后，他将知道在我们的指导所涉及的各种情况下应做什么。在道德教导中也是如此，不管这种教导是由父辈们提供给他们子女的那种，还是由像佛陀或基督这样伟大的道德改革家们所提供的那种。前一类导师和后一类导师实际上常常都是使用祈使句，而不是"应当"一语句，这一事实证实了我所说的那些观点。我们已经考察过"勿以恶报恶"，而父辈们常常说类似于"如果你非要打架不可，就去跟和你个头一样的人打吧，不要跟你的小妹妹打架"的话，这类话的意图显然是道德性的。

另一方面，我所定义的人工的"应当"一词则不可能如此圆满地履行日常语言中"应当"一词所具有的那些描述性功能。让我们再考察一下前一章里的那个例子。假设我说："在他应当已经到达表演现场的那一时刻，他正趴在他的汽车底下，离该地还有五里之遥呢。"正如我们已经看到的那样，这本来并不是告诉人们某一个人应当在什么时候到达表演现场的一种方式，而是告诉人们被提到的那个人在某一时间正在做什么的一种方式；任何一位知道应当在什么时候到达表演现场的人，会立刻明白这里指的是什么时间。而他们之所以知道这一点，是因为每个人都认为应当（评价性的）在表演开始前一点儿来到表演现场。因此，由于大家都一致同意某一特殊评价，所以便产生了"应当"的一种次要用法，人们可以用这种用法来提供信息。但现在，按照我们迄今为止所下的定义，人工的"应当"一词却不适合于这种次要用法。确实，在像这里的情况下，把包含着人工的"应当"一词的祈使句当作一种假言祈使句来对待，并不是不自然的。我们在第三章第二节中所作的那些考察，可能会有助于我们走出迷宫，因为假言祈使句在某种意义上是描述性的，已经提供了大前提，或者人们已经理解了大前提。但这并不包括所有的情况。尽管如此，如果我们使用在前面(7.5)提到的那种"加引号"的技术，也就得到了一种解决疑难问题的方法。我们可以把那一句子改写成："在大多数人(包括我本人在内)都一致认为'他应当已经到达表演现场'的那一时刻，他却……"从表面上看，这一语句是一个陈述语句，因为蕴涵着祈使句的人工的"应当"，被置于引号之内，但并没有使用而只是提及了这个祈使句。

注意到"大多数人(包括我本人在内)都认为"这一表达方式与我们在前面一个充分评价性的实例中使用的"我特此赞成的"(12.5)这一表达方式之间的差异，是很有意思的。倘若我说："我特此赞成如此这般的原则"，这几乎就等于我实际上在宣布这个原则。"特此赞成"这一词语仿佛是消去了引号，同样，像"我特此保证我将服从、服侍、爱……"这一语句在婚礼上可能具有与"我将服从、服侍、爱……"相同的力量。因此，在"如果你不对他讲真话，你就将违背我特此赞成的一种'应当'—原则"(在这句话中，我已经用人工词"应当"替换了前面的那个自然词"应当")这一语句中，有一种活生生的祈使成分。但是，在"大多数人(包括我本人在内)都一致认为'他应当已经到达表演现场'的那一时刻，他却……"这一语句中，这种祈使成分虽未消失，却也是行将消失。

祈使成分之所以尚未消失，是因为"我特此赞成"与"我可能会同意"之间的差异，只是一种程度上的差异而已，因此，我说我可能会同意关于他应当已经到达的看法，也就是以一种方式说他应当已经到达。把我的这种议论看作在意向上基本属于提供信息的，还是基本属于评价性的？这是一个非常微妙的侧重于哪一点的问题。因之，通过这种进一步的规定，我们就成功地给予了人工词"应当"以一些评价性用法与描述性用法之间的灵活性，这些灵活性也是自然词"应当"在日常语言中所具有的。可以说，如果我们真的突然被剥夺了对日常价值词的使用，我们也就可以及时地通过使用我的这些替代价值词，慢慢地学会熟练巧妙地使用它们，就像我们使用原来的价值词一样。我制作的这种工具可能让使用者有一种粗陋的感觉，但用起来会越来越顺手。

对于我们把人工的"应当"一词作为自然的"应当"一词的替代品

这一做法，人们可能还会提出另一种反对意见。他们可能会说，人工的"应当"一语句可能多少缺乏日常语言中"应当"一语句所带有的那种"权威性"。当我使用人工的"应当"一词时，我可能只是在告诉人们去做某种行动；在日常语言中，当我说人们应当做某种行动时，就不只是我在告诉他们，而且我也在诉诸一种原则，而在某种意义上，这种原则是业已存在的，正如道德哲学家们不断指出的那样，它是客观的。在此，我不能详尽地重申我已经多次谈过的观点，这就是：道德判断不能只是事实的陈述，倘若如此，它们就不可能履行它们实际应做的那些工作，也就不会具有它们实际应有的那些逻辑特征。换言之，道德哲学家不能脚踏两只船。他们要么必须认识到道德判断中不可还原的描述性成分，否则他们就必须承认，他们所解释的那种道德判断不能以人们日常所理解的道德判断明显具有的那种方式去引导行为。在这里，只须指出这样一点就足够了：我所谓那种描述性力量乃是道德判断通过人们对它们所基于的各种原则的普遍接受获得的，这足以说明我们为何会有这样一种感觉，即：我们在诉诸一种道德原则时，就是在诉诸某种业已存在的东西。如果我们的父辈们和祖辈们世世代代都一致赞成这种原则，并且，大家都不能毫无内疚感——这种内疚感乃是通过多年的教育才培养起来的——地违背它的话，那么，在这种意义上说，这种描述性力量确实业已存在了。倘若大家都因完全确信而一致认为人们不应当做某一行为，那么，当我说人们不应当做这种行为时，我的确是带着一种并非我自己的权威性而说这句话的。而且，我认识到我是带着权威性说话的——即认识到我只需赞成一种业已确立的原则——在一种意义上，乃是对事实的认识。但尽管如此，我们仍须小心翼翼地区分这种判断中的两种因素。该原则已牢固地确立（即大家都会一致同意该原则）和我假如违背它就会产生内疚感，都是事实；但是，当我赞成这一原则时，我并不是在陈述一个事实，而是作出一种道德决定。即令我是心不在焉地作出这种决定——也就是说，即令我只是接受它而没有想到我依其而被教养成人的那些标准——但无论怎样，在一种重要的意义上，我也是在使我自己对这种判断负责。这意味着，如果它完全是一种评价性判断，我就不能只是把它当作被给定的判断来看待。诚如康德所见，真正的道德判断必须基于"意志所具有的独断独行的那种属性之上(即独立于属于意志对象的每一种属性之外)"[30]。

最后，我想要求读者重温一下我在本书第一部分末尾所说的话。在那里，我提出通过哪一种推理，并从什么样的前提中，我们才能获得对"我应做什么"这一问题的答案。提出这一问题之后，我对该推理必须依赖的道德原则是如何建立起来的问题作了说明；而在我说"应当"一语句可以表达这些原则之后，我最后说："要在道德上成熟起来……就是要学会使用'应当'一语句，并认识到'应当'一语句只有通过诉诸一种标准或一组原则才能得到检验，而我们正是通过我们自己的决定而接受并创造我们自己的这些标准和这些原则的。"因此，我们现在已经达到了这样的境界：在这里，我们可以清楚地看到，本书第二部分和第三部分对价值词的逻辑的讨论，是如何与本书第一部分关于祈使语气的讨论相联系着的。如果说，我刚刚简略勾勒的对人工词"应当"的分析，与日常语言中"应当"一词的用法有任何密切关系的话，那就是表明了道德判断是如何给人们按此方式而非彼方式行动以各种理由的。我想，表明这一点乃是伦理学探究的主要目的之一。

注释

[1]《命令的符号学特性》，载《科学哲学》，(1945)xii，302页。

[2]见拙文《祈使句》，载《心灵》，lviii(1949)，21页。在这里，我使用了该文中的一些材料。

[3]请特别参见《语言、真理与逻辑》，2版，108～109页。另见《论道德判断的分析》，见《哲学论文集》，231页以后，这是一篇稍后的而又更有分量的阐述。

[4]例如，我们可以参见C.L.斯蒂文森的《伦理学与语言》一书。

[5]《哲学与逻辑句法》，24页。

[6]《语言、真理与逻辑》，2版，108页。

[7]参见《伦理学与语言》，特别是21页。

[8]关于这一问题，我有更详细的论述。见拙作《论意志自由》，载《亚里士多德联合会会刊》(增刊)，卷xxv(1951)，201页。在本节和第10.3节中，我援引了该文中的某些材料。

[9]参见C.L.斯蒂文森：《伦理学与语言》，第十一章。

[10]罗素和怀特海的《数学原理》，i～9。

[11] 关于"承认"和"确定"这些类似概念的一些有趣评论，可见 P. F. 斯特劳逊的《论真理》一文，载《分析》杂志，第 ix 期（1948—1949），83 页；《亚里士多德联合会会刊》（增刊），卷 xxiv（1950），129 页。

[12] 坎宁安勋爵：《一位水手的奥德赛》，162 页。

[13] 《范畴篇》，6ª17。

[14] 维特根斯坦：《逻辑哲学论》，4.461。

[15] 若把该定义扩展为如下规定，它就包含更复杂的蕴涵关系了，诸如数学中的那些蕴涵关系。对该定义的扩展如次：我们已给定的定义可视为一直接的蕴涵关系定义，而间接的蕴涵关系定义则可这样规定：即在 P 语句与 R 语句之间，有一系列的语句 Q_1，Q_2……Q_n，且 P 直接蕴涵着 Q_1，Q_1 又直接蕴涵着 Q_2……Q_n 直接蕴涵着 R。但是，即便是这种规定，也不十分精确。

[16] 关于如何按照包含逻辑符号的语句之蕴涵关系来规定这些逻辑符号的指示，可见 K. P. 波普尔的《新的逻辑基础》一文，载《心灵》杂志，第 lvi 期（194），193 页。和他的《无假设的逻辑》一文；见《亚里士多德联合会会刊》，第 xlviii 期（1946—1947），251 页。

[17] 为什么许多人都想否认命令可以蕴涵或可以被涵盖呢？这主要是有一些历史原因。但亚里士多德就曾谈到了实践三段式推论，也谈到了理论三段式推论（见《动物的运动》，701ª，第 7 行以后；《尼各马科伦理学》，1144ª，第 31 行）。他把前者（实践三段式推论）的大前提作为一种动形词或一个"应该"语句来处理，或用其他方式来处理。但他似乎从来就没有意识到，这些形式是多么不同于正规的陈述。而且他说实践三段式推论的结论是一种行动（而非责令一行动的祈使句）。他发现，实践推论与理论推论的主要差别，不在于前者的（他所认识到的）规定性，而在于这样一种事实：若要以一种行动来作为结论，就必须诉诸偶然的特称命题。但他却不同意对理论三段式推论（我们应该探询的理由）作这样的归结（见《尼各马科伦理学》，1129ᵇ，第 19 行以后；1140ª，第 31 行以后；1147ª，第 2 行）。这一点导致了他给实践推论设置了一种逻辑上的从属地位，尽管实践推论在他的整个伦理学理论中是最基本的；而且，奇怪的是，他关于实践推论的论述也一直为人们所忽略。有意思的是，他的三段式推论尽管总是在陈述性语境中提出来的，但有时候（虽然不总是）也以这样一种形式提出来，而这种形式同样也适用于祈使句："三段式由下列步骤组成：说出某种东西；进而给定某些东西；最后是从这些东西中必然地推论出某种更进一步的东西"（《智者派的反驳》，161ª，第 1 行以后；《论题》，100ª，第 25 行；《先验分析》，24ᵇ，第 18 行）。

[18] A. 霍夫斯达特和 J. C. C. 麦克金色在《论祈使句的逻辑》一文中，对这些方面已作过尝试性探究。载《科学哲学》，第 vi 期(1939，466 页以后。并参见 A. 罗斯的评论《祈使句与逻辑》一文，载《科学哲学》，第 xi 期(1944)，30 页以后。

[19] 有关祈使句逻辑与陈述句逻辑之间的可能性差异的讨论，可见冯·赖特的《义务的逻辑》一文，载《心灵》杂志，第 lx 期(1951)。重要的是要意识到，与陈述语气的情况一样，模态祈使句逻辑也不同于简单祈使句逻辑。

[20] 柏拉图：《理想国》，331^c 以后。

[21]《尼各马科伦理学》，1096^b，第 32 行。

[22]《人性论》，第三部分，第一节(一)。

[23]《道德形而上学基础》，H. J. 帕顿英译本，108 页以后。

[24] 请参见 W. K. 弗兰肯纳所提出的类似的观点。其文载于 P. 席尔普编：《G. E. 摩尔的哲学》一书，100 页。

[25]《论道德判断的分析》，见《哲学论文集》，240 页。

[26]《最终的思想》(*Derniéres pensées*)，225 页。

[27]《逻辑能为哲学做些什么?》，载《亚里士多德联合会会刊》(增刊)，卷 xxii (1948 年)，154 页；参见《开放的社会》一书，第二章，51 页以后。

[28] 见大卫·罗斯爵士：《正当与善》，4 页以后。

[29]《尼各马科伦理学》，1143^b，第 23 行。

[30]《道德形而上学基础》，H. J. 帕顿英译本，108 页。

节选自 [英] R. M. 黑尔：《道德语言 》，北京，
商务印书馆，1999。 万俊人译。

《自由与理性》（1963）（节选）

原　则

3.1 在上一章中，我试图解释，在什么意义上道德判断是可普遍化的。这种解释可以概括如下：描述性判断是可普通化的，在与此恰好相同的方式上，道德判断也是可普遍化的，即这是一种由下述事实所推出的方式，该事实是，道德表达和描述性表达都有描述意义；但在道德判断方面，决定这种描述意义的普遍规则不仅仅是意义规则，而且是关于实体的道德原则。在本章中，我将考虑以各种其他方式，证明道德判断可以说成是普遍的或可普遍化的——这主要是为了通过指明在这些观点中，我赞成哪一个，不赞成哪一个，来避免将来的误解。

首先最重要的是，把我提出的逻辑命题同它易于混同的道德命题区分开来。上面（第二章第七节）我已说过，一个作出道德判断的人不仅仅使自己受意义规则约束，而且受实体道德原则的约束。然而，可普遍化命题本身仍是一个逻辑命题。不把可普遍化命题混同于作出道德判断的某人据以约束自己的实体道德原则是很重要的。

所谓"逻辑的"命题，我意指的是一个关于语词意义的命题，或只依赖语词的论题。我一直认为，"应当"这个词和其他道德词汇的意义是这样的，一个运用它的人会因而使自己受一条普遍规则的约束。这是关于可普遍化性的论题。它将区别于道德观点，诸如一个人应始终坚守普遍规则，并约束他所有的行为，以便与普遍规则一致，或某人不应为其自己的利益而破例。正如我们将看到的，逻辑论题在道德论证中具有巨大的作用；但正因为这个原因，表明它不过是一个逻辑论题才显得重要——因为，否则就会有人提出这样的异议：道德原则伪装成逻辑论题而被偷运。（第十章第三节）。为澄清这一点，我打算采纳刚提到的两个道德观点，并表明它们不过是来自逻辑命题，除非它们被理解为这样一种方式以致成为分析的（即不禁止任何一种行为方式而不是另一种）。很明显，在后一种情形下，从逻辑命题中推出它们来无任何异议，因为不会因此而引起偷运实体道德原则的指责。

　　为避免我们正考虑的原则之烦琐，我们约定不把一个人说成坚守某一原则，也不约束他的行为以便与之保持一致，除非在他的思想之前已在某种意义上有了这一规则（无论如何会有），且除非他的行为在某种意义上为遵守他的愿望所激发。现在按照这种理解，如果一个人一时心血来潮，没有考虑包含在他行为中的任何规则而做了某事，他将会违反以下原则：每个人应始终坚守普遍规则，并约束他的所有行为以便与它们保持一致。能从我的逻辑命题推出这人做错了吗？看起来一点也不；因为这一命题没说，如果某人坚持认为，在这个人的情况下，某人应始终像他所做的那样行动，就会犯逻辑错误，这个命题更没说这个人自己在犯任何道德错误。如果我一时心血来潮给了一个盲丐一个硬币，按照可普遍化的逻辑命题，这没有中止我行为的正当性；因为可能一个人应始终给盲丐施舍——甚或，一个人应始终不假思索地给他们施舍。我不想争论赞成还是反对这样的准则，而只是指出它们并不与我的逻辑命题相抵触。一个不假思索地这样行动的人，实际上不会认为这是要做的正当之事；因为那意味着对一条规则或原则的考虑（在某种意义上）；按照同样的方式，一个人可以正确地使用一个词，而去思考它是不是正确，但如果某人考虑它是否正确，他因而就提出了一个关于原则的问题：这是运用这个词的正确方式吗？

　　对可普遍化命题的攻击主要是逻辑的，而非道德的。如果某人说"我应以某种方式行动，但任何其他人在相关的相似情况下都不应以那种方式行动"，那么，按照我的命题，他在滥用"应当"这一词；他暗中自相矛盾。但这里逻辑的攻击在于两个道德判断的结合，而不在于两者中的任何一个本身。可普遍化命题不提供自相矛盾的任何单一的、逻辑上简单的道德判断，甚或道德原则，没有这一命题，这也不会是自相矛盾的；所有它所做的是，促使人们在两个判断之间作出选择，若对两个判断都加以坚持，必定会自相矛盾。因而任何关于实体的道德判断或原则都不是单独来自这一命题。此外，在许多不同场合，一个人可以用不同的方式行动，即使这些场合是同质的；而不会从这一命题中推出，他所有行为或某一行为必定是不当的；这一命题甚至不禁止我们说此人的行为中没有一个是不当的；因为在所描述的情形下，他所做的各类行为在道德上都是中性的，这与这一命题是一致的。这一命题禁止我们所做的是，对我们承认恰好的或相关的相同行为作不同的道德判断。这一命题告诉我们，这是作逻辑上不一致的判断。

我们可以想象性地把这一原则——一个人应始终约束他的行为以便与普遍规则保持一致——理解为仅仅是一种对所有这种道德判断之自相矛盾的所有否定一样，这一原则变成分析的了。至于道德判断的逻辑属性，我们说它是一个二阶命题，还是说它是一个一阶的但却是分析的道德判断，都无关紧要。以这两种方式中的任何一种表达它，都不会实质性地改变它的性质。

我们可用同样的方式对待一个人不应为自己的利益而破例这一原则。如果仅仅把这一原则——我应以某种方式行动，但他人在相关的同等情况下不应如此，可以是事实——理解为是一种否定，那么这一原则就是分析的（用其他词汇对逻辑命题的重复），而且无任何关于实体的道德判断来自它。但如果把它理解为意味着：某人以某种方式行动，同时坚持认为他人不应如此行动，是在做不正当的行动，那么这一原则不仅是综合的，而且我们中的大多数人也不会同意它；因为个人完全可以是在正当地行动，尽管他对某些人的行为所做的道德判断与他自己的行为是正确的这一判断（如果他作出了它的话）是不一致的。无论如何，此人的行为不能是违反普遍化命题，尽管他所说的可能是违反可普遍化命题；而且正如我一直坚持认为的那样，如果这是一个逻辑命题而非一条实体的道德原则，那这正是我们应期待的。

我将不讨论涉及其他可能的道德原则的细节，这些道德原则可能与可普遍化命题混同。然而，只有两个著名的命题可以提及。第一个是"黄金规则"，如果用一种道德原则的形式表述的话，就是：一个人应当以他希望他人对待他的方式来对待他人。如果把它改写的话，就是"……像他人对待自己的方式那样"，那么也可对它作出同样解释，就像我们刚刚讨论过的原则那样。通过适当的理解，按照普遍主义的命题，可以使它在分析上为真；但按照其他理解，它成为综合的，但那就不是来自这一命题了。如果把"希望"这一词留下，这一原则显然也不是来自这一命题的(第六章第九节)。

第二个可以提及的原则是一个康德式的原则，可以表述为"我也立意愿意我的准则应成为一项普遍法则，除此方式外，我绝不应行动"[1]。对这一原则也可能有不同的理解；但最明智的是，在一本这种性质的书中，在感谢康德的伟大思想的同时，要避免陷入对康德式的解释的蜘蛛网中。如果把康德理解为，一个人说他应以某种方式行动，但说"不允许其他人以同样方式行动"，是犯了一个暗含的矛盾过失，那么康德的原则就是一种说明可普遍化逻辑命题之后果的方式。在《道德语言》第二章第二节的这种解释中，愿意(康德最微妙的概念之一)被大致相当于认同一项律令，在这种意义上，它自身并不完全清楚。对"立意"这一词也有一个问题，对此我想在后面作明确说明(第六章第九节，第十章第四节及以后)。但如果不努力理解康德的原则同样也很难使读者明白我的观点。

大体说来，我下面的论证是这样的：乍一看，我们面临两种立场之间的选择：(1)可普遍化命题本身是一项道德原则，因而可能有实质性的道德后果；(2)可普遍化命题只是一个逻辑原则，从中推不出任何道德实体，因此它对道德推理之目的毫无助益。正是最后一个从句("……毫无助益")错了。稍后，我将力图表明，尽管这一命题不是一个道德原则，而是一个逻辑原则，因而，尽管由它自己从这一命题中推不出什么道德上的东西，但在道德论证中，与其他前提结合起来，它能得到强有力的运用(第六章第三节及以后)。因此这是一个虚假的两难——尽管这并没有阻止它被经常运用。

3.3. 很清楚，普遍主义——正如我坚持认为的那样——是一个逻辑命题，而非一个道德命题，现在我将按照它的准确意思清除某些混乱的根源。首先人们可能很容易质问，这是否仅仅是一种关于语词之道德用法的规则，或它是否总体上是一个关于评价性语词的规则。[2]既然我们不得不沿着至少两种错误之间的道路前进，对这个问题，我打算给出的回答有点复杂。它总体上是一个关于评价性语词的规则，需要审慎的限制性条件。如我们以"应当"这一词为例，在我看来，无论人们所作出的判断是何种"应当"判断（道德的、美学的、技术的……），这一原则都是可普遍化的（第八章第二节）。

这是为什么"应当"这一词不能用作法律判断的一个原因；如果某人有某项法定义务，我们不能通过说他应当做如此一件事情来表达这一点，因为"应当"判断必须是可普遍化的原因，在严格意义上，法律判断就不是。它们之所以不是的原因，是因为一个法律陈述总是包含了一个对特定管辖范围的暗中参考；"某人娶自己的姐妹为妻是非法的"这一陈述暗含的意思是，"某人娶自己的姐妹为妻在（例如）英国是非法的"。但"英国"在这里是一个特殊语词，它阻止整个命题成为是可普遍化的；在讲话者更受这一观点——在不像英国的任何国家中，这样的婚姻是非法的——约束的意义上，它也不是可普遍化的。因而把"应当"用在这样的陈述中是不行的。然而，一个人不应当娶他自己的姐妹为妻这一道德判断是普遍的；它没有暗含对任何特定法律体系的参照。

在可普遍化方面甚至有必要把"应当"判断同普通律令区分开来。一班士兵走到阅兵场的边上，如果中士说"向左转"，这并非使他（违反了就指控他改变了主意）保证在未来的同样场合下，发出同样的命令，而不是"向右转"。但如果是在一次战术演习中，指挥官说"在这种情况下，你应从左边进攻"，下一次与新一批军校生进行演习时如果他说，"在这种情况下，你应从右边进攻"，那他就是改变了他的主意。通过"改变了他的主意"我的意思是，"说了与他以前所说的不一致的事情"。

然而，尽管某些哲学家在把"应当"判断（各种各样的）等同于律令方面走得太远，还是可能有某些人为了发出一项没有对理据进行任何思考的指令，在他们用普遍律令更合适时，确实有时用了"应当"这一词。但普通命令不需要有理据，尽管它们通常有；而严格地讲，如果对理据的要求被看作不合适的，就是在滥用"应当"判断，尽管不需要进一步的理由。某些普遍的道德判断已经包含了它们需要的或它们可能有的所有理由（《道德语言》第四章第四节）。

然而，可能存在对"应当"的用法之贬低，在这种用法中相当于它是简单律令（尽管我必须承认，我只在哲学家的著作中碰到过这种用法）。然而，为防万一有这种用法，用下述方式表达这个问题是合适的：在包含"应当"这一词的绝大多数判断中，要求它们是可普遍化的是有意义的；可能有某些边缘的情况，在那里它没有这种意义；但无论如何在它的道德用法中（这是我们所主要关心的）它始终有这种意义。这里的"道德的"一词所起的作用，远远小于我曾经试图赋予它的那种作用。正是"应当"一词在其典型用法中的逻辑要求可普遍化，而不是"道德的"这一词在其典型用法中的逻辑要求可普遍化：所以只有为了确定典型用法的某一类型，才需要引进"道德的"一词，而且我们作为道德哲学家最关心这一点。这意味着，在这一点上，我们不需要担心这一语词之众所周知的歧义。因为在它目前的各种意义中，无论在何种意义上使用之，都足以排除对"应当"这一词的边缘用法（如果存在这种用法的话），在这些用法中，它是不可普遍化的。

3.4. 我现在转到普遍主义所遭受的最严重的误解上来。听到人们对它的异议是很正常的，异议的理由是：它暗示着有某些相当简单的一般道德原则，在某种莫名其妙的意义上，先于人们作出任何道德判断而存在，而且无论我们何时作这样的判断，所有我们不得不做的都是参考相关的道德原则，立刻作出判断。这样的原则就是一个极其呆板的道德主义者的原则，他的道德原则是一套习字帖标题。[3] 对这一问题的解释不同于我在许多方面所希望给出的解释。

首先，通过谈及道德原则"存在"，在这方面意味着什么，人们并不清楚；但即使它们（在某种意义上）存在，我确信它们也并非始终在先地存在，因而所有我们要做的就是参考它们。几乎通过考虑重大道德难题的任何实例，这一点就变得足够清楚了——例如，萨特关于年轻人的著名例子，这位年轻人处在不确定状态，是加入自由法国军队呢？还是留下来照料他守寡的母亲？[4] 萨特使用这个例子的目的是为了指出，在这种情况下，无任何在先地"存在的"原则可供诉求。[5]我们不得不考虑这种特定情形并决定其道德相关特征是什么，而且如果把这些特征考虑进去的话，我们在这种情形中又应做什么。然而，当我们确实决定了时，它又涉及一个在这种特定情形外有影响的原则问题。在我所是的意义上，根据包含这种例子的小册子来判断，萨特本人像我一样，是个十足的普遍主义者。[6]他偶尔也对普遍的道德原则给予公开的支持。[7]

其次，无论如何，当道德判断是由明智的、有广泛生活经验的人作出时，在作出道德判断方面，要加以坚守的原则很少是非常简单或一般的。这里，区分什么可以称为普遍性及什么可以称为一般性是很重要的，尽管这些术语的互用非常经常。"一般的"反义词是"具体的"，"普遍的"反义词是"特殊的"——尽管"特定的"这一词的存在，与"普遍的"及"特殊的"相比，引进了我们无需讨论的复杂情况。如果我们以下面的方式非正式地解释这些字眼，对我们的目的来说也足够了。记得我们是通过参照"描述性意义"这一术语来解释可普遍化的概念的。具有描述性意义的任何判断必定是可普遍化的，因为决定这种意义的描述性意义规则是普遍规则。但它们未必是一般规则。一条描述性意义规则说明我们可以使用某些事情的某类谓词。而且很明显，为了详细指明是哪一类，在某些描述性谓词中，我们将不得不讨论大量细节——如果在任何情况下这一点在言语上确实都是可公式化的话。让读者用诸如"原始的"这样一个词试着准确地指明它的意思是什么——即使在某种特定背景下——他会明白我的意思是什么。他将发现，为了把它同其他词，诸如"古老的""单纯的"等区分开来，他将不得不讨论大量细节，并以求助于实例而告终。而这些谓词是完全普遍的。其他语词因它们的复杂性而造成某种不同程度的困难：为了解释"三桅船"这一词，说那是一种船是没用的，即使说是一种用于航行的船也是没用的；"三桅船"是一个比"船"更不一般得多的字眼；而两者都同样是普遍的术语。现在的普遍主义不是这样的原则：在每个道德判断之后，不得不把一个可表达的原则隐藏在几个一般性的术语中。这一原则，尽管是普遍的，但可能太过于复杂，以至于它根本不可能用语词公式化表述。但如果它得以公式化或详细说明，在它的公式化表述中所用的所有术语都会是普遍的术语。

如果我对某事作一道德判断，必是因为这件事情的某些特征；为使它得到详细说明，这一特征可能需要很多细节。必须注意，一般性和具体性，不像普遍性与特殊性那样，是程度的问题。它使我们通过举例能够轻而易举地提出这两对术语之间的差异。"一个人绝不应作虚假的陈述"这一道德原则是高度一般的；"一个人绝不应向他的妻子作虚假陈述"这一道德原则则要具体得多。但两者都是普遍的；第二个原则禁止已婚的任何人向他的妻子作虚假的陈述。从这些解释来看，人们应当清楚，可普遍化命题不要求所作出的道德判断以习字帖标题类型的高度一般的道德原则为基础。正如我在《道德语言》第三章第六节及第四章第三节中所解释的那样，随着我们日益衰老，通过把例外和限制条件写进道德原则，以涵盖我们已经历过的各种情形，我们的道德进化基本上在于使我们的道德原则越来越具体。对多数人来说，它们很快变得太复杂了，以至于不容许公式化，然而在同样的情形下，还是给出了尚算清楚的指导。实际上要求原则之限制条件的情形总有可能出现；除非一个人突然闯入一种环境中，这一环境同他在其中成长的环境完全不同。随着他日益衰老，这种情况很可能会发生得越来越少，因为遇到的情形会更经常地与他以前已经遇到过的情形相似，因而更要进行道德上的思考。

3.5. 在我们的道德原则之一般性和具体性方面，道德语言的逻辑不是限制性的。依据坚守它们的人的气质，它允许它们是高度一般而又简单的，或是高度具体而又复杂的。通过考虑某些极端的例子，人们就可理解这一点。可能有某人在其早年生活中习得了几条很短的道德禁律，并严格地信守它们，同时认为不在它们范围之内的事也同样是可允许的。另一个人可能积累了一系列像摩西戒律那样复杂的道德原则(不论他是否能使它们公式化)，而且直到他死的那一天还在不断增加限制条件。

在新环境下，人们在修改他们的道德原则的意愿方面，有很大差异。一个人可能很呆板；他会觉得，只要自己熟悉某种境况最易发现的那些特征，他就能很快知道自己该在这种境况下做什么，根本无须考察被认为是需要对之作出不同判断的那些特点。另一个人可能更小心翼翼(在这方面某些人可能是病态地小心)；即使在一种很熟悉的境况中，他也绝不决定他应做什么，除非他仔细观察了该境况的每个细节，确信他真的能把它归到乍一看就非常相关的原则之下。

如果要效仿那些存在主义的英国赞赏者的话，我们都应属后一种人；我们应对我们自己说，人们及他们发现自己身处其中的境况是惟一的，而且我们因而必须以一种完全开放的思想去接近这种新境况，并从头开始对它们进行我们的道德思考。这是一个荒唐的办法，只有通过小说和短篇故事，使我们的注意力集中在极其困难且复杂的境况中上——这确实需大量考量——才显得可取。意识到有这一类道德问题是很重要的，但如果像这样处理所有的道德问题，我们不仅绝不应着手考虑比我们起初碰巧遇到的更多的问题，而且任何种类道德进化或从经验中学习都会是完全不可能的。我们之中较明智的人所做的是，对关键的道德进行深入思考，尤其是我们自身生活中所面临的那些问题；但当我们对某一特定问题作出一个回答时，把它具体化为一个不太具体或复杂的形式，以便它显著的特征突显出来，并在类似境况下为我们服务而无需如此之多的思考。那么我们才可能有时间考虑其他问题，并不再继续对我们应做什么而发现自己茫然不知所措。

3.6. 在此，正如在哲学中经常发生的那样，我们已经沿着两个错误之间的道路前进。不幸的是，术语的混乱往往会把我们驱入一个或另一个错误之中。"道德原则""道德规则"及诸如此类的语词，经常被以这种方式加以理解：规则或原则所指的必须是高度一般的。导致这一点的主要方式有两个：一种方式是，在我们的道德思考中，把"原则"限定在——正如人们实际所限定的那样——一个相对较小的作用上。一个人作出大多数道德决断所依据的理据在所限制的意义上称之为"原则"还是不够一般，尽管这些理据不在我一直使用的"普遍原则"的范围之内。他可以把这一词语专门留给他所谓"原则问题"——正如我们说"我使它成为一个绝不会出现在夫妻之间的原则问题"时所意指的那样。在这种意义上，使某事成为一个原则问题的目的，是避免对特定事例作任何道德思考。

对这一点有时也有正当的理由。不在原则范围之内的情形可能是，没留出时间仔细考虑它们的独特之处。这种考虑可能被看作本身就是错误的（可能正如在刚才所引用的例子中那样；我们可能感到，介入他人的婚姻关系会是一种令人不堪忍受的干涉，尽管若能对它们形成一个公正的判断很有必要)。或者情形可能是，当我们全神贯注于某种情形时，道德思考易陷入重复发生的陷阱，这种陷阱在激动之时很难避免。例如，我们内心的天性善良，或避免当众争吵的愿望，可能把我们导向各种决定，等我们清醒过来，又会认为这些决定是错误的。或者，在我们是当权者的处境下，我们可能认为，以一种独特的方式处理某一特定情形的论证，总能由天才们想出来；而且出于这样或那样的原因，如果在一种情形下可以破例(即使因为它是一个很难得的例外，也有理由这么做)，那就不会终止例外，这些例外是对有较少价值的情形不得不作出的。就拿最近广播节目中的一个小例子来说：如果旅馆的经理允许那位年老的女士在休息室内使她的北京哈巴狗待在她的膝盖上，那么对人们把丹麦大狗和狼狗带进来并打翻桌子，就无任何限制；因此，这位经理使不允许任何狗待在休息室内成为一条原则。

　　这个问题提供了一个较严肃的例子，在警方审问中，用拷打是否总是正当的。一位警官可能决心把从不用拷打作为一个原则问题，而且我赞成这么做。然而，这不是因为我认为出现下面各种情形在逻辑上是不可能的：在这些情形中，通过一种像我现在所能接受的那种道德推理(类似于后来在书中所概括的那种)，我会使自己确信，应当使用拷打。实际上很容易想象到这种情形：例如，假设一个残酷成性的细菌学家生产并传播了一种传染性的病菌，这将导致世界人口的大部分死于一种痛苦的疾病；而且只有他知道对这种疾病的治愈方法。如果警察拷打他，使他交出这一方法，我当然不应谴责警察。但当我说，我同意一位警察把不使用拷打作为一个原则问题而接受时，并不意味着我否认它在所能想出的那种异想天开的事例中是合法的；我的意思是，尽管一套完全天衣无缝的道德原则，涵盖了所有逻辑上可能的情况(如果有这样的事的话，也不可能)会包含一个条款，允许在这种情形下例外，但在实践中，一位警官(无论多么明智机敏)也不大可能作道德思考，这种思考对于把这种情形同其他情形区分开来是必要的，在那些表面上与这种情形相似的其他情形中，禁止拷打这一原则应得到坚守；而且对他来说，试一下都是很危险的，因为在这类拷打有时得到践行的情况下，要清楚地思考这一情形的各方面是极端困难的。此外，在各种实际上发生的情形中——正如与那些在逻辑上可能的情形相比而言的那样——看到这类事发生，我坚持认为，这种暗藏的罪恶对社会的影响不利，总是使与之相关的善失去平衡，即使最重要的考虑，受害者的痛苦也会被毫无理由地置之不理。因此，我毫不犹豫地说，无论形势多么危急，警官们也应把它作为一个原则问题，甚至绝不考虑这种方法。

我已谴责过的、对假定的而又异想天开的情形的考虑，不同于在道德推理中对假定情形的完全不同的用法，我们以后会看到这种用法既是必要的，又是有用的（第六章第八节，第九章第四节，第十一章第七节）。为了把可普遍化的要求运用到道德论证上去，设想假定情形总是合法的，除所涉及的人们的作用是相反的这一事实外，这些假定的情形在真实性上与所考虑的实际情形在相关方面确切相似；为了使假定的情形看起来可能，在不影响道德议题的问题上，完全可以这样做，无论多么异想天开的假想都可以。即使对那些面临迫切的实际问题的人而言，这也可能同样有效，如果他们在任何情况下都有时间思考的话；而且当我们有时间思考时，我们应对这样的问题思考得更多些。实际上，没有什么事情阻止道德哲学家们在他们的研究中考虑甚至是在这种限制之外的情形——也就是说，这些情形在它们道德上相关的详情方面，完全不同于实际上可能要发生的那类事例。至于考虑到实际事例在道德方面的相关特征被复制的情形，这样做可能不那么有用，但可能仍然是有启发的。但某些人面临特定道德危险，对身处这种情形中的人来说，把使某原则例外的可能性从他们的头脑中完全清除出去有时可能是最好不过的。只是决定何时以这种方式使某事成为"一个原则问题"是一件困难的事——这很大程度上依赖于环境及特定的人们的心理特点。但我们不能说它从不正确。

我们确实有时在这个意义上清楚地用"原则"这个语词，但同样清楚的是，这不是我一直用它的方式。听起来很奇怪，伯克对同一类事情，在一种赞同的意义上令人啼笑皆非地用了"偏见"这一词："偏见是准备在紧急情况下使用的；它保证思想处在一种智慧与德行的稳定过程中，它不使人在决断时犹豫、怀疑、困惑、悬而不决。偏见使一个人的德行成为他的习惯，而不是一系列无联系的行为。

正是通过偏见，他的职责成了他性格的一部分。"[8] 除几个哲学家外，其他所有人都会完全赞同一个人用伯克所倡导的方式作出决断；但我们中的几个人（可能不是伯克）认为所有的决断都以这种方式作出乃是正确的。

使我们的道德原则具有一般性的另一个较不值得称赞的方法是，把它们当作一套我们在某种意义上（可能是口头上）赞同的一般准则；在我们实际的特定道德判断中，我们不会经常背离它们，但它们形成了我们道德思考的背景（我们几乎可以说这成了它的神话）。然而，一个人可能借助于用含糊的术语表达他的道德原则这一事实，使他类似于此的道德原则免于伪善的指责（以招致思维混乱的一种指责为代价），以使通过对它们的有见地的理解，他可以把他一整套道德原则作为一个整体与他发现他所作的任何道德判断一致起来。这样一套原则在对行为的指导方面价值不大，因为，至少在困难的情形下，许多类似行为可以说是与它们相一致的。另一种对策是严格而又准确地理解原则本身，但调整并改变（如何？）我们在特定环境下给予的重要性。然而，这样的原则不是作为一种对行为的指导而有吸引力，而是因为它们赋予道德生活某种"情调"；一个人可以称自己是一个信守原则的人，同时在特定情形下，以一种我们中的大多数人所采取的方式来作出他实际的道德判断。

3.7. 从这种道德思考的讽刺画中突然转入完全抛弃道德原则的反面错误是很容易的。有时，这种观点是以建议抛弃道德的形式表达出来，"道德""道德原则""道德规则"从某种角度看是腐朽的，尤其是，一位年轻人可以在他如何对待从其先辈那儿继承来的维多利亚家具中看到它们，一有机会，他就会抛弃这些家具。这种反应是非常可以理解的，而且本身也是可嘉的。把道德原则看作某种继承来的、外在的东西——不为一个人所接受，并把它当作一种对行动的指导（具有使它们适应新形势的责任感），就此而言，它们是死的东西。错误在于，假设道德原则不得不如此。纠正的方法是弄清我是在何种意义上用这些语词的；如果我们要使道德重新"可用"，因此我愿现在阐明我认为它们可以被最有用地使用的方式。

首先，我们要清楚，一项道德原则未必要是高度一般或简单的，甚或是可用语词公式化的，但它必须是普遍的（在我们已经解释过的意义上）。其次，我们坚持认为，除非一个人努力试着用道德原则指导他的道德判断及行为，我们不能说他接受了道德原则。正如我们将认识到的那样，这两个要求是本书的两个核心命题——道德原则必须是普遍的，而且它们必须是规范的。后者促使我们寻求我们可以真诚信守的原则；前者坚持要求这些原则是真正的道德原则而不是机会主义者的特别决定。在第六章里人们将会看到，这两个特征是如何联合起来在道德论证中向我们提供极其有力的杠杆的。而且这就是在我们的道德思考中，我们都实际使用的那类原则，只要我们获得经验，我们会更经常地使用它们。

我们考虑一下，一个人怎样才算是明智的——有一种人，当他面临道德难题时，我们可以为寻求建议而自然地求助于他。"明智的"明显是一个评价性语词；经过考虑，我们不能称一个人是明智的，除非我们赞同他给我们的道德建议的内容——我们看了践行它的结果后，或者不理会它。但对一个人来说，是什么导致我们认为事后应能够说，它的建议是明智的？如果我正在寻找一种在这种处境下的建议，我首先会找一个亲身经历过道德难题的人，他的难题与我的那种难题相类似。但这还不够，因为他对这些情形思考的性质可能是微不足道的。我也会找一个人，我能确信他面对道德问题（他自己的或我的）时，会把它们当作道德原则问题来对待，而不是当作诸如自私的权宜之计一类的问题。这意味着我会期望他对自己的行为追问：在这种情形下，我应使自己受什么行为约束，在使自己受它约束方面，意识到我也是在（因为这是一个可普遍化的判断）给在类似情形下做同样事情的任何人开处方——简言之，我立意要使什么成为一项普遍法则（第五章第六节，第六章第二节）。如果我能找到一个人，我知道他曾面对困难的选择，而且同时我可以期望他有勇气向困难的选择发问（用萨特的话说，不使自己逃避可普遍化的痛苦[9]），那么，他就是那个我可以高兴地向其寻求道德建议的人，如果他的道德建议是我想要的道德建议的话。我不希望他迅速地给出某一简单的规则；无疑，他会发现，用言词来使任何普遍的主张公式化，以涵盖整件事是极其困难的。但我应确信，他会考虑特殊情形并同情地考虑所有细节，在此之后，力图发现一个我可以使自己受到约束的解决方法，不仅仅是对于我自己，而且是对于萨特所重新表述的那样，是"人类整体"。[10]

3.8. 这可能是反驳另一种对普遍主义常见误解的最好出发点。一个普遍主义者被认为是必定是一个爱管闲事的人；因为正如他所坚持的那样，如果一个关于我自己的情形的道德判断，暗示着一个涉及他人的对类似情形之类似道德判断的话，那么难道一个普遍主义者不必定是一个总是对他人作出道德判断的人吗？难道不是要做一件自负的而又令人难以忍受的事吗？但首先，对某些他人的行为作道德判断未必就是四处向他及他人显示他做得好或孬。对自己的道德观点秘而不宣通常可能是明智的。但这种对反驳的回应还不够深入。一个更重要的回答是，所有的普遍主义者在作道德判断方面作出的承诺都是，如果有另外一个人处在类似情形下，那么对这一情形必须作出同样的道德判断。既然我们无法知道关于另一个真实的人之具体情形的每件事（包括它如何影响他，这事关重要），假设另一个人所处的情形恰好与我们自己曾身处其中的情形相似，或甚至它在相关的细节上相似，这种假设总是专断的。如果他人向我们征求建议，如果我们通情达理的话，我们要做的就是对他的情形仔细询问；仔细而又同情的询问后，如果他的情形在许多方面与我们曾面临的情形相似，如果我们富有想象力和同情心，即使没有这种先前的经历也足以体谅到他的情形，那么我们就可以把某些东西以道德建议的方式提供给他。而且这种建议尽管是建立在对这一情形之具体细节的仔细考察基础上的，但这种建议必定是诸如我们在任何类似情形下所能给出的那种。

3.9. 最后，我希望澄清两个更基本的混乱。第一个混乱是把"普遍的"当成"被普遍接受的"意思。如果世界上的每个人都赞同某一道德原则，在这个意义上，道德原则就是普遍的。很明显，无论如何并非所有的道德原则在这种意义上是普遍的，因为在很多重要的道德问题上有广泛的不同意见；我希望同样明显的是，我不是在这个意义上用这个词。无论如何，是否有被普遍接受的道德原则，对道德哲学来说有什么重大意义，还远不清楚。依我看，"以天下太平为鉴（securus judicat orbis terrarum）"在道德上是一句有害的格言，因为它把相对主义的恶行同貌似有理的绝对主义圈子联系起来，但讨论这一点会离题。

第二个混乱更难澄清。假设某人论证如下：依普遍主义来看，当一个人作出一道德判断时，他旨在说，对类似情形有不同意见的任何人都是错的；因此，依普遍主义来看，在道德问题上宽容是不可能的。为了清楚地理解这一问题，有必要区分认为某个人是错的与对他采取宽容的态度。普遍主义者坚持否定相对主义（相对主义无论如何是一种荒唐的信条）[11]，他坚持认为，在道德问题上如果某人与我有不同意见，那么我坚持与他有不同意见，除非我改变我的思想。这看起来是一个不足为患的同义反复，而且几乎不需要使普遍主义费神。但普遍主义者并非旨在迫害（身体的或以任何其他方式）在道德上与他相左的人。如果他是我所是的那种普遍主义者，他将意识到，出于我们的经验以及我们与他人的道德问题上的讨论，我们的道德观点有可能改变；因此，如果另一个人不同意我们的观点，所需要的不是压制他的观点，而是讨论它们，当他告诉我们他的理由，而且我们告诉他我们的理由时，希望我们能达成一致协议。普遍主义者是一种使道德论证成为是可能而又富有成效的伦理学方法理论；而且正如我们以后将会看到的那样，它使我们明白什么是宽容。

注释

[1] 康德：《道德形而上学基础》，第二版，12页；H. J. 佩顿译，70页。

[2] 我必须承认，在这一点上我所说的出自《亚里士多德式的社会》一书（1954年5月）29页，比误导更糟糕。

[3] 亦见《亚里士多德式的社会》一书，309页及以后。

[4] J.-P. 萨特：《存在主义是一种人道主义》(1946)，39页及以后；W. 考夫曼译《存在主义》（修订版），295页及以后。

[5] 萨特作品，42页（考夫曼，296页），参见47页（考夫曼，298页），那里的观点是一样的。

[6] 萨特作品，31～32、70～78页（考夫曼，393、304～306页）："我承担选择的责任，我自己如此，人类整体也如此"，"在这个意义上我们可以说有一种人类的普遍性，但它不是某种给定的东西；它是被永恒地创造出来的"；"这位年轻人被迫为自己发明法则"。

[7] 见《时代周刊》1960年9月21日，10页。

[8] 《对法国革命的反思》(1815年版)第五卷，168页。

[9] 萨特作品，32页（考夫曼，293页）。

［10］萨特作品，74 页(考夫曼，305 页)；见上面 38 页注[3]。

［11］相对主义、主观主义、情感主义及其他类似信条(无一是我所赞同的)，已
　　　在哲学著作中彼此变得如此混乱，无法解决，以致使"客观主义"这一术
　　　语——不分青红皂白地与所有这些观点相比较——完全失去了认真询问的
　　　工具作用。下面的做法使混乱有增无减；即，正如许多人所做的那样，通
　　　过假设任何一个不是我所谓"描述主义者"的人不会是一个"客观主义者"；
　　　因而是一个"相对主义者"或一个"主观主义者"或一个"情感主义者"，或三
　　　者兼而有之——无论在何种意义上，这都很少是清楚的。为得到一个简陋
　　　而又基本的问题分类尝试，可见我所撰写的"伦理学"词条，《西方哲学及
　　　哲学家简明百科全书》，由 J. O. 厄姆森编。

选译自［英］理查德·M. 黑尔：《自由与理性》，牛津，

克莱伦敦出版社，1963。 刘祥和译，万俊人校。

《道德思维——及其层次、 方法和出发点》 (1981)（节选）

可普遍化

6.1. 为建构我们的道德推理理论，我们可以运用上一章的观点，现在我们已能做到这一点。如果我们不是根据动机状态，甚至也不根据偏好，而是根据语言表达的规则间或地讲会很方便。这将使我们能够展现出它们之间的逻辑关系。在所有意向性状态下，正如人们所说的那样，像信念与欲望，需要一种语言形式来充分描述它们（正如当我们谈起"地球是圆"的这一信念或"x 不发生"这一欲望时那样），为了展示它们的逻辑关系，我们经常使用语言学的形式。于是我们说，"地球是圆的"这一信念与"地球是扁"的这一信念互不一致，因为"地球是圆"的这一陈述与"地球是扁"的这一陈述互不一致。同样，"x 不发生"这一欲望与"x 会发生"这一欲望也互不一致，因为相对应的规则"让 x 发生"与"不让 x 发生"是互不一致的。因此，在任何本质的方面都不改变论证，而只根据规定之间的逻辑关系来讲，就会方便很多。

请注意，在两种情况下，不一致都是在心灵状态(信念或欲望)之间与它们的表达之间的，而不是在这些表现心灵状态的那些陈述之间的。我们必须仔细地把两种欲望的表达与我有欲望这些陈述区分开来。没有"黑尔欲望 x 发生"与"黑尔不欲望 x 发生"的不一致，"让 x 发生"与"不让 x 发生"也会互不一致。因此，以上两个陈述是否不一致，及如果不一致的话，是在何种意义上不一致，我们不需要对这些加以讨论。

还必须注意，道德判断是可普遍化的这一论题尚未在论证中发挥关键作用。我们在上一章里提及它只不过是要在这里预告要谈的，对它的运用表明合理的道德思考需要对事实的认识除外；而且正如我们所理解的那样，我们甚至可以摒弃它，条件是我们接受这一观点：即所有的规则，全称的或单称的，要使它们成为是合理的，都必须依据对事实的认识来制定它（第 5 章第 1 节）。但接下来，可普遍化将发挥关键作用。

我想强调的是，严格地讲，不存在不同程度的可普遍化，而麦基(Mackie)先生却认为存在不同程度的可普遍化(作品，1977 年：83 页及以后)。我认为，道德判断仅仅在一种意义上是可普遍化的，即它们使以下成为必要：对所有情形而言，同等的判断在它们的可普遍化方面是同等的。然而，正如麦基所理解的那样，随着我们的道德推理理论的发展，在我们处理这种单一逻辑性质的用法中有一种进步。上一章论证的结果推动了这一进步。即从因我自己的经验而接受的规则到因我应当具有的经验而接受的规则这一步，如果我处在某个他人的位置上，且与他有相同的偏好的话。在确定这一步的可能性方面，我们诉诸可普遍化，只是为了限定在上一段里提到的程度，并不要求超出刚才限定的可普遍化的任何特殊意义。

从可普遍化可以推出，如果我现在说对某人行某事，我就受这一观点的约束：如果我恰好与他处境相同，包括相同的特性，更具体地说，有相同的动机状态，那么也应对我行同等的事。但他现在所具有的动机状态与我自己目前的动机状态完全相反。例如，他可能很不想对他行我所说的应对他行的事（这包括我行此事的限定）。但我们明白，如果我向自己充分描绘他的处境，包括他的动机，我自己会要求一种相应的动机，表述为这样一条规则：如果我立即就处在那种处境下，不应对我行同等的事。但这一规则与我最初的"应当"命题不一致，正如我们一直假定的那样，如果那是限定的话。因为，正如我们刚才理解的那样，我应对他行此事这一命题，使我受这一观点约束：若我在他的处境中，就应对我行此事。既然"应当"是限定的，这就使在那种处境下对我行同等的事这一规则成为必要。因此，如果我对他的处境完全了解，我就面临两个不一致的规则。假定我目前了解我提出的受害者的处境，我只有放弃我最初的"应当"命题，才能避免这样的"意志上的矛盾"（参见康德作品，1785：58）。

6.2. 然而，这里仍有一个问题，是关于在我自己的偏好与我的受害者的偏好之间的冲突问题。首先存在把他的偏好与我的偏好在强度方面作比较的困难，我们将在下一章里处理之。我如何说哪一种偏好更大呢？又大多少呢？但即使假设我们能克服这一困难，问题在于，为什么我的偏好，如果比他的偏好较弱的话，就应从属于他的偏好。而且如果我的偏好比他的偏好更强，它们确实应高于他的偏好吗？例如，假设我认为我对他所要做的是把他的自行车搬开，以便能停下我的汽车，而且他对我这么做有点反感（不是因为他不喜欢别人干涉他的财产，而仅仅是因为他想让它待在那里）。看来这一问题在多边情况下更为紧迫，在这些情况下，许多人的偏好受到影响；但我们首先在这个简单的双边例子中来处理这一问题并无害处。

正如我们在我们自己的偏好彼此矛盾的情况下所做的那样，我看不出在这里不采取这一解决办法的任何理由。例如，我们把情况稍修改一下，假设是我自己的自行车，而且搬动它有点不方便，但无法停下我的汽车更不方便；于是我自然会去搬走自行车，谨慎地讲，认为那是我应当做的，或者，总而言之，是我最想做的。回到双边情况上来：我们已确定，如果我对另一个人的偏好有充分了解，我应要求与他有同等的偏好，这些偏好是关于若我在他的处境下应对我行什么事的；这就是些现在与我最初的规则相矛盾的偏好。因此我们并不存在偏好或规则的人际矛盾，而是个人自身内部的矛盾：这两种互相矛盾的偏好都是我自己的。因此，我将以处理我自己的两个最初偏好间的矛盾恰好一样的方式来处理人际矛盾。

由是多边情况下的困难看来已不如乍看起来那么难了。因为它们所内含的是人际矛盾，不管多么复杂，也不管涉及多少人，只要对他人的偏好有充分了解，都可以把它们归结为个人内部矛盾。既然在我们每天的生活中，我们能解决很复杂的个人内部的偏好矛盾，为什么我们不用同等的方式来解决这类特殊矛盾，我看不出不这样做的任何理由，这存在于我们对他人偏好的意识之中，他人之偏好与使我们的道德规则可普遍化的要求相关联。

让我们把这一点运用到我们的汽车——自行车这一简单的双边例子中去。对方不想让我搬他的自行车，但我为了能把我的汽车停下，更想把自行车搬走。我充分意识到他欲望的力量，并因而具有一种同等力量的欲望，如果我在他的处境下，应让自行车待在那里。但为了停下我的汽车，我也有一个把它搬走的原初欲望。后一个欲望借助强大的力量获胜。相反，如果位置对换了(自行车是我的，汽车是他的)，而且我能以某种方式不让他搬走自行车，从我个人观点来看，情况就不同了(尽管在其可普遍化的性质上没什么不同)。在这个不同的情况下，假设我不让搬走自行车的欲望比对方停车的欲望弱得多；并假设我充分意识到了对方欲望的力量并因而有了一个同等力量的欲望，如果我在他的处境下，我将会停下我的汽车。在这一不同的情况下，我于是又有了两个欲望：让我的自行车待在那里这一原初欲望，及后来的欲望：如果我是对方，我应能把我的汽车停下；而且后者将是较强的那个欲望。因此在这一不同的情形下，我会认为应把自行车搬走。

请注意，尽管在这一不同的情形下，它们仅仅在什么样的个人占据这两个角色这一点上不同；它们可普遍化的性质都是一样的。那就是为什么(而且这既有趣又很重要)在两种情况下结论都是应把自行车搬走；这是因为在这一种情况下，自行车的主人让自行车待在那里的欲望弱于汽车主人停车的欲望。这里，我们在缩影中明白了使我们的规定可普遍化的要求是如何产生功利主义的。而且我们也明白了一旦每一方向自己充分描绘对方的处境，原则上的一致是如何通过我们的推理方法而达到的。将这一方法扩充到多边情况原则上已无任何困难；困难都在于获取必要的了解并正确地进行一些很复杂的思考过程的实践困难。在困难的情况下，只得让大天使来解决了。

6.3. 我要提出三个进一步的困难，有两个将留在第10章里讨论。第一个是一位反对者提出的，他说"讨论的所有这些偏好、欲望、动机是什么？我们原本想讨论的是道德。姑且认定，如果我们仅仅根据偏好来表达整个矛盾，较强的偏好将获胜；但道德责任比纯粹的偏好更高且更有权威性(你自己不是说过道德判断是压倒一切的吗?)，而且不能放在同一个天平上衡量。在设立你的'偏好功利主义'方面，难道你实际不也没有给出道德基础，而是把道德扔出了窗外了吗?"我将在第10章第5节里处理这一反驳。

第二个困难是这样的：即使姑且假定，我已经给出了拒斥某些道德判断的理由，我能宣称我已给出我接受任何道德判断，哪怕是诸如"我不应这么做"这样的否定道德判断的理由吗？为回到我们前面所谈的图式化情形(第6章第1节)，在那里我收回了下列陈述：关于我的欲望的陈述，我应对某人行某事，我的欲望是，在类似处境下不应对我行此事：我们注意到，我只是不得不抽出这一道德陈述，通过说"它不是我应当的情形"就可做到这一点：没人迫使我接受相反的命题，"我不应当"。但后者似乎才是我们所探求的。让我们用另一种方式来表述之：下面三条规定，或规定之否定，是相互一致的：

(1)让我对他行此事；

(2)在类似环境下不对我行此事；

(3)这不是我应当对他行此事的那种情况。

正如我们所说的那样，一位非道德主义者，会同意这三项规定，并毫不犹豫地照着做；只是某人觉得有必要对这种处境采取某种可普遍化的规定，此人被迫在规定"我应行此事"与"我不应行此事"之间进行选择。我将在第10章第7节里讨论这一反驳。

第三个反驳如下(我将在下一部分讨论之)。我们假定，我们把我们的道德原则应用到真实或假定的所有同一性的情况下——因为它们是可普遍化的——的做法受到约束。既然不大可能存在任何同等真实的境况(第2章第4节)，对假定境况的应用就很关键，可能有人反对说，想逃避我们的道德论证的某些人可能直接拒绝考虑道德原则的应用，他关于目前情况的道德判断约束他，此原则应用于除真实处境外的任何处境。如果我们允许他在这方面得逞，我们就不能进行以上论证，因为那取决于要求他对假定情况作出限定，在假定情况中，他处于他的受害者的位置上——我们假设一种从不会真正出现的情况(《自由与理性》第6章之4；黑尔作品，1978a；

78 页)。

6.4. 在我说过的话中(第 5 章第 3 节)内含了一个对这一反驳的回答。我坚持认为，就我所知的成为另一个人是什么样子而言，在我处在他的位置上的假定情况方面，我获取了与他的动机相同的动机。因而与我提出的道德判断相矛盾的道德原则早已存在。但这位反驳者可能反驳说，这一判断，使我受一项普遍原则约束方面(即在所有同等的情况下应行同等的事)只使我受到现存的或将来的真实情况的约束，而没受到假定情况的约束。因而出现的问题就是，是否道德要成为可普遍化的，就必须既应用于真实情况又应用于假定情况，或仅仅应用于真实情况。为了使用这一时髦术语，我们就必须能够把我们的道德原则应用到所有逻辑上可能的世界，或仅仅是应用到真实的世界呢？

除非我们仔细观察直觉思维与批判性思维之间的区别，否则我们就必定对此迷惑不解。在这里我们关心的是批判性思维；所提出的道德判断将约束它的提出者，对此的原则是一项非常具体的原则，即在所有与此恰好类似的情况中应行此事。我在其他地方及本书的别处(第 2 章第 9 节，第 8 章第 2 节，第 9 章第 7 节，第 9 章第 9 节)都坚持认为，直觉的或显见的原则必须因它们在真实世界里赞同功利而挑选它们；因而不能坚持以下观点而反对它们：即在假定情况下，它们可普遍化的性质不同于在真实世界里可能发生的，它们会导致不幸后果，也不能坚持认为，在这样的情况下它会与这些直觉相矛盾而反对功利主义。那些轻率者可能因此希望我在这里说，在假定情况下一项原则会产生什么结果与论证关系。但实际上我要说的恰恰与此相反，并因而必须解释为什么。

要点是在这种批判性思维方面，我们所关心的是，假定情况在它们的可普遍化性质方面同真实情况并无不同(《自由与理性》第 3 章第 6 节)，由此推出，任何地道的可普遍化原则都适用于它们。没有任何方式构造这样一条地道的可普遍化原则：只限定真实的情况而不同等地限定非真实情况，这些非真实情况在它们所有的可普遍化性质方面与真实情况相似，而不仅仅由特定个人在其中扮演的角色与真实情况不同。假定有两种情况，它们的不同仅仅在于，在一般情况下个人 A 与 B 占据某角色，而在另一种情况下，他们的角色恰好相反，任何可普遍化的原则必须对它们两者产生同等的规定。要想对这两种情况产生不同规定，这一原则就必须包含个人的名字，因而就不是可普遍化的了。

在某一可普遍化性质方面，真实情况不同于非真实情况，关于什么是真实的，而且可以把这种性质看作道德上相关的而又不违反可普遍化要求，可能会有人对此持有异议。这一异议把我们引到一个非常困难的形而上学论争的领域，在这一领域里，争论的类似问题也是，存在是否是一种性质。未曾进入这一论证时，我认为值得提一下某些人的下述观点：他们说，真实的世界是一个我们在其中的世界，不涉及这一事实，真实的情况或世界就不能同仅仅是可能的情况或世界区分开来。说这一（某一）真实的世界是那个任何个人在其中的世界里是没用的；因为这必定指的是"任何真实的个人"（一个仅仅是可能的个人是没用的），因而这一定义会成为循环论证。如果这一观点使我受下述论题约束的话，我会拒斥此种观点，这一论题是：所有真实的及仅仅是可能的情况和世界，都以某种方式存在或以这种方式有差别地抽象存在；因为可能的世界仅仅作为思考的对象而存在。然而，它如此约束我，对我并非是确定无疑的，如果我拒绝任何种类的"本体论"的话，在它是一个概念分析的模仿者的范围内除外。为什么我不能说，我通过称A为真实的，默默地把世界A和B区分开来，而且这意味着它是我在其中的那个世界，而不是说B在某种模糊的意义上也是真实的这一说法的约束？如果去考虑B已经预设了它的真实性，我只应受这一荒唐性之约束；但它预设了这一点吗？然而我将不讨论这一问题，因为没有本体论也可以研究伦理学，而且这样做更简单（第1章第2节）。

若这种办法受到拒斥的话，我还有更进一步的措施。可普遍化这一论题是由一种哲学的—逻辑学的论证确立的（第1章第2节，第1章第6节，第4章第7节；《自由与理性》第2章第2节以后；《道德语言》第8章第2节，第10章第3节开头）。其中最重要的在于表明，一个人对一些情况在它们的非道德可普遍化性质方面作不同的道德判断，而且他承认这些情况是同等的，他遇到了难题，这一难题与因逻辑上的不一致（如自相矛盾）而引起的难题雷同。如果出现的任何争论恰好是关于什么样的性质对于论题的目的而言才算可普遍化的，那么可以再应用同一测试标准。例如，一般认为时空性质不算可普遍化的（因为不参照协调机制的起源之个人理解就无法界定它们）；如果某人把日期（不考虑在那个日期或相关的日期会发生什么事）当作是与道德相关的，那么刚才描述的那种逻辑难题就会出现，通过指出这一点，也可表明时空性质不能算；而且对参照网格图而言也同样如此（不考虑在那里或在相关的位置上是什么）。

对目前的情况也可采取同样的办法。如果某人说"我应对他行此事，但如果我与他有同等偏好且处在他的位置上，任何人不应对我行此事"，并给出他的理由，既不是他是他，也不是今天是今天，而是这是真实的情况，而那仅仅是假定的情况，于是，我认为，如果他说了其他那两件事情中的任何一件，那么会出现同等的逻辑难题。在此我诉诸我们的语言直觉，对我自己的语言直觉确信无疑，确信它们是语言的而非道德的（因为它们必须为理解"应当"用法的任何人所分享，无论他的道德意见如何）。

选译自［英］理查德·M. 黑尔：《道德思维》，牛津，
克莱伦敦出版社，1981。刘祥和译，万俊人校。

[澳]斯马特（J. J. C. Smart，1920—2012）

《功利主义：赞成与反对》
（1961）（节选）

《伦理学，劝说与真理》
（1984）（节选）

《功利主义：赞成与反对》（1961）（节选）

一、导　论

J. S. 穆勒、H. 西季威克和 G. E. 摩尔这样一些作者，根据其哲学的思考，建立了规范伦理学的体系。近年来，规范伦理学与研究伦理概念性质的元伦理学，已经区别开来。实际上，由于像 C. L. 斯蒂文森(Stevenson)[1]和 R. M. 黑尔(Hare)[2]这样一些作者的元伦理学的非认识主义理论日益为更多的人所接受，这种结果使得至少作为一种哲学原则的规范化理学多少有点声誉扫地。因为伦理学的非认识主义理论认为，我们基本的伦理原则取决于我们基本的态度和爱好。所以，基本的伦理原则似乎存在于人的决定、劝说、建议和宣传的领域，而不是存在于学院式的哲学范围之内。

虽然我完全赞同某些基本的伦理分歧取决于基本的爱好不同，某些非基本的伦理分歧取决于有关经验事实的差异(哲学家不具备对经验事实进行判断的特殊资格)，但对我来说，至关重要的是阻止这种趋于哲学伦理中立主义的倾向走向极端。元伦理哲学家很容易忘记，日常的伦理思想常常是混乱的，甚至是同不可靠的形而上学的臆测相混杂的。只要我们运用明晰的哲学分析方法，某些伦理学体系就会完全失去魅力。况且，即使有关基本道德爱好的分歧是清楚明白的，我们仍然面临的一个困难的任务是，如何用一种首尾一致和简洁的方式提出一种或另一种有效的伦理学体系，而且以这种方式指出，怎样才能防止那些反对这样的伦理学体系的普遍的但又是不可靠的理由。

在目前的研究中，我想阐明一个同传统的神学没有什么联系的伦理学体系，即功利主义的一种类型：R. B. 布兰特（Brandt）所说的"行动功利主义"[3]。粗略地说，行动功利主义是这样的观点，它仅根据行动所产生的好或坏的整个效果，即根据该行动对全人类（或一切有知觉的存在者）的福利产生的效果，来判断行动的正确和错误。我认为，西季威克在《伦理学方法》[4]一书中，对行动功利主义作了最好的阐释。但他却是在认识主义元伦理学的框架里，阐释行动功利主义的。这种理论假定单凭某种理智的直觉，就能够认识到行动功利主义的基本原则是正确的。由于众所周知的理由，我反对西季威克的元伦理学。另一方面，为了研究的目的，我将接受某些这类"非认识主义"元伦理学分析的真理，例如黑尔的《道德语言》和 D. H. 门罗（Monro）在他的《经验主义与伦理学》中表述[5]的真理。也许，门罗的理论是主观主义的，而不是非认识主义的。但我倾向于这样认为，在目前语言学的状况下，不可能对这两种理论作出完全明确的区分。[6]何况，在目前论及的问题中，这种区分并无关宏旨。因为这两种理论都认为，一个人的基本的伦理原则取决于他的态度或感情。既然我采纳了这种元伦理学，理所当然地就放弃了证明行动功利主义体系的企图。我所关心的只是用一种对某些人也许是有劝说力的方式，来陈述行动功利主义，同时还将表明，行动功利主义如何驳斥那些经常被用来非难功利主义的各种反对意见。不过，我仍想表达以下的观点：尽管行动功利主义可以选择那些概念清楚、在情感上有魅力的规范伦理学体系，但对它们的选择并不如我们有时所认为的那样广泛。

首先，B. H. 梅德林（Medellin）[7]已经证明，伦理利己主义不是描述得不清楚，就是描述得前后不一致。其次，一些广泛流传的伦理学体系，一定程度上取决于某种形而上学的前提，通过对这些形而上学前提的哲学批判，它们就会因此而失去其存在的基础。我倾向于认为这是一个与依据类似于亚里士多德的形而上学的所谓"自然法"的伦理学有关的问题。最后，任何义务论伦理学体系都容易受到一种有劝说力的理论的抨击或反对，这种理论使那些内心以人类幸福为重的人感到心悦诚服。因为义务论伦理学只要求行动符合某些关于责任的规则，而不管行动所产生的效果如何。尽管可以想象，义务论伦理学的命令在大多数情况下，可能同符合人类福利的命令，或者同行动功利主义的命令相一致，但是在某些情况下，义务论伦理学的命令必然同符合人类福利的命令相冲突。在这些情况下，义务论原则所命令的行动也确实可能会导致不应有的人间苦痛。就最有诱惑力的义务论伦理学而言，它同功利主义发生冲突的主要根源在于它的所谓"正义"和"公平"的原则。我将在后面重新讨论这一问题。[8]然而，在其他事例里，义务论伦理学同功利主义的冲突应归因于义务论的某些混淆不清的原则，甚至可以归因于某种迷信的"准则崇拜"。对义务论者来说，防范人们抨击它的无能，宁可明显地推崇行动与准则抽象的一致，也不顾及如何去避免人类不应有的苦难，不用说是很必要的。当然，有的义务论者或许宣称，虽然义务的原则在逻辑上有可能同功利主义的原则发生冲突，但这种冲突事实上永远也不会发生。似乎如果存在这么一种义务论，由于它的实际效果与功利主义的实际效果毫无差异，功利主义者就没有必要为了保卫自己而去攻击义务论。遗憾的是，就我所知的一切义务论而言，它们无论在理论上或在实践上，都同功利主义大相径庭。

仅仅因为我们已经接受非认识主义的（或者也可能是主观主义的）元伦理学的真理，我们就可能提出这么一种"具有劝说力的"反对义务论的理由。一个像大卫·罗斯[9]（Ross）爵士那样的元伦理学的认识主义者可能不赞成任何这种诉诸感情的做法。他认为，无论我们喜欢或是不喜欢，他的义务论原则都能被视为真实的。这些义务论原则也许有时与人的幸福或福利相冲突，但似乎对他来说，这一事实也许是一种情感上的关注而不是哲学上的关注。然而，假如我们剥去披在罗斯的理论上的认识主义元伦理学外衣，他的义务论就会原形毕露，而变得看来是一种虚假的理论，或者充斥着一种"准则崇拜"。例如，承诺的义务似乎太过于虚假，具有太多的人类社会习俗的气味，以致我们不能履行这一义务，把它视为基本的准则。另一方面，正如我们将要看到的那样，提出有说服力的论据去反对有限制的义务论是一个更为困难的任务。这种有限制的义务论依据与抽象的正义和公平分配相关的原则来补充功利主义的原则。然而，我在此并非想证明，功利主义者没有在哲学上头脑清楚的对手，而仅仅是想说明，建立一种清晰明白的可接受的义务论伦理学体系，并不比人们通常所相信的那样容易。而且，即使建立了这样的体系，它们的范围也不会宽广得足以囊括某些世人熟知的义务论伦理学体系，例如大卫·罗斯爵士那样的义务论伦理学体系。

为了建立规范伦理学体系，功利主义者必须诉诸某些基本的态度。他所认同的这些态度必须和那些能同他对话的人相一致。功利主义者诉诸的感情或态度就是普遍化仁爱（generalized benevolence），即追求幸福的意向，总而言之，在任何意义上都是为全人类或一切有知觉的存在者追求好效果。他的听众也许最初并不同意这种功利主义的立场。例如，他们也许具有一种服从他们在青年时代就一直受到灌输的某些传统道德体系的倾向。然而，行动功利主义者怀抱着某种劝说他的听众同意他的规范伦理学体系的希望。作为一个功利主义者，他能够求助普遍化仁爱的感情。任何群体都肯定具有这种感情，同这些人讨论伦理问题是有所助益的。功利主义者也能够使某些人确信，他们先前那种接受非功利主义原则的倾向是由于概念的混淆。不可否认，他不可能说服每一个人，但是，功利主义不被每个人接受，甚至不被全部在哲学上头脑清楚的人所接受这一事实本身，并不是一种反对功利主义的理由。也许根本就不存在一种能投合全体人心意，甚至投合处于不同心境中的同一个人心意的伦理学。我将在后面重新讨论这一问题。[10]

在某种程度上，我试图用一种现代的形式来陈述西季威克的思想。功利主义的公理不再是理智直觉的种种变种，而是我们基本态度或感情的表达。但是，依据这些公理的逻辑推论完全与演绎法的程序是相同的。在一篇评价我的这篇文章的早期版本中，查尔斯·兰德斯曼（Charles Landsman）[11]认为，我作为一个非认识主义者，没有资格谈论伦理原则的逻辑结果。可是，对我来说，这并不是一个不可逾越的困难。例如，R. M. 黑尔[12]和其他人已经建立了命令句之间的逻辑联系的理论，更何况单就态度的表达而言，它们彼此之间也有逻辑上的一致或不一致。

因此，"厌恶蛇"与"厌恶爬行动物"是一致的，而与"喜欢爬行动物"是不一致的。实际上，一个非认识主义者没有理由拒绝称一个伦理句子是"真实的"或"错误的"。他能够说，"史密斯是善的"是真实的，当且仅当史密斯是善的。他甚至能够这样说，"某些佛教的伦理教诲是真实的"。即使他说不出甚至也许不知道这些教诲是什么，但他能说他或许同意某些佛教的教诲所表达的态度。然而，我必须承认，在这些方面给出一种适当的语义有许多困难［借助于前一个句子中的"或许"(Would)来证明的困难］。"或许"的语义使我们能够谈论未确定的可能世界。我们再考虑一个像这样的句子："假如下雨，那么史密斯的行动是正确的"。一个非认识主义者或许把这一句子解释为表达同意史密斯在一个正在下雨的可能世界里做出的行动。总之，无论是或不是非认识主义的伦理学，伦理学都需要一个确定或不确定的可能世界的概念[13]，因为它所关注的是种种可供选择的可能行动。因此，在这个问题上，非认识主义者的处境并不比认识主义者的处境糟糕。总而言之，我在这篇文章里假定存在着许多可行的非认识主义的元伦理学理论。

二、行动功利主义与准则功利主义

我在此尽力捍卫的规范伦理学体系是上面所说的行动功利主义。现将行动功利主义和准则功利主义加以比较。行动功利主义根据行动自身所产生的好或坏的效果，来判定行动的正确或错误；准则功利主义则根据在相同的具体境遇里，每个人的行动所应遵守准则的好或坏的效果，来判定行动的正确或错误。由于不同的学说对"准则"的理解发生歧义，就出现两种亚类型的准则功利主义。即"现实(actual)准则"的功利主义和"可能(possible)准则"的功利主义。S. E.图尔闵(Toulmin)的理论同前者相似；如果容许把康德的道德律"只按照那个同时立意它成为普遍规律的准则行动吧"理解为"只按照那仁慈的人希望能建成为普遍规律的准则行动吧"，那么，康德的理论就同后者相似。康德自然反对这种诉诸人的感情的理论，但是，依据一种可能合理的方式来理解他的学说，似乎是必要的。例如，R. F. 哈罗德(Harrod)的"修正功利主义"[14]就是康德式的准则功利主义的精致摹本。

我已在其他地方[15]提出了反对与行动功利主义相对立的准则功利主义的理由[16]。简而言之，他们的理论可归结为"准则崇拜"[17]。准则功利主义者常常为自己的原则辩护，总认为自己基本上对人类的幸福给了一定的关注。人们不禁要问，他明知道在目前的情况下，遵守某种准则并不是最有益的，为什么还竭力推崇这种准则叫人去遵守呢？如果说在大多数情况下遵守这种准则最有益，这种回答似乎并不恰当；如果说每人遵守准则总比无一人遵守准则好，这样的回答也不中肯。这种回答只假定了以下两种选择，即"一切人按照 A 行动"或者"无一人按照 A 行动"。然而，我们也清楚地明白有如下的可能性，即"有的人按照 A 行动"和"有的人不按照 A 行动"。在某些情况下，遵守普遍有益的准则并不最有益，那么拒绝打破普遍有益的准则这种做法就是不合理的，甚至可称之为准则崇拜。

因此，我所拥护的功利主义是行动功利主义，而不是准则功利主义。

D. 莱昂斯（Lyons）近来争辩说，准则功利主义（我认为他指的是我所说的康德式的准则功利主义）消融于行动功利主义之中。[18]他的论证可简述如下：假定一个在 R 准则规定之外的行动产生了最好的可能效果，这就证明应该修正 R 准则，使它能应付这种例外事件，由此便产生出一个新的准则公式，即"除 C 情况之外按照 R 行动"。换句话说，不管行动功利主义者打破什么准则，康德式的准则功利主义也要相应地修改这一准则。因此，合理的准则功利主义同行动功利主义实际上是相同的。

莱昂斯特别热中于他所谓"阈限效果"。对准则功利主义来说，使它经常陷入的困境是"不准在草地上行走"或"在选举中必须投票"这类准则。因为，在这些具体的情况下，如果有些人（尽管不是很多人）不遵守这些准则似乎有益。莱昂斯指出要区分两类行动，一类是颇多的几个其他人已经如此行动之后而发生的行动（如在草地上行走）；另一类是当很少有或没有人如此行动时发生的行动。他认为，当一个准则包含了例外事件时，这个准则就能够像行动功利主义的原则那样来禁止类似的行动。然而，好像存在这么一种有趣的、需要给予稍微不同对待的事例。其中，不太多的人必须作出 X 行动，但是，每个人在计划他的行动时，不知道其他人会作出什么行动。

也就是说，他们的行动只能相互决定，A 的行动取决于 B 的行动，B
的行动取决于 A 的行动。我将在后面讨论包含这种循环的境遇。

我倾向于认为，合理的准则功利主义不仅在实践中等价于行动
功利主义的原则（它们可以都赞成禁止同一类行动），事实上它们只
包含了一个准则，即行动功利主义的"最大可能的利益"。任何能形
成公理的准则必须能够解释无穷的、未知的或然事件。任何准则，
如果缺乏行动功利主义的基本原则，那么，除非它本身就是那个原
则之外，都不能被认为等价于行动功利主义的原则。因此，我建议
把莱昂斯的理论进一步加以引申，这样，康德式的准则功利主义就
会以一种更强的方式，消融于行动功利主义之中。也就是说，具有
"一个准则"的准则功利主义和行动功利主义是完全一样的。总而言
之，不管是正确或错误，本书所关注的是保卫行动功利主义，而不
是保卫准则功利主义（假如存在同行动功利主义相区别的、可行的准
则功利主义的话）。但是，莱昂斯自己拒斥功利主义。

三、准则在行动功利主义中的地位

在行动功利主义看来，决定做什么的理性方法是决定采取那些
可以选择的行动（包括无价值的即毫无意义的行动）中的某个行动，
而这一行动能够最大限度地增进人类，或更确切地说，增进整个有
知觉的存在者的可能幸福或福利。[19] 我所提倡的行动功利主义观点
是理性选择的标准。不可否认，我们可以选择那些人们已经习惯的
遵守某些准则的行动，例如承诺，并且相信遵守这些准则的行动通
常是最佳的行动，知道我们常常无时间去计算个人的利弊。当我们
以习惯的方式行动时，自然不会作出思考或作出选择。不过，行动
功利主义只把这些准则看成常识性的准则，只把它们当作大体上用
来指导行动的准则。当无时间考虑可能的效果时，或者当所花的时
间带来的坏效果超过考虑效果的好处时，他可以依据这些准则行动。
简言之，当没有时间进行思考时，他可以依据准则行动。既然他没
有思考，其习惯性的行动便不是道德思考的产物。当他必须想想做
什么时，就存在一个思考和选择的问题。在这样的境遇里，预设行
动功利主义的标准就完全是必要的。

　　其次，至关重要的是认识到，在日常生活中，行动功利主义者按照习惯和依据固定的准则作出的任何行动都不与行动功利主义本身相矛盾。他知道一个人想救溺水之人时，无时间考虑各种可能性：例如溺水之人是危险的罪犯，他将杀人或搞破坏；或者他正遭受痛苦不堪和无法治愈的疾病的折磨，想以死来解脱这种苦难；或者岸边有许多胆怯的人，如果他们看见有人掉进水里淹死，便会患心脏病。他不会这么考虑。他知道救一个溺水之人永远是正确的，并且能够去救他。其次，他也知道，如果不厌其烦地计算保持或不履行每个微小承诺的各种可能性，我们一定会变成疯子；如果我们在全部日常生活中完全使自己习惯于承诺，把精力留给更加重要的事情，便会做出许多善事。然而，他不相信个人偏见会在某些情况下阻止他依据正确的功利主义的方法来推理。当他试图在两份工作之间作出选择时，例如一份工作比另一份工作所获的报酬优厚，尽管他已非正式地承诺接受报酬低的工作，他也许会过低估计不履行承诺的效果，即使自己失去信赖，过高估计高薪给他带来的利益，并以此来骗自己。他也许意识到，如果相信可接受的准则，他就更有可能依据无偏见的功利主义者建议的方式行动；如果试图评价各种可能行动的效果，他反而不可能依据这种方式行动。实际上，摩尔曾经论证过这一行动功利主义的立场，即一个人绝不应当在具体的生活中把自己想成是行动功利主义者[20]。

　　然而，这么说无疑夸大了准则的有效性和人的无意识偏见的倾向。无论正确或错误，摩尔的这一态度都不是准则功利主义的准则崇拜，而是具有理性的基础（尽管其有关可能性的论证在细节上有缺陷）。因为准则功利主义者认为，我们应当遵守最佳的普遍的准则，即使知道在特殊的情况下服从它会带来坏效果。

　　完全不像 M. A. 卡普兰[21]（Kaplan）所认为的那样，行动功利主义也认识到情感的自然流露和热情的重要性。让我们考虑这样的情况，一个丈夫看见他妻子疲惫不堪，单单出自对妻子自然的亲昵感情，他就会主动地去洗碗。难道行动功利主义认为他不应当这么做，而要先计算不同的可能行动的各种效果吗？肯定不是，因为这样做会使婚姻生活变得痛苦。行动功利主义者完全明白这是一个常识性准则，而且在这种情况下，不假思索的自发的行动是最好的行动。

况且，我已经说过，行动功利主义的目的是在那些确实需要选择做什么的境遇里，提供某种决定做什么的方法。而在以上那些场合中，当我们不是依据思考和选择采取行动时，也就是说，当我们自然而然地按照本能行动时，并没有产生决定采取何种行动的方法（无论是功利主义的或是非功利主义的方法）这一问题。行动功利主义者所面临的是这样一个问题，即他是否应当有意识地鼓励自己的某种自发的感情。实际上，我们也能提出许多充足的功利主义的理由，主张我们当然要培养自己的某种热情和自发感情的倾向。

即使行动功利主义者有时依据习惯和特殊的准则行动，但正如我说过的那样，在不依据习惯而是根据思考和选择行动的情况下，他必须运用功利主义的标准。我已经说过，对行动者来说，一定境遇中的正确行动是那些比任何可选择的行动都能产生更好效果的行动。如果两个或更多的行动都产生相同的好效果，如果这些效果比任何其他可选择行动的效果更好，这些行动之间就不存在某个行动正确的问题。这两个或更多的行动都是正确的行动。不过，这种事态是非常特殊的，事实上也许根本不会出现这类情况。所以，通常说来，我将不严格地称这种行动为正确的行动。我们现在能够更详细地说明"可选择的行动"在这里是什么意思。功利主义的标准旨在运用于思考和选择的境遇里，这一事实使我们能够说，当我们谈论一个行动具有最好可能的效果时，我们心中所想的那种可选择的行动是那种如果行动者尽了努力，就可以采取的行动。例如，使一个人起死回生总比在经济上帮助一个无依无靠的人好，但是，由于现有的技术不可能使一个人起死回生，使人起死回生便不是如果尽了努力就能采取的行动。与此相反，我们也许能在经济上帮助一个无依无靠的人，这便是正确的行动。正确的行动存在于那些我们能够采取，即如果我们选择便总能采取的行动之中。但正确的行动是这些行动中具有最好可能效果的行动。

毋庸置疑，通常所说的行动的概念比思考选择的概念更为宽泛，因为人们采取的许多行动是习惯性的和未经思考的。然而，需要某种标准来判断其正确性的行动在类似的情况下，当然是那些经过思考而采取的行动，总的说来，行动都是那种专门用来称赞、责备、惩罚和奖赏的人的行动。既然它常常被用来称赞、责备、惩罚和奖赏习惯性的行动，行动的概念就不可能等同于思考和选择的结果的概念。就习惯性行动来说，行动者所面临的惟一问题是，他是否应当强化或弃绝习惯，而且是否各种强化和弃绝习惯的行动自身都是经过思考的。

如果一个人这样选择便能采取某些行动，功利主义的标准就能帮助他决定采取这些行动中的哪一种行动。他的功利主义思考是其行动的因果前提的思考。如果不是这样，其思考便毫无意义。因此，功利主义的观点完全与决定论相一致。我们要求的"他本来能够采取其他行动"的惟一含义是，"如果他已经那样选择便能那样去做"。这种功利主义的观点是否必然是形而上学的决定论，则是另外一个问题。思考必须决定行动，而且其决定行动的方式是人人皆知的。如果有人争辩，认为任何宇宙中的非决定论都得出我们绝不可能知道我们行动的效果的结论，我们对此的回答是，在通常情况下，这些不确定的因素会多得足以使它们相互抵消。不管怎样，我们对理性的行动所要求的是，行动的某些效果比其他效果具有更大的可能性，这是非决定论者无法否认的。

现在，行动功利主义者可以适当地介绍某些术语。让我们把"理性的"一词用来称赞那种对行动者来说不仅是可选择的，而且可能产生最好效果的行动；让我们把"正确的"一词用来称赞那种实际上能产生最好效果的行动。也就是说，理性的行动就是努力采取正确的行动，并且尽力产生最好的效果。至少在实现每一种可能的效果都具有相同的可能性的情况下，这一公式是有效的。如果一个行动能产生非常好的效果，但其只有十分小的可能性，理性的行动者自然就会去追求另外的更有可能出现的好效果，尽管这一效果不十分好。在一个更为精确的公式看来，我们应当计算具有多种可能性的许多好效果。然而，只要不考虑这种复杂性，我们便能粗略地说，采取一个显然可选择的和将产生最好效果的行动，是理性的行动。这样，我们就能说，例如，这个行动者采取了正确的行动，但其行动的方式是非理性的。他也许正在竭力采取其他行动，或者正在竭力采取这一行动，但着手这么做的方式是不科学的。我们也可以说，他行动的方式是理性的，但由于坏运气而做了错事，因为有最充足的理由解释他或许要做的事情恰好没发生。

因此，大体说来，我们用"正确的"和"错误的"来称赞选择时，所依据的标准是其在增进普遍幸福方面的实际的好效果；我们用"理性的"和"非理性的"来称赞选择时，所依据的标准是它的可能的好效果。如前所述，"可能的好效果(likely success)"必须被解释成最大限度地增进可能的利益，而不能解释成可能最大限度地增进利益。实际上，理性的行动就是人们采取的在理性上被认为是正确的行动，而正确的行动能够最大限度地增进可能的利益。不过，我们必须对此附加某种限制。一个人也许非理性地相信一个事实上应当相信的理性的行动，但我们仍然称这个人的行动是非理性的。如果行动者对手段和目的的关系的计算是不科学的，尽管他选择的行动会给人类带来最大可能的幸福，而且事实也果然如此，但当他采取这一行动时，我们仍然称他的行动是非理性的。因为他对行动效果的计算完全是碰运气，而没有可靠的理性推论。

至此，我们一直把"理性的"和"非理性的"，"正确的"和"错误的"仅仅作为称赞选择和思考的行动的术语。我们没有理由说明我们为什么不应当更宽泛地把"正确的"和"错误的"这对词用于称赞习惯性的行动。可是，我们没有多大的必要用这些词去称赞那些不是基于选择的行动。我们的确需要一对称赞行动者和动机的术语。我建议用"好(good)"和"坏(bad)"这两个词来满足这一要求。一个好的行动者就是一个比一般的人更接近于以普遍最佳的方式行动的人，一个坏的行动者就是一个不如一般的人那样以最佳方式行动的人。一个好动机是一个通常能导致仁爱行动的动机，一个坏动机是一个通常不会导致仁爱行动的动机。这种观点显然并不与下面的说法相矛盾，例如在特殊的场合下，一个好人做了错误的事，一个坏人做了正确的事，一个正确的行动出自坏动机，一个错误的行动出自好动机。许多反对功利主义的特殊论据都是由于混淆了这些区别。一个人也许会辩解，他说一个行动是"正确的"，其意思仅仅是指该行动出自一个好动机，而且是值得称赞的动机。但需指出的是，这个行动在最佳的意义上不是"正确的"。我并非希望为其他人(特别是非功利主义者)立法，教导他们知道应当如何使用像"正确的"和"错误的"这样的词。但是，为了分类，我说明自己怎样使用这些词，并且尽力清楚地区分它们各自的含义，这对我来说是十分重要的。

　　阿登·莱昂（Ardon Lyon）在评论本文的初稿中指出[22]，我假借定义之名，试图偷偷把我所建议使用的术语塞进评价的范畴。应当注意的是，我并非想这么做。我的建议只是想预先确定已有的"理性的"和"非理性的"评价词去称赞和不称赞某类行动；预先确定已有的"正确的"和"错误的"评价词去称赞和不称赞另一类行动；预先确定已有的"好"和"坏"的评价词去称赞和不称赞另一类行动。

　　也能用"好"和"坏"这两个词来称赞和不称赞行动本身。在这种情况下，称赞或不称赞行动就是称赞和不称赞行动的动机。这样，我们就能说，一个人采取了坏行动，但却是正确的行动；或者他采取了好行动，但却是一个错误的行动。例如，某人在1938年于贝尔希特公园附近跳入河中救出一个溺水者，这个溺水者是希特勒。他做了错事，因为如果不救希特勒，世界便不会出现这么多的苦难。但另一方面，他的动机，即拯救生命的愿望却是我们赞成的人人应有的动机。总而言之，如果不是在这种情况下，拯救生命的愿望就会产生正确的行动。加强这种愿望是值得鼓励的。我们不仅应当称赞行动，由此表达同意它，而且甚至要奖励行动者，鼓励其他人学习他。实际上，称赞本身总的来说具有榜样的社会作用。我们喜欢为称赞本身的缘故而进行的称赞，并因而受到被别人称赞这种可能性的影响。称赞一个人自身就是重要的行为，具有有影响的效果。因此，一个行动功利主义者必须学会控制他的称赞和不称赞的行动。当他认为称赞某个行动可能具有坏效果时，并且甚至可能称赞的是他实际上不同意的行动时，他要隐藏对这个行动的称赞。例如，让我们考虑这样的事例，即一个行动功利主义者在战争中成功地俘获了敌方潜艇的指挥官。假定这是一场正义的战争，行动功利主义者在为正义而战；敌方潜艇指挥官的能力和勇气具有与最佳的行动背道而驰的倾向，他做的一切都是错误的（在我使用的这个词的意义上）。（我当然不是说他做的一切在技术的意义上是错误的：他很可能知道怎样用正确的方式熟练地驾船。）当潜艇成为易于攻击的目标，似乎对人类是件好事时，他却狡猾地使潜艇隐藏起来；当船员们胆怯无能，似乎对人类是件好事时，他却鼓舞他们，使他们士气高涨，并盼望潜艇的鱼雷能发挥很大的作用，导致最大限度的伤害。尽管如此，如果这个敌方指挥官被俘获，甚至就在他被俘前，行动功利主义者称赞他、敬重他、给予他荣誉等等，却是正确的行动。因为这样做，行动功利主义者就能有力地影响自己周围的人，激发他们相同的职业勇气和能力，从而为人类带来普遍的利益。

我认为，当行动功利主义者与其他功利主义者对话时，也能运用我在上段就称赞有害行动的效用所发表的见解；甚至当他在通常的情况下，与由非功利主义观点支配的听众对话时，也能运用相同的见解。举一个极端的例子来说，假如行动功利主义者正在与某些生活于由一种巫术禁忌的伦理观统治的社会中的人对话时，他也许会考虑到，尽管有时禁忌会引起伤害，但总的说来，禁忌伦理观的倾向比某种道德无政府主义状态更为有利。因为如果削弱这些人对禁忌的尊重，他们便会陷入无政府的混乱中。因此，他一方面认为，指导这些人行为的禁忌体系不如功利主义的伦理学，但另一方面又意识到，这些人的文化背景决定了劝说他们接受功利主义伦理学是非常困难的。因此，行动功利主义者将以上述方式来分配他的称赞和责备，目的是为了强化而不是削弱这种禁忌体系。

在日常社会里，不会发现这种极端的境遇。许多人能够接受功利主义或近乎功利主义的思维方式，但许多人不能做到这一点。我们也许会考虑这样的问题，重视冒着削弱对道德尊重的风险去试图改造传统的道德，是否比重视流行的道德传统更好。对这个问题的回答有时是"肯定的"，有时又是"否定的"。诚如西季威克所说：

> 普遍幸福是最终的标准。这一学说不必理解为意指普遍仁爱……永远是最好的行动动机。因为……我们有意识追求的目的不必总是为了追求正确的标准；如果经验表明，人依据其他动机而不是纯粹的普遍仁爱不断作出的行动，能够更加令人满意地获得普遍幸福，那么根据功利主义的原则，这些其他动机显然是可取的动机。[23]

总而言之，我们应当记住，要一个人违背他对正确行动的信念常常是危险的。因为与阻止他采取这种特殊的行动相比，削弱他对义务的尊重会导致更大的伤害。其次，我再次引用西季威克的话来说，"任何特殊的现存的道德准则，尽管其存在不是最理想的，但其作为现存条件下的现实人的道德准则，也许是我们能遵守的最好的道德准则。"[24] 必须记住，某些动机可能已走向极端。在这种情况下，无论这些动机显得多么必要，称赞它们也是不适当的。尽管利他主义不是普遍化仁爱，即一种不把自己看成比别人重要，也不把自己看成比别人渺小的感情，但称赞利他主义显然是有用的。这完全是因为大多数人已误入利己主义迷途，往往自爱有余而利他不足。与此相同，当利己主义保持在正当范围时，称赞它也是适当的。简言之，再引用西季威克的话来说，"依据功利主义原则，在分配我们对人类品质的称赞时，我们主要考虑的不必是品质的有用性，而是考虑称赞的有用性。"[25]

我们绝不要忘记，绝大多数人不是行动功利主义者。当他们把"好"和"坏"运用于评价行动者和动机时，不会以我所介绍的方式来使用它们。当一个人说另一个人是邪恶的时候，他恰恰是在表达某种形而上学和迷信的内涵。他也许正在说类似于像这个人的灵魂上有一个黄斑这种意思。当然，他不会完全从字面上想到这一点。如果你问他，是否能给灵魂染上颜色，或者黄色是否是一种特别令人憎恶的颜色，他自然会嘲笑你。他关于罪恶和邪恶的观点也许完全是混淆不清的。不过，他说的事情确实包含类似于黄斑这样的观点。因此，"邪恶"一词无疑比功利主义的"可能导致很大的伤害"或"可能的危险"具有更大的感染力。他污蔑一个人是邪恶的，并非只是为了像本应当的那样，让人们提防他，而是要让他不仅成为一个自然的憎恨对象，即一种类似于台风和章鱼这种危险的自然对象，而且成为一个特殊的和非常憎恨的对象。对行动功利主义者来说，当他处于非功利主义的群体时，勉强同意这种说法的方式也许对行动功利主义有好处，但他不相信灵魂里有黄斑，或者任何类似的事物。若要了解所有的人就要谅解所有的人。由于人是环境和遗传的产物，行动功利主义者仍然可以以一种半迷信的方式使用"邪恶"一词来影响人的行动。如果一个人将被食人者活活煮来吃，他可以有效地说，临近的黑暗是众神不喜欢这种烹调活动的征兆。我们已经看到，在一个完全由功利主义者组成的社会里，称赞行动者动机的效用往往不同于行动的效用，那么在一个由非功利主义者组成的社会里，它们就更不一致了。

西季威克区分了行动的效果和称赞或责备行动的效果。我必须不断地强调这种区分的重要性，因为许多荒谬的"驳斥"功利主义的观点正是基于混淆这两者的区别来进行诡辩的。

因而，A. N. 普赖尔(Prior)[26]援引儿谣：

> 因为缺少一颗钉，
> 一块马掌走失了。
> 因为少了一马掌，
> 一匹好马没有了。
> 因为少了一匹马，
> 一位骑手遇难了。
> 因为少了一骑手，
> 整个战斗失败了。
> 由于战斗失败了，
> 整个王国覆灭了。
> 都因少了马掌钉，
> 一切事情全完了。

这么说来，全是错译 Black smith(铁匠)①的过错啊！但普赖尔说，要史密斯承担王朝覆灭的责任肯定是难以接受的。行动功利主义者对此说法无任何反对意见。他会言行一致地认为，责备史密斯是无用的，总而言之，把其他那些微不足道的"坏事"全归咎于史密斯是无用的。黑人史密斯无法相信整个王朝的命运维系在一颗铁钉上。如果责备他，他就会精神失常，以致今后更多的马会失去马掌。

此外，普赖尔说，王朝的覆灭正是那些由于其疏忽导致了缺少战斗大炮的人的过错。如果不是其他人的疏忽，黑人史密斯的疏忽就无关紧要。那么是谁的责任呢？行动功利主义者始终如一地认为，责任的概念完全是形而上学的荒谬观点。难道不能用"责备谁最有用"来代替责任吗？在这种千钧一发的战斗的情况下，责备许多人无

---

① 应译为黑人史密斯。

疑是有用的，尽管我们不能过分地责备其中的任何一个人。这种情况与以下这种情况不同，例如，如果一场战役的失败是由一位酩酊大醉的将军造成的，那么责备一个特殊的人是有用的。

普赖尔问，"如果一个人真的试图以这种方式来承担每件事情的后果，难道他不会成为疯子吗？"他无疑会成为疯子。黑人史密斯不必为他的疏忽感到耻辱。他必须记住，他的疏忽通常是微不足道的过错，许多其他人也犯有同样的过错，因为这样的战斗正好碰巧是重要的战斗。不过，他拒绝责备自己或拒绝痛心疾首地责备自己的做法，肯定是与下述认识一致的，即认识到他的行动事实上是错误的，而且如果他采取相反的行动，许多有害的效果便可以避免。如果其他人，即其过错是没有拖来大炮的人采取相反的行动，黑人史密斯的行动实际上就不是完全错误的，尽管他或多或少要受到责备。一个完全错误的行动通常应受到责备，但在某些情况下，例如在目前这种情况下，一个完全错误的行动几乎可以不受到责备。从表面上看，这一说法似乎是自相矛盾的，但当我们记住西季威克在行动的效用和称赞行动的效用之间作出的区分，这一自相矛盾便会消失。

如果始终如一的行动功利主义者为他的行动的各种可能效果忧虑，便会成为疯子。这一观点也许与某种反对功利主义的奇怪的论据密切相关。贝尔（Baier）在其《道德观点》[27]一书中表述了这一见解。他认为，行动功利主义会推出这样的结论，即我们应当充分利用每一分钟来干好工作，而绝不应当轻松地娱乐；由于我们通常不这么认为，所以必须拒斥行动功利主义。行动功利主义对此有两个有力的回答：第一，也许我们通常所认为的是错误的，也许理性的考虑使我们认为应当得到尽可能少的娱乐；第二，行动功利主义的前提不会推出绝不应当娱乐的结论。也许今天的娱乐和干很少的工作能使我仍积蓄三倍的精力去做好明天的工作。所以，即使我们忽视了（我们不应当这么做）快乐和玩耍的内在价值，我们也能捍卫它们。

因此，如果读者为任何荒谬的驳斥功利主义的意见所打动，我请求他记住行动的正确和错误与行动者的好和坏之间的区别，以及西季威克关于行动的效用和称赞或责备它的效用之间的重要区别。那些荒谬的驳斥功利主义的观点，其最通常的原因之一便是忽视了这种区别。

也有必要记住，我们在此考虑的是一种规范体系的功利主义。它的结论也许与我们某些特殊的道德判断相冲突，但这一事实并不是反对功利主义的至关重要的论据。在科学中，一般的原则必须参照特殊的观察事实来检验；在伦理学中，最好采取相反的态度，参考更为一般的态度来检验特殊的道德态度。行动功利主义者坚决主张，既然他的原则建立在诸如普遍化仁爱这样简单和自然的态度之上，其基础就比特殊的感情更加可靠。特殊感情也许已受到程度不同的歪曲，因为它是由那些表面上相似、实际上却完全不同的事实类推而形成的，并且，特殊感情的内容完全来自那些传统的和未经批判的伦理思想的残存物。

当然，如果我提出的行动功利主义是一种描述的体系，即一种旨在描述普通的人、甚至我们，在无思考和批判的时刻，实际上是怎样思考伦理学的，这种体系就经不起人们的批判，我也不想捍卫它。与此相同，如果我提出的行动功利主义不是一种描述的理论，而是一种解释的理论，我也不想捍卫它。

约翰·普兰梅纳兹(Plamenatz)在其《英国的功利主义》一书中认为，功利主义"正在衰落，而且不会再发挥作用"[28]。他的理由显然是功利主义不能令人信服地解释各种社会制度，即不能说明各种社会制度的产生是由于它们能最大限度地增进幸福。在本文里，我不关注我们的道德习惯和制度事实上是什么的问题，同样也不关注为什么它们实际上是那样的问题。我所关注的是它们应当是什么的问题。一个伦理学说当其被解释为劝说时，其正确性就完全与它的真理性无关；但当其被解释为描述和解释时，其正确性就与它的真理性有关。实际上，正因为作为一种描述和解释的学说是错误的，一种可行的劝说的学说才显得非常重要。

四、游戏理论技术的简单运用

至此，我希望已经说明，作为一种规范伦理学理论的行动功利主义不像它的批评者所认为的那样，是一种头脑简单的学说，而且，行动功利主义有力反驳了常常被用来诘难它的观点。我现在想分析一种境遇，这种境遇在过去一直是行动功利主义难以解决的问题。然而，游戏理论中的某些非常简单的技术似乎提供了解决该难题的方法。

R. B. 布兰特考虑了英国战争时期一位功利主义者的事例。[29]假如政府为了节省电和气，规定房间里的最高温度只能是华氏50°。有一位法国人住在英国，由于他是一个行动功利主义者，便可能作如下推理："绝大多数英国人不遵守政府的规定是不可能的，因此，有的人例如我的房间里保持华氏70°的温度一点也不会产生坏效果，而且，这么做会给某些人带来舒适的快乐。基于这种考虑，我用更多的电和气，既给我带来了舒适，又增进了普遍幸福。"因此，这位法国人便决定用更多的电和气。实际上，这样的决定当然不会使法国人更幸福。如果他是一个正直的人，受到日常教育的培养，他的良心会感到十分内疚。但是，如果他是一个十足的头脑简单的功利主义者，情况又会怎样呢？

行动功利主义者认为，如果法国人的行动无人知晓，在这种情况下，他应当多用电和气。然而，他也应同意，如果他的行动被发现，他应受到谴责和惩罚。诚如布兰特所说，如果内阁官员知道大多数人会自愿作出牺牲，遵守政府的规定，电和气的供应因此十分充足；如果他不顾自己的规定，多用电和气，那么一旦他的行动被发现后，确实会引起愤怒的抗议。在这种情况下，如果我们假定内阁官员的行为会被发现，功利主义的计算就有所不同。此外，功利主义者认为，在这样的情况下，也有充足的功利主义理由去谴责内阁官员（特别在普遍由非功利主义者组成的社会里）。我们必须回想一下行动的效用与称赞和责备行动的效用之间的区别。不过，我们也许同意布兰特提出的与上个问题无关的事例，在这种事例中，行动功利主义极有可能与常识伦理学发生冲突。始终如一的行动功利主义者乐于这样说，"常识伦理学是多么不尽如人意啊！"

布兰特提出了其他反对理由。他认为，如果每个人都像法国人那样推论，将会产生灾难性的后果。但法国人在他的推论中有一个经验前提，即很少有人会像他那样推论。布兰特提出反对理由时，显然没有考虑这一点。实际上，大多数人情愿自己是一个传统的非功利主义的道德信徒。

如果法国人生活于一个完全由像他那样的理性的功利主义者组成的社会里，他又怎样推理呢？如果他事先不知道其他人将采取什么行动，他便会处于不知道如何计划他的行动的境遇中；如果每个人都不知道其他人(包括这位法国人)将采取什么行动，他们也会处于不知道如何计划各自行动的境遇中。这是一个循环的困境，迫切需要游戏理论的帮助。

存在着 3 种可能性：(a)他决定服从政府的规定；(b)他决定不服从政府的规定；(c)他决定给自己某种不服从政府规定的可能性，即掷骰子来决定不服从政府的规定，当且仅当连续掷了 6 点后。

决定选择(c)便是接受游戏理论中被称为"混合策略(mix edstrategy)"的理论。根据讲得通的假定，如果由行动功利主义者组成的社会里的每一个人都给自己不服从政府规定的可能性 P，便会产生最好的效果。在实践中，P 很难计算。如果 P 是非常小的可能性，行动功利主义者在实践中就会决定可选择的(a)。实际上，如果我们考虑到，计算 P 的困难大于采取混合策略所带来的可能利益，我们会完全赞成采取可选择的(a)。

让我们看看怎样计算这种可能性 P。即使这一问题几乎没有一点实践价值，但是，为了在理论上理解伦理学，计算 P 也是有用的。

命 m 是共同体的成员；命 $f(n)$ 是由于正好 n 个人不服从政府规定给国家造成的损害，它是一个不断递增的 n 的函数。既然共同体的每个人都给了自己某种不遵守命令的可能性 P，我们就容易确定作为 P 的函数的可能性 P_1，P_2，$\cdots$，P_m，而这些可能性正好是 1，2，$\cdots$，m 个人不服从政府命令的可能性。命 a 是每个人不遵守命令所带来的个人利益。自然，我虚构的假设便是能给出 $f(n)$ 和 a 的各种值。如果 V 是给共同体带来的整个可能利益，便有公式
$$V=P_1(a-f(1))+P_2(2a-f(2))+P_3(3a-f(3))+\cdots+P_m(ma-f(m))。$$

如果知道函数 $f(n)$，我们就能由于 $\frac{dv}{dp}=0$ 而计算 P 值，从而给出能最大限度地增进 V 的 P 值。

如前所述，这个问题是一个理论问题，而不具有实践的重要性。在某些情况下，如果发觉 P 值接近 0，行动功利主义者就不会为计算大伤脑筋，而只服从政府的规定罢了。不可否认，我们可以假定

某些道德选择的特殊事例，在这些情况下，P 值不会太小。这种推理相对于其指导实践的可能性来说，似乎对由它产生的理论思考更为重要。[30]

有人认为，这种用混合策略来解决问题的调和方法包含某种准则功利主义。[31]难道一群行动功利主义者都假定自己采取的解决问题的调和方法有经验的依据吗？当然，如果大卫·莱昂斯说准则功利主义和行动功利主义可以相互融合是正确的，这个问题便消失了。然而，正如我在前面指出的那样，我无法理解怎样把莱昂斯的论点运用于这样的境遇：一个人采取的行动取决于另一个人采取的行动，而另一个人采取的行动又要取决于这个人采取的行动。这种境遇亟须作特殊的探讨。

解决这一问题的关键在于契约这一概念。大卫·K.刘易斯(Lewis)在一本重要的著作中对此作了详细的说明。[32]反过来，刘易斯也运用了 T. C. 谢林（Schelling）对"协调游戏（Co-ordination games)"[33]的研究成果。协调游戏认为，两个行动者在无准则的指导的情况下也能相互协调他们的行动。例如，两个伞兵被空投到敌占区，他们必须到指定的地点集合。由于地图上惟一具有特殊标志的是一座桥，他们便分别向桥走去。行动功利主义认为，这种互助的行动是经验的事实，每个人在设计自己的策略时，都要真诚地考虑这种经验事实。刘易斯指出，契约的概念先于准则的概念。我认为，虽然行动功利主义者要依赖契约，但他不会由此而变成准则功利主义者，甚至变成康德主义者。刘易斯在其《功利主义与诚实》[34]一文中，运用他的契约理论，对荒谬地驳斥行动功利主义的观点作了精辟的分析。

即使解决目前问题的方法是准则功利主义的，它却是一种与那些通常提出的准则功利主义完全不同的准则功利主义（或康德主义）。因为这种方法只在全部由功利主义者构成的境遇里才适用。我的行动功利主义通常认为，当行动功利主义者处于一个由非功利主义者占统治地位的社会里时，他应当以某种方式行动；当他处于一个由功利主义者组成的社会里时，他应当以另一种方式行动。这两种方式是完全不同的。其次，即使在一个由心灵相同的功利主义者构成的境遇中，混合策略的解决办法也与准则功利主义的解决办法有实质性的区别，因为准则功利主义只允许出现"全部这样行动"和"无人这样行动"两种选择。

五、功利主义与正义

至此，我已尽力用某种概念清晰的方式来陈述功利主义，并且驳斥了许多通常被用来反对功利主义的理由。当我写本文的初稿时，我确实像一个比较天真的功利主义者。那个时候，我似乎认为，既然功利主义的原则表达了普遍化仁爱的态度，任何反对功利主义的人都必定是铁石心肠的人，即在某种程度上是一个非仁爱心的人，或者是一个概念混淆的牺牲品，一个未经批判的传统思维方式的信奉者，一个某种宗教伦理学体系的信徒。我认为，通过形而上学的批判，就能摧毁这些思维方式和体系。显然，功利主义的确与常识的道德良心会产生冲突的效果，但我仍然坚持"常识的道德良心是多么不尽如人意"的观点。也就是说，我倾向于拒斥那种依据普遍的伦理原则是否符合我们在特殊境况下的感情，来检验普遍的伦理原则的常识方法论。

首先，一个人也许有以下的认识：道德的目的是什么？（回答这个问题便是作出一个道德判断。如果有人认为不作出道德判断就能回答这一问题，这种看法就是容忍"自然主义谬误"，即从"是""推出"，"应当"的谬误。）假如我们说——因为我们肯定会这么说——道德的目的是促进普遍幸福，那么，我们直接得出的结论便是，应当拒斥任何独断的道德原则，或同功利主义相冲突的特殊感情。不可否认，我们在特殊情况下的确具有反功利主义的道德感情，但是，我们应当尽量低估这些道德感情的作用，因为它们是由我们自幼以来所处的道德条件所决定的。（有关这些道德感情的思想的缺陷是，它赞成功利主义的普遍原则也是由道德条件决定的。即使以其为基础的仁爱是"自然"的而不是"人为"的态度，但这种思想至多只有劝说的力量，而没有清晰的理性。因为依据自然属性去证明一个道德态度的正确性，将会犯自然主义的谬误。）总之，在某种程度上，功利主义的基本原则不只是向我们颁布特殊的道德信条，而必须提出更多的东西，这完全是因为它是非常普遍的。因此，我倾向于拒斥一种其意在依据我们在特殊情况下的反应来检验普遍的原则的伦理学方法论。与其相反，我们逐渐认识到，必须参照最普遍的原则来检验我们在特殊情况下的反应。与科学相类比不是一种好方法。观察陈述比它们检验的真理具有更为牢固的基础，这种说法与真理相距不远。[35]但是，在更为特殊的道德感情和更为普遍化的道德感情之间，为什么要更看重特殊的道德感情呢？伦理学与科学之间没有任何可类比之处；如果我们接受一种非认识主义的元伦理学理论，上述观点就相当可靠。

因此，行动功利主义者将参照他的普遍感情来检验他的特殊感情，而不参照他的特殊感情来检验他的普遍感情。现在，我在某种程度上倾向于接受这一观点的同时（如果我没有这一倾向，就不会受到激励去陈述和捍卫作为一种规范伦理学的功利主义），我又在某种程度上接受与其相反的观点，即我们有时应当依据如何理解基本原则的特殊运用来检验普遍原则。（我有点像 G. E. 摩尔回答 C. L. 斯蒂文森那样[36]，他既感到自己是正确的而斯蒂文森是错误的，同时又感到斯蒂文森是正确的而自己是错误的。我的犹豫也许更难解决。因为对我来说，所涉及的是一个感情问题，而不是一个认识问题。）

指出功利主义在某些例外的境况下，具有非常令人恐怖的效果并不难。在一篇非常简短的评论[37]中，H. J. 麦克洛斯基（McCloskey）考虑了这样的事例：假设一个小镇上的法官只有"诬陷"一个作为替罪羊的无事者，才能阻止一场严重的骚乱（在骚乱中，成百上千的人将被杀死）。在这种情况下，行动功利主义者通常能赞成对待此事的日常道德感情。他可能指出，法官的不诚实有可能被发现，其后果会削弱人们对共同体的法律和秩序的忠诚和尊重，这种效果甚至比成百上千的人痛苦地死去更坏。然而，麦克洛斯基马上会指出，他能提出一种这些反对法官的行为的理由都不适应的事例。例如，可以想象这个法官有最充分的事实证明他不会被发现。因此，反对法官这种行为（即虽然他知道他"诬陷"的人将被杀死，但他仍然坚持如果不诬陷这个人骚乱便会发生这种可能的看法）的理由是不可靠的。类似于麦克洛斯基的某些人能够一直修改他的故事，其结果是迫使我们只好承认，如果功利主义是正确的，这个法官就必须诬陷无辜者。（麦克洛斯基也令人信服地证明，准则功利主义也包含相似的客观结论，即一个非正义的惩罚体系比一个正义的惩罚体系更有效。即使准则功利主义者能使自己与行动功利主义者截然划清界限，即使功利主义者能从"行动"功利主义退回到"准则"功利主义的形式，他也不能避免其理论的令人讨厌的结论。)虽然功利主义者可以争辩，麦克洛斯基列举的这种境遇绝不可能在经验中出现，但麦克洛斯基会指出，这种境遇在逻辑上是可能出现的。如果行动功利主义者拒斥这种非正义的行动(或体系)，他显然就放弃了他的功利主义。然后，麦克洛斯基评论道："不过，就我所知，在当代功利主义者中，只有 J. J. C. 斯马特乐于采用这种'方法'。"我在此必须提出严正的抗议，麦克洛斯基使用"乐于"一词，完全使我看起来像一个应受严厉谴责的人。即使在我最富于功利主义情调的言论中，我也不乐于这种功利主义的结论。然而，不管行动功利主义者多么不乐于这种结论，他也必须承认，当他处于这种境遇时，应当得出非正义的结论。让我们希望这种非正义的效果只是一种逻辑的可能性，而不是一种现实的可能性。因此，凭借这种希望，我没有与功利主义产生矛盾。如果任何非正义会导致苦难，我们能用两恶之中择其小恶来为其辩解。行动功利主义者被迫在两恶之中择其小恶，但他面临的这种境遇越少，他就越快乐。一个人不必把行动功利主义者想成是一个不仅不值得信赖、反而还要踹他一脚的人。依据一种自然的社会学事实，我认为，功利主义者比那些通常值得信赖的人还要值得信赖。那些伤害你的人几乎都不是功利主义者。

　　一个人在麦克洛斯基所列举的事例中会采取正确的行动功利主义的行动，但我们也许不喜欢或怕他，这是毫无疑问的。尽管他在这种情况下采取了正确的功利主义行动，但他的行动是粗鲁残忍的，并且会使他成为危险人物。我们必须记住，人们不仅具有仁爱的倾向，而且也具有自私的倾向。如果他们被诱使错误地行动，他们确实会完全错误地行动。功利主义者会铭记人们可能具有的道德缺点，他始终不渝地想成为一个不总是让自己采取正确的功利主义行动的人，但他也不总是喜欢他周围的人净是一些过于拘泥于某一道德准则，以致在这种极端的境遇下不以功利主义方式行动的人。

　　不，我不乐于得出麦克洛斯基断定的行动功利主义必然得出的结论。然而，我也不乐于得出反功利主义的结论。如果非正义是两恶之中择其小恶（依据人类的幸福和苦难来判断），如果这种境遇真的出现了，那么反功利主义的结论也是非常令人讨厌的。因为其认为，在某些境况下，一个人必须选择更大的苦难，也许是非常大的苦难，例如像成百上千的人痛苦死去这样的苦难。

行动功利主义仍然坚定地接受麦克洛斯基的挑战。让我们希望他列举的那种可能性永远都只不过是逻辑的可能性，绝不会成为现实。总之，即使我已经指出，在伦理学中应当依据普遍的态度来检验特殊的感情，但麦克洛斯基的事例使我又对相反的态度抱有好感。实际上，期望任何可行的伦理学体系能够在每一方面投合我们的天性和感情[38]，是一种不切实际的奢望。一个人身上完全可能存在相互冲突的态度，因此要找出一种投合我们全部态度的伦理学理论是完全不可能的。如果伦理理论是功利主义的，它有时只好接受非正义，而那些受到正统教育的人事实上不喜欢这种可能性。与此相反，如果伦理理论不是功利主义而是义务论的，我们也不会感到满意，因为这种理论有时包含这种意思，即不应当防止那些可避免的苦难（也许是非常大的可避免的苦难）。某种折中的理论站在大卫·罗斯的立场上，对效用的理由和义务论的理由作了某种"调和"。有人认为这种理论提出了一种可接受的折中思想。然而，这种理论也面临困境，并且这种调和也不可能。一个人有时很可能容易被一种理论吸引，有时又可能被另一种理论吸引，他怎能"调和"严重的非正义与成百上千的人死亡这两者的尖锐冲突呢？即使为了人际交流而完全蔑视我们的自私态度，不把自己看成比别人优越，要找出一种完全投合全体人心意的伦理学理论，甚至找出一种完全能满足一个人在不同时刻的心情的伦理学理论，仍然是不可能的。相似的情况在科学中也是如此。任何科学的理论（已知的和未知的）都不是正确的。假如事实就是这样，世界就比我们所相信的和所希望的世界更混乱。即使世界不是混乱的，人的道德感情也是混乱的。依据人类学理论，人的道德感情在某种程度上完全有可能是混乱的。既作为孩子又作为成年人，我们也许拥有许多各自不同的道德条件，这些条件很可能彼此发生冲突。

在各种可行的选择中间，功利主义的确具有自身的诱惑力。由于功利主义持经验的态度对待目的和手段的问题，它便具有一种类似于科学的特征，并且用灵活性来对待不断变化的世界。然而，灵活性的思想与其说是辩护，倒不如说是自我建议。假如灵活性是一种建议，这在于灵活性的效用。

鸣　谢

以上所述是我的一篇题为《一种功利主义伦理学体系概述》的专论的修订稿。本文初稿得到阿德莱德大学的经济资助，于 1961 年由墨尔本大学出版社出版。我在原书的序言中曾表达过我的感谢之情。在这里，我乐于再次表达我的感激之情。感谢阿德莱德大学和墨尔本大学出版社。同时，我也感谢 A. G. N. 弗卢（Flew）教授，R. M. 黑尔教授，B. H. 梅德林教授，D. H. 门罗教授，A. K. 斯托特教授。他们评价了本文的初稿。

剑桥大学出版社的帕特里夏·斯金纳（Patricia Skinner）建议这篇修订稿与伯纳德·威廉斯写的一篇短文合并发表。我对她表示诚挚的谢意。

在写完初稿的数年里，我一直没有在伦理学领域里作更多的研究，因此，我没对初稿作更多的改动。然而，我已尽了某种努力，试图回答某些近几年出现的通常被用来反对功利主义，尤其有时是反对我的观点的意见。同时，我也作了不少删减和添加工作。不过，这些工作远远不是对问题的更深入的思考。本文最后一章在一定程度上是根据我的论文《科学的方法和伦理学的方法》（《哲学杂志》，1965(62)，344～349 页）改写而成的。

自初稿发表以来，我经常与我的朋友们讨论和通信。他们是（包括我已提到的某些人）：R. B. 布兰特教授，D. K. 刘易斯教授，H. J. 麦克洛斯基教授，R. H. 托马森（Thomason）教授，J. W. N. 沃特金斯（Watkins）教授，H. 韦斯特（West）教授和 B. 威廉斯（Williams）教授。我从他们提的建议中获益匪浅，尽管他们也许感到我并没有得到足够的教益，对于他们的帮助，我致以谢意。

我也非常感谢 R. M. 黑尔教授，是他邀请我参加了他于 1970 年的米迦勒节学期在牛津大学为研究生开设的关于功利主义的课程。

我附了一个书目提要，希望它尤其对学生（包括研究生）有所帮助。有关功利主义的文献资料增长得如此之多，以致我也不安地感到，我一定遗漏了某些应当列在本书目中的参考书，但我已尽了努力，试图使这一书目更为详尽。

注释

[1] C. L. 斯蒂文森：《伦理学与语言》，纽黑文，耶鲁大学出版社，1944。

[2] R. M. 黑尔：《道德语言》，伦敦，牛津大学出版社，1952。

[3] 参见 R. B. 布兰特：《伦理学理论》，新泽西，普雷泰斯—霍尔出版社，1959，380 页。布兰特区分了"行动"功利主义和"准则"功利主义。

[4] H. 西季威克：《伦理学方法》，伦敦，麦克米伦出版社，1962。

[5] D. H. 门罗：《经验主义与伦理学》，伦敦，剑桥大学出版社，1967。

[6] 参见我对门罗一书的评论。载《哲学评论》，1969(78)，259～261 页。

[7] B. H. 梅德林：《基本的原则与伦理利己主义》，载《澳大利亚哲学杂志》，1957(35)，111～118 页。

[8] 参见《功利主义与正义》一章。

[9] 大卫·罗斯爵士：《伦理学基础》，伦敦，牛津大学出版社，1936。

[10] 参见《功利主义与正义》一章。

[11] 查尔斯·兰德斯曼：《对行动功利主义的评论》，载《哲学评论》，1964(73)，243～247 页。

[12] R. M. 黑尔：《道德语言》。

[13] 参见 R. 蒙塔吉(Montague)：《逻辑必然性、物理必然性、伦理学和限量词》，载《探索》，1960(3)，259～269 页。

[14] 见《心灵》，1936(45)，137～156 页。

[15] 见我的一篇题为《极端的和有限制的功利主义》的文章，载《哲学季刊》，1956(6)，344～354 页。这篇文章有许多印刷错误。较好的版本收录在菲利帕·福特(Philippa Foot)编辑的《伦理学理论》(伦敦，牛津大学出版社，1967)一书中，或迈克尔·D. 贝尔斯(Michael D. Bayles)编辑的《当代功利主义》(纽约，杜博莱德出版社，1968)一书中。在这篇文章里，我用"极端"和"有限制"来指代布兰特使用的"行动"和"准则"。现在，我更喜欢布兰特这种恰到好处的提法。

[16] 参见 A. K. 斯托特(Stout)的一篇非常精彩的文章：《假如每个人都采取相同的行动》，载《澳大利亚哲学》，1954(32)，1～29 页。这篇文章实际上讨论了与此相同的问题。

[17] 关于准则崇拜，参见 I. M. 克龙比(Crombie)：《社会的钟表结构与功利主义道德》，载 D. M. 麦金龙(Mackinnon)编辑的《基督教的信仰和共产主义

的信仰》，伦敦，麦克米伦出版社，1953，109 页。

[18] 大卫·莱昂斯：《功利主义的形式和局限》，伦敦，牛津大学出版社，1956。与其相似的观点也可以在以下书中发现：R. M. 黑尔：《自由与理性》，伦敦，牛津大学出版社，1963，131~136 页；R. B. 布兰特：《一种可信的功利主义形式》，载 H. N. 卡斯托内塔(Castaneda)和 G. 纳克尼基安(Nakhnikian)编辑的《道德与行为言语》，底特律，韦恩州立大学出版社，1963，特别参见 119~123 页。

[19] 在本文的第一版中，我说："这一行动可能在现在和未来，产生某种对整个人类，或者更确切地说，对整个有知觉的存在者的幸福和福利来说是最好的总体境遇。"这种表述是不准确的，因为可能最大限度地增进福利不等于最大限度地增进可能的福利。大卫·布雷布鲁克(Braybrooke)已经指出了这一点。参见他的文章《在功利主义之间的选择》，载《美国哲学季刊》，1967(4)，28~35 页。

[20] 摩尔：《伦理学原理》，162 页。

[21] M. A. 卡普兰：《极端功利主义观点的某些问题》，载《伦理学》，1959—1960，总第 70 期，228~232 页。这篇文章批判了我的《极端的和有限制的功利主义》，本文载《哲学季刊》，1956(6)，344~354 页。卡普兰也提出了一种反对我的游戏理论的观点，但该观点似乎只对利己主义的功利主义来说是令人信服的。卡普兰在一篇有趣的《有限制的功利主义》(载《伦理学》，1960—1961，总第 71 期，301~302 页)的论文中，继续讨论了该问题。

[22]《德拉姆大学杂志》，1963(55)，86~87 页。

[23] 西季威克：《伦理学方法》，413 页。

[24] 同上书，469 页。

[25] 同上书，428 页。

[26] A. N. 普赖尔：《行动的效果》，载《亚里士多德学说增刊》，1956(30)，91~99页。

[27] K. E. M. 拜尔：《道德观点》，纽约，康乃尔大学出版社，1958，203~204 页。

[28]《英国的功利主义》，牛津，布莱克韦尔出版社，1966，145 页。

[29] 布兰特：《伦理学理论》，389 页。

[30] 运用混合策略将在理论上为 A. K. 斯托特论文中浇花园的例子提供解决办法。见斯托特的论文《假如每个人都采取相同的行动》，载《澳大利亚哲学》，1954(32)，1~29 页。

[31] 参见 M. A. 卡普兰《有限制的功利主义》和大卫·布雷布鲁克《功利主义之间的选择》中所作的敏锐评论。

[32] D. K. 刘易斯：《契约》，剑桥，哈佛大学出版社，1969。

[33] T. C. 谢林：《冲突的策略》，剑桥，哈佛大学出版社，1960。

[34] 参见《澳大利亚哲学》，1972（50），17～19 页。这篇论文主要是为了回答
D. H. 霍奇森（Hodgson）的一个观点。参见霍奇森：《功利主义的效果》，
伦敦，牛津大学出版社，1967，38～46 页。

[35] 我说"与真理相距不远"，这是因为观察陈述在某种程度上是理论的载体，
如果它们负载的是不好的理论，我们必定会反对这些观察陈述。

[36] 参见 P. A. 希尔普（Schilpp）编：《G. E. 摩尔的哲学》，伊利诺伊，西北大
学出版社，1942，554 页。

[37] H. J. 麦克洛斯基：《对功利主义惩罚的评论》，载《心灵》，1963（72），
599 页。

[38] J. W. N. 沃特金斯（Watkins）在他的《否定的功利主义》[载《亚里士多德学
说——增刊》，1963（67），95～114 页]中讨论了这个问题。现在，似乎对
我来说，我的文章《伦理学的方法与科学的方法》在这方面给了沃特金斯错
误的印象。我的这篇文章载《哲学杂志》，1965（62），344～349 页。本文的
最后一章便是根据这篇文章写成的。

节选自：［澳］斯马特等：《功利主义：赞成与反对》，北京，
中国社会科学出版社，1992。牟斌译。

《伦理学，劝说与真理》
（1984）（节选）

一、伦理学，真理与事实

（甲）语义学与事实

在第二章和第五章中，我已声明使用"应该"和"善"或诸如此类的伦理陈述不是事实性的，但与说服有关，类似于祈使句。或者就它们关乎社会事实（部族长辈的意愿，与一种习惯的道德法典相符）或事先涉及一种可能假设为神学事实（如上帝的意志）而言，它们又是事实性的。或者，它们可能关涉说话者的态度或意欲等主观性事实，就此而言，它们也可以说是事实性的陈述。但尽管如此，我已然否认不问条件地把这样的伦理陈述统统直接转换（与释义相反）成社会学的、神学的或心理学的事实陈述，也反对把它们转换为祈使语气的命令，尽管命令有实际的功用（或者的确没用）。我还认为，包含"应该""善"或诸如此类的伦理陈述与塔尔斯基的真理范式极为相符。

我想说，科学、历史等旨在探询世界是什么样的，而在伦理学中，我们关心的是对世界做些什么。因此，我们在判定堕胎的正当与否时，不是在寻找事实，而是在决定面对这一事实做些什么，或者怎样促使他人对这一事实做出反应。（当然，生物学的——有人会说是神学的——事实对决定我们的行为有很大影响。）

　　问题是，这种关于事实的说法在形而上学层面是可疑的。维特根斯坦在《逻辑哲学论》中说，世界由事实组成，而非事物。我的看法（与常识更吻合）恰好相反，世界由事物——物质粒子，可能的四维空间点，甚或抽象的实体如数和它们的类别标准——组成，而不是事实。

　　在《逻辑哲学论》中，维特根斯坦的理论是一种图画理论，一种真理符合论。语句描画事实。从唐纳德·戴维逊（Donald Davidson）那儿我知道，这种图画理论与替代性量化（Substitutional quantification）相配，而塔尔斯基的真理论与其断言的是否实现这一观念相合。在前一种理论中，语句相符于事实，而在后一种理论中，物体或其序列相符于断言。

　　的确，在《逻辑哲学论》中，维特根斯坦关于量化的理论显然是替代性的。他把"(x)Fx"释作"Fa，Fb，Fc……"，这儿，a，b，c……是所有物体的名称。既然我们不能把这样的表述写下来（尤其是如果世界上有无数多的物体时），那么在为"x"替换任何所谓名称时，我们必须假定维特根斯坦说的"(x)Fx"是真的，当且仅当"Fx"成为一个真的语句。这种量化理论曾遭到奎因有力的批评，我们恰恰不能为所有的物体命名，即使世界上的众多物体可以尽数，我们也不能。举个例子，从物体量度的角度看问题，我们能够明了实际的数群并非不可穷数，尽管替代量化论的拥护者不能接受坎特（Cantor）的观点，后者证实了存在有可以穷数的数群。因此，如奎因所承认的，既然坎特的论述假定了物体的量度，那么来自可穷数方面的论述将不敌替代量度的捍卫者：无论如何，如奎因所竭力主张的，我们不需要这种论述。反对替代量度的论述仰赖下述事实，即我们可以运用包含有"所有袋鼠"或"某些袋熊"字样的句子，尽管我们并没有每一个袋鼠或袋熊的名称。

　　戴维逊的真理论是塔尔斯基型的。不是（如在图画理论中那样）语句与事实相符，而是一个物体或物体序列的实现与断言相符。此理论赋予语言与世界一种相符关系，因此它抓住了真理相符论的要义。（相反的，传统的符合论，人们更为明智地将其释作一种被保证断言的理论。被保证的断言不同于真理，因为一个被保证的断定句可能不幸是错误的，而一个真的语句又不会是被保证的断言，因为我们没有足够能力的证据来保证。）

不管怎么说，事实的概念都存在某种困难，戴维逊曾经论述过，如果真的句子对应了事实，那么可能只有一个事实。他的推定似乎合理：逻辑上对等的真句子对应同一事实。在这种情况下，事实 p（为一句子）与事实$(\tau x)(x = t. p) = (\tau x)(x = t)$（另一句子）是相同的，因为后者在逻辑上与前者对等（这里的 t 是某种物体）。但是，如果 q 是真的，则它对应了与$(\tau x)(x = t. q)$和$(\tau x)(x = t. p) = (\tau x)(x = t. q)$相同的事实。因此，如果 p 和 q 都是真的，那么它们对应了同一事实。因此，只能有一个事实。

柏瑞·泰勒(Barry Taylor)以只有严密的逻辑对等句才表述相同事实来回避上述论述。他认为，当且仅当一个逻辑上的对等句是从第一级的逻辑律而不是从关涉说话者身份与表述的公理中推演出来时，这个句子才是严密的。然而，泰勒自己关于事实（或境况）的理论依赖于一种可能世界的理论，其必要性可由下述考虑得出：在真实世界中，人们普遍认为，使用不同然而互有延伸之断言的真语句，反映了不同的事实。这样，下述情形看来便是真实的，即"奎因是一种有肾脏的陆地生物"和"奎因是一种有骨架的陆地生物"反映了不同的事实，尽管"有肾脏的陆地生物"和"有骨架的陆地生物"是互有延伸的断言，因此，我们需要考虑可能世界，而非真实世界，在后者中，这些断言是不能互有延伸的。因此，泰勒必须把通常的塔尔斯基式的命令修正为克里普克式的，后者的理念不是简单的实现而是在 W 世界中的实现。对此，戴维逊有反对意见，如真理不再是不可预期的。我已承认，伦理学和实际的决策理论（尽管它们可能是代用品）普遍需要某种可能世界的观念。但一个普遍的事实理论是形而上学的，而非伦理学的，虽然人们更倾向于认为它不是形而上学的。

无论如何，即使我们承认泰勒关于"事件状态"（或真语句中的"事实"）的语义学阐述，我们仍然难以确凿地说，伦理学不是事实性的。假设照泰勒的意思，真句子的确反映了事实。但这无助于此一章节的中心内容，即捍卫下述观念——在某种意义上，科学、历史等表述了关于世界的事实，而伦理学不是（其限制如前所述）事实性的。既然伦理学因为建议性的语句而富于表现力，既然"应该"是个断言，而不是一个意向性的操作员，那么真的"应该"句就反映了泰勒所说的那种事实，正如科学语句反映了氢氧的事实等一样。要否定"应该"句是真的并不那么容易："史密斯应该善待其祖母"是真的，当且仅当史密斯应该善待其祖母时，正如"雪是白的"是真的，当且仅当雪是白的时。因此，对我们中的某些人来说，即便接受泰勒关于事件状态的语义学，也仍然无甚裨益，因为这些人倾向于认为，科学关乎世界的事实，而伦理学却不是关乎事实（限制前已说明），而是关于如何应对世界的事实。

因此，我认为我们必须坚持下述一点：即，伦理学是否关乎事实这一问题并不能由技术性的语义学来解答，它必须由关于伦理语言在我们生活中之功能的最合理理论——借助于全部科学，包括社会学——来解答。当然，如我在第三章与第五章中所述，劝说并不需要特殊的伦理语言。"应该""善"的使用及二者间的同源与意欲相关，而科学语言则与信念相关（除了在某种意义上，应该与善关乎社会学的或心理学的事实）。最有力的伦理学理论试图在语义学意义上抓住这种伦理学理论，但是在伦理学的示意性句子中运用塔尔斯基的范式阻碍了这一意图。请记住：在本书第 17 页①我说过，变量的引入产生了一种符合条件的理论，其依附于真理条件的一种。

（乙）信念与地图

我刚刚论证，即便是泰勒关于事实的论述，于我勾画伦理语言之特性的意图也无甚裨益，因为从语义学角度看伦理语句将威胁到"事实"，因此我建议放弃用"事实"来表达"事实的"，这就使我们跳出了语义学的樊篱（某些带有塔尔斯基真理语义学或实现条件的句子是真实性的，某些则不是）。我也不愿接受（理由已给出）语言的图画理论。无论如何，我认为考虑一下信念的图画理论是有意义的。我不是说所有的信念都很像图画。例如，关于（∃x)Fx 这种形式或它的否定形式的信念如何成为一幅图画？你能画出夸克吗？诸如此类。不管怎样，我认为拿信念（不是语句！）与图画或更图画化的地图相比较是合理而有益的。我做这种比较是为了更清楚地了解自己的看法，

①　本文中提到的页码为《伦理学、信念与真理》一书的页码。——编者著

即在科学、历史等中，我们努力探询世界是什么样的，而在伦理学中，我们试图决定做什么(这里的做包括鼓励或阻拦别人做)。当一个人试图解决某个道德难题，如堕胎的正当与否时，他不是在努力发掘关于世界的某个确定事实，而是试图决定做什么，比如，是支持还是反对堕胎的行为。然而我也必须指出下述事实，即某个人说："我相信堕胎是正当的"或"我相信堕胎是不当的"，这是地道的口语英语。一些人甚至会说："我知道"或"堕胎是不当的，这是个事实"。因此照我所提倡的理论来看，我们必须承认口语英语有时甚至会引起误解。当然，我完全同意堕胎的事实与认为堕胎之正当的说法是相关的。事实的信念可以以第三章所讨论的那种方式导引我们的终极或非终极欲望(这可以追溯到休谟)，但是我们的终极欲望本身并非由事实信念决定。

因此，我要说，某些人所谓"信念"，如堕胎是不当的，并不真是一种信念，它可能是一种意愿——即要反对堕胎。而所谓"信念"(堕胎是正当的)可能是一种支持或实行堕胎的意愿。我需要一种信念的理论，它不依赖于我们口语中所说的"信念"，我认为，可以把所谓"伦理信念"的差异更好地阐释为终极态度或意欲的差异。或者说，在许多情景中，我更愿意这样以为。也许情况是这样的，有时，伦理的"应该"陈述可以用纯粹的认知术语来阐释。例如，在阐述像珍尼·迪恩斯这样的人所做的"应该"陈述时，我们可能参照《圣经》中"十诫"所指控的事实。但是，即便是这样，一个人的陈述也是伦理的，因为他愿意遵守既定的戒律，不管是出于对上帝的爱，还是对地狱的怕。

因此，我希望不要分析信念，而是做些比较。根据 F. P. 拉姆色(Ramsey)和 D. M. 阿姆斯特朗(Armstrong)的观点，让我们来比较信念和地图。拉姆色说，"信念的最初形式是地图……我们依靠它前行。"我将忽略"最初形式"所暗示的区别。拉姆色关注的是信念与实践的关系，而"我们依靠它前行"区分了对一个主张的坚信和仅仅是对一个主张的考虑。无论如何，许多事实的信念在实际做决定时作用甚小或无果而终。例如，对夸克的信念或对贺拉斯未发现的手迹的信念。即便这样，人们仍得作出一些理论决定，如，是否维护适应的主张，是否把它们整合进我们的体系网络，作关于夸克的论文或写关于贺拉斯的书是否值得，等等。其间的差异就如一张西藏地图——尽管我们从未打算去那里，或与西藏人有任何政治、经济或文化的交往——和斯蒂文森（Stevenson）《金银岛》中那座神奇的海盗岛地图的差异。无论如何，在讨论伦理学时，对那些与实践相关的信念，我们有一种天然的特殊关注，即使在某种意义上它们是高度理论性的，如关于铀235裂变的信念或关于氢混合的信念。

我们可以说句子S是真的，甚至许多指示性的句子，我们也可以说相信它们是真的。如果琼斯相信自己是琼斯（没有丧失记忆），我们可以推出，如果他说"我长得高"，则他相信"琼斯长得高"是真的。然而，如约翰·佩里（John Perry）所示，有一些基本上是表征式的信念。假设我相信在正午12点钟，炸弹将在十分钟内爆炸，但我不知道时间。我不相信炸弹将在正午过十分钟时爆炸是真的。我所做的是相信（或对理论做更一般性的陈述）现在的断言或开放性的句子"爆炸比……晚十分钟"是真的。对图书馆方位图中"你在这里"这一句子也要做类似处理，这很有用，即使事先你不能凭借任何独一无二的参照分辨出你在哪儿。我认为，为决策理论和伦理学中的某些问题起见，这种"基本的表征式"也许值得考虑，但是我建议现在把它放在一边。因为要做出在此章中事关重要的区分，需要考虑的仅仅是下述情形：在这样的情形中，谈论"相信一句话是真的"是安全的。一场讨论不应引入超出解决手头问题所需要的复杂考虑。

地图与句子或句组不同，因为它具有连续的特性。在地图上读出了各点之间的距离和方向，读出了海拔，读出了……的人也读出了无数多的主张。这种读解仅仅受制于制成地图的相片的细小颗粒或类似技术问题。无论如何，人们已经清楚地意识到可以从地图中，提取在一种语言的零落句子中富于表现的信息。地图是一种图画，尤其是就它在维特根斯坦的《逻辑哲学论》中广泛和抽象的运用而言。当然，根据维特根斯坦的观点，许多其他的事物也是图画，像有关原子的句子，唱片上的波形纹路。现在我不想做太多类推，而且的确不可能从字面上描画例如关于夸克的事实。我们也不在（如94～97页所示）本体论意义上需要事实。我需要的不是事实而是"事实性"的观念，根据它，一种信念没有资格被认为是事实性的，这仅仅因为我们可以把塔尔斯基的范式——p是真的，当且仅当 p'——运用到一个相信……为真的句子中。这包括太多的内容。信念与地图的类似的确颇为有用，但也不是如我希望的那么多。

地图本身在意欲上是中立的，尽管人们可以从一个人想要使用的地图上推测出他或她的意欲。如果使用的是 1∶25 000、每十米一条等高线的地图，则他或她可能是一个灌木丛旅游者或高山旅行者；如果使用的是公路地图，他或她就可能是一个汽车旅行者。如果不考虑这些，地图本身在意欲上是中立的。想想一张 1∶25 000 的地图上显示出峭壁峡谷中的一块沼泽地，这并不特别标示任何路线。对于一个不怕弄湿脚或喜欢寻觅栖息沼泽的鸟儿的人来说，沼泽的标志显示了他或她所要选择的峭壁间一条路线上的一点；而对于一个不想弄湿脚或害怕沼泽中的蛇的人来说，它显示了一条需要绕行的路线。地图本身并不特别表明任何路线，需要有人的意欲。事实上，如果信念与地图相似，则上述一点能够支持行为由信念与意欲联合引发这一论点。地图引发某些信念，这些信念本身，如拉姆色所示，如地图一般重要。当然，地图也能引发意欲，但这类似于信念能够导引意欲，其导引方式在第三章中已作说明。地图通过引发信念——它导引欲望——来引出意欲。地图可以引发横穿沼泽的意欲，但这仅仅因为它引发了一种信念，这种信念导引着一种更宽泛的意欲，如走近路或看水鸟的意欲。

在《逻辑哲学论》中，维特根斯坦说："世上所有事物都是其所是，所有事物都如它发生时那样发生；在它自己不存在任何价值，若果有价值存在，这个价值也没有任何价值。"把这话与地图的意欲中立联系起来考虑：我们如何根据有关沼泽的信息来行动，依赖于我们更一般的意欲，比如是否抄近路，是否看水鸟，是否介意弄湿腿等。

自然主义者会回答，一种善意或恶意的行为，譬如说可以被完全地加以描画，至少可以进行动态的描画。在本书 33 页，我说过自然主义中存在某些真理性的东西。无论如何，在 37 页我还说过，关于善的价值人们可能意见不一（我希望，不是我必须去应对的那种人！）。因此，这样说也许更好些：动态的描画的是善，而非善的价值。但是问题绝非这么简单。如我在第二章中所示，在一个封闭的部落社会里，应该做什么在很大程度上表现为部落长老命令做什么，而这些可以通过动态的描画得以体现。同样，人们完全可以想象，珍尼·迪恩斯在很大程度上把道德问题看成了实际的问题——关于《圣经》中如何说的问题，关于一旦她施行某种行为，在末日审判时将面临什么的问题。

而且，随着我们越来越成为富有智识和反思的人，伦理学的主体理论——尽管它们没能对伦理语言作出满意的语义学分析——的确日益向我们揭示出伦理语言的要义所在。这样一个富有智识和反思的人将逐渐根据自己的意欲——不是任何意欲，而是他的压倒一切的意欲（或态度）——来决定自己的伦理原则。这样，如果他或她对做 X 或 Y 抱有一种压倒一切的前态度，他或她就会宣称"X 是对的"或"Y 是好的"。必须记住（见 10 页），我们的压倒一切的态度并不必然是我们的最强烈态度，但它是我们静静反思时最强烈的态度，是我们做某事的心向之构成部分，这种心向会加强或削弱某些较低的意欲。

这种考虑解释了我在第三章中讨论过的麦基的"投射理论"，而这种理论可以追溯至休谟。在主体论者看来，即使一个确定的（做 X 或使 Y 存在的）意欲能够证明我们说"X 是正当的"或"Y 是善的"是合理的，我们也不能把"X 是善的"这样的句子形式转换成"我对 X 有一种前态度。"其原因至少部分在于意欲在假设句中的遭遇，部分在于拥有相同的一般形式的句子之间的其他逻辑联系。比如，我们可能不知道这样的两个句子是不相容的。于是我们可能对两个矛盾的命题都是真的有了前态度。其原因在于（见第 41 页），人们有一种以为自己说话很客观的心理倾向，即使我们的评价基于自己的意欲。这种倾向由于下述事实而得以强化：在较少智识的人群中，伦理学科可能吞并事实学科，伦理学由部落长老的命令或《圣经》指示之类的考虑所决定。因此，我们可能会认为麦基的投射理论仿佛是正确的，却丝毫不提麦基附于其理论的非自然品质的形上考虑。基于意欲的伦理学观点不是一种技术性的语义学理论，它的基础工作（如第 97 页所示）是普遍地考察伦理学科作用于我们生活的科学合理性。它与自然主义的客观方式有某种密切联系，与主观主义的关系亦然。事实—价值的两分性被信仰—意欲的两分性所取代。后者与麦基的投射理论有着密切的关系。

这种观点可能使某些读者气馁。客体理论被认为是很有吸引力的，因为人们觉得，主体理论威胁到了道德的根基。人们也许会以为，一旦我们意识到伦理学依赖于意欲，而不是不沾染丝毫情欲的理性或非自然的知性，我们将会失去依伦理而行事的动机。这是一种流行的观点。但是，如果我们从一个特定的角度看，它显得自相矛盾。如果伦理学依赖意欲，如果我们有这些意欲，那么我们就拥有想要拥有的所有伦理动机。的确，是非自然主义的理论使伦理学与动机的联系变得困难起来。而且，心理机械主义也是矛盾的。我清楚地记得，从我的大学时代开始——当时我信奉 G. E. 摩尔的非自然主义，那是一种伦理思想在我身上引发的一种类似宗教般的感情——把非自然的善最大化的理念如何一步步被飘渺的金色烟雾所笼罩，模糊了其本来面目。因此，也许这种思想的困惑有助于理解动机。然而，我们亦不能走到对立的极端，从而忘了动机怎样就是日常的意欲，例如泛爱的意欲，希望有知觉的存在幸福的意欲，它是利他主义伦理学的基础。还有，尊重个人自律的意欲是另一种伦理学的基础。在任何体系的伦理学中，我们都能找到启动它的充足的自然意欲。

人们通常认为，主观主义导致相对主义，这是不正确的。伦理原则 P 表达了一种意欲，拥有这样的意欲并不意味着一味宽容持有相反伦理原则的人。我们的各种意欲之间是存在冲突的。当然，在某些情况下，宽容是最好的方式——比如，一个利他主义者会聪明地容忍那些认可其他伦理原则的人，因为对他来说，较之于激烈的冲突，宽容与冷静的劝说在结果上更有价值。但是，这样的宽容却不是建立在我所提倡的形上伦理学观点之上的，尽管后者允许前者这样。

主观主义不会导致道德意欲的减少，这一点已被经验事实所证实。关于休谟的美好品性，有大量的证明。“即使是在最倒霉的时候”，亚当·斯密写道：“他的令人惊异而必要的节俭也从未阻止过他在适当的时候行仁慈之举。”这仅是亚当·斯密在给斯特拉翰的信中关于休谟德行的众多描述的一部分，此信于 1777 年与亚当·斯密的《我自己的生活》一起出版。后者是作者在逝世前几周写的，它是一个爱心拳拳的人的朴素自传（篇幅不长）。G. L. 考克威尔在为约翰·麦基写的讣告中（见《大学纪录》，牛津），对麦基杰出的道德品质大加褒奖。他说：“一个没有学过哲学的人，如果约翰·麦基的行为是他所见到的别人行为的最主要部分，那他就永远别指望用‘道德怀疑主义’的术语来解释这些行为。”也许，这并不奇怪。如果伦理学是意欲的事，如果人们具有我们喜欢的那种意欲（仁慈、热爱、正义等），那么，人们就会去做我们喜欢的事。道德怀疑主义或主观主义的问题同这一方面实践是毫不相关的。

(丙)其他的意欲

在第 102 页，我曾提出人们是基于压倒一切的或高级的意欲来判断伦理原则的。这有点接近于我想避免的那种关于伦理学的本质主义。然而，我并不认为我的这种提示是一个分析的或放之四海皆准的真理。毕竟，人常常会受低级意欲——它们比高级意欲更为强烈——的驱使。我们都熟悉意志软弱的现象。现在，在许多被适当地冠以"伦理学的"学科中，我们有时会诉诸至少是他人的低级意欲。当然这与我一直试图为伦理学科和伦理学信念所做的那种说明高度一致。有时问题更为敏感棘手。修辞学会关注安抚低级意欲或不要引起某些低级意欲的转换。让我们重新回到 *The Heart of Midlothian* 中的珍尼·迪思斯身上。在故事中，珍尼徒步到达伦敦后，通过阿哥勒公爵的热情帮助，见到皇后卡若里。公爵请皇后来裁决这个案子，但是皇后不能反对决议，而且要维护严苛的法律，在这种法律中，珍尼姐姐的生命成了牺牲品。我们也许会想，皇后深切的仁慈和同情心会使她在经过深入的反思后，后悔自己另一面的剧烈冲动。于是在皇后提出自己的意见后，公爵看到了陷阱，但是他绕开了，因为通过回答皇后的意见，他意识到自己已经不可避免地导致了一场争论，在争论过程中，皇后可能会在阐明自己的意见中变得强硬起来，直到她变得有义务——无须考虑一致性——让犯人受到惩罚。（沃尔特·斯考特：*The Heart of Midlothian* 第 36 章）

假设皇后对一致性的考虑不是哲学家或科学家应该有的那种，而是更像一种执拗于先前结果的意欲，一种固执。因此公爵中止了讨论，恳求皇后倾听珍尼的诉说。在此，我们已经进入了一个把伦理学混入修辞学的领域。

二、"应该""能够"、自由意志和责任

(甲)"应该"与"能够"

道德哲学家经常断言"应该"暗含着"能够"。如果吉姆是个文盲，

我说吉姆应该给他的妈妈写信，这当然没有什么意义。然而，这种考虑并不是十分确定的。也许有另外的情形，在这种情形中说"应该"的同时否认"能够"是有意义的。即使没有这种情形，我们仍然需要询问：这是否是"应该"的语义学的部分内容，或仅仅是语用学的部分内容。要明白这如何成为语义学的一部分的确很难，至少是当我们拒绝分析学时。"如果吉姆应该给他的母亲写信，他就能够给他的母亲写信"，这句话看来并没有使形式逻辑的合法性概念获得实例证明。也许，人们会说"没有人应该去做他不能够做的"这句话是（尽管不是分析的）我们的信仰体系（或意欲体系）中一句已得到很好确立的话。即便如此，这也是值得怀疑的。在前面的章节中，我取下述观点，即"应该"和"善"是非常依赖于语境的。所以当我们说，"没有人应该去做他不能做的"这句话是已被确立的时，这句话就必须是一个被认为已得到很好确立的语境中的话。当然，在某些语境中，人们说："他当然应该把她从水中救出来，可惜他不会游泳"之类的话，看来也是自然的。

根据弗尔马真(Vermazen)的语义学——我曾在第四章中倡导过它——"应该"是一个主体、时间和断言三者合一的谓词，参照主体，时间和计划的结果可以阐述它的语义。人们会记得，弗尔马真的计划观念包含着自然必然性的观念。以煎蛋卷为例，我们认为"使用黄油"不是计划中的一个谓词断语，因为主人完全可以用人造黄油，而"打鸡蛋"却是计划中的一个谓词断语，因为打鸡蛋是做蛋卷的自然的必需的一步。因此，乍看上去，似乎"应该"的确在语义上暗含了"能够"，因为主体身体上不可能的行为已被排除在外（"身体上的不可能"也包括了"心理上的不可能"，对运动员来说，后者包含前者）。然而，弗尔马真合理地得出下述观点：即，没有理由认为一个计划不能包含一个行为断言的结果，从而使这个特别的行为类型的结果包含了主体无力施行的行为类型。也就是说，包含在计划中的自然必然性是行为类型之间的外在自然必然性的一种关系：行为类型本身在另一种情况中是否可能的问题。

换言之，煎蛋卷者必然打鸡蛋，不管一个特定的煎蛋卷者是否可能打了鸡蛋；煎蛋卷可能用到黄油，不管一个特定的制作者是否可能用了黄油。

我这儿考虑的自然必然性的概念是一个理论模型的概念，在原初状态的特定变化范围内，与自然律一致。关于这个话题，我们在讨论决定论时还要展开。现在设想对吉姆而言，打鸡蛋在身体上是不可能的。当我们说，如果吉姆要做蛋卷，打鸡蛋是必需的时，我们一定在想某种可能的情境，在其中处于吉姆位置上的一个主体——他能够打鸡蛋——希望做个蛋卷。说打鸡蛋对做蛋卷是必须的，也就是说，所有的自然律模型，与可能的原初状态一起——它们包含着做蛋卷的模式或它的很好的理论模型替代品——同样包含着打鸡蛋的模式，或它的理论模型的替代品。

如我在第 89 页所示，人们可能觉得这点很不明确。即使模型不被看作真的可能的世界，如大卫·路易斯预见的那样，模型中吉姆的对应物——对与吉姆非常相似（不过他能够打鸡蛋）的某个人的替代——的观念仍然是粗糙的。这种粗糙似乎无法避免。的确，它是伦理学科的一个无法回避的特征，与"应该"暗含了"能够"一点关系也没有。当我考虑各种不同的行为时，我注意的是下述不同的行为：一旦我们决定或选择去这么做，我们就能够做。假设实际上我决定做 A，如果决定论是对的，宇宙的所有模型—包括原初状态或它们的替代品，所有满足自然律或其替代品的模型——也是包括 A 或它的替代品的模型。因此，即使在深思熟虑的实际决定中，伦理的、盗窃的或其他任何的语言——决定据此做出——也要求一种可能世界的语义学，这样，如果可能世界的语义非常粗糙模糊，那么这种粗糙和模糊就不可避免地成了伦理学和实践的特征。一个计划（在弗尔马真的意义上）被施行于某人，但这人不能照这个计划去做，对这个计划来说，像此前三段中所说，情形并非很糟。因而，在此程度上，我认为我们可以说"应该"不暗含"能够"。

然而，我们可能同意，当一个人处在不能做某事的情况中，说他应该去做那件事通常毫无意义。当一个人因为身体上的缘故而不能做某事，或因为不知道怎么做而不能做时，情形正是如此。当一个人仅仅缺乏做某事的动机时，情形也会如此。弗尔马真分析一个传教士，这个传教士说："善意的异教徒应该接受基督教。"弗尔马真指出，传教士的话并非对语言的误用或无意义使用，而且传教士也没有必要自欺欺人，以为异教徒的动机可以改变为别的。传教士语言上的不当不是语义学上的不当，而是出于语用学考虑的不当。

(乙)决定论

当然，有些人会说，如果宇宙是被规定好了的(也有反对意见，但要稍微解释一下，任何非决定论与伦理学都是无关的)，那么我们能做的只能是我们实际所做的。在"应该"暗含"能够"的情形中，我们永远不会说，一个人应该去做某事，而不是他或她实际所做的那些事。上一部分的解释已为这个变动提供了答案，现在我想深入一步，讨论一下决定论和非决定论关系中的意志自由。

我将从下面开始：如果我们可以从日常生活话题繁杂的交谈中，从报纸关于惩罚的评论中，从关于罪恶问题的训导中，从诸如此类的大杂烩中抽象出自由意志的常识概念，我们就必须承认，这个概念有其内在矛盾，就像一个非正式的概念那样内在地不统一。这就意味着，只有哲学上的严整的设证才能弥补这一缺陷。粗略地讲，一个头脑简单的人希望一个自由的行为是被决定的(被主体的性格所决定)，这样事情看起来就不是纯粹的机会问题，但无论如何，他也希望行为是不被决定的。如果是这样一个自由的常识概念要被修正，我们就需要找到一个非决定的概念，它不是纯粹的机会，它使一个自由行为依赖主体但又不是由主体的性格使然。保守地讲，我认为这是一项极没把握的工作。

为使讨论更明确，我需要解释一下决定论的概念。决定论最为人熟知的定义是马奎斯·P. S. de·拉普拉斯给出的，距离他写《论可能性》不远。拉普拉斯设想有一个高级理智，在任何一个时间 t_0 把这个理智赋予自然律和宇宙状态，它都能在或迟或早的时间里算出宇宙状态。说决定论是真的，也就是说一种决定的理论正确地描述了世界。拉普拉斯的定义类似于下述说法：在传统的机械论语言中被描述的、处于任一时间 t 的宇宙状态是从处于时间 t_0 的宇宙状态演化而来的，在这里，$t \neq t_0$(最后一个句子的确可以省略，因为 $t = t_0$ 的情况毫无意义)。如果我们假设传统机械论已被完全形式化，则谈论高级计算器会被认为仅是一种隐喻，而且它将会被形式推理理论所代替，后者是句法的一部分，而且在基础数论中富于表现，假如在 t_0 时的宇宙状态是由有限多的符号所描述的。在传统机械论(已得

到特定的相关修正）中，就某种意义而言，这种情况是可能出现的，因为当人们断定于 t 时在某一特定点发生什么时，有必要考虑以那点为圆心半径 $|c(t-t_0)|$ 之间的那些物质。然而，还有一个问题，即在传统机械论中还没有对 n-body 问题给出一个合理的答案（拉普拉斯自己当然很清楚 n-body 问题的难度；他的确是应用机械学的伟大先驱）。我认为人们并没有证实不存在这样的答案，尽管看上去似乎没有这样的答案。如果根本不存在这样的答案，连上帝也不知道，那么拉普拉斯所设想的高级计算器就不可能推出 t 时的宇宙状态。高级计算器必须被最大限度地加以改进。我们不清楚，这些是否可以从纯粹句法的角度得以特别说明。

拉普拉斯定义的其他问题来自对不同重点的不同考虑。（1）高级计算器使用的语言是以有限数量的简单符号为基础吗？如果是这样，语言的句子也是可以穷数的。因而，计算器不可能断言任何时间点上的宇宙状态。我以为这不是个十分重要的反对意见。根据合理的连续性假设，完全可以假定计算器能够断言任何理性点上的状态。（2）设若前提像基本数论那样有力，就像在科学理论中那样，则并非所有公理理论模型的结果都是可推演的（这是歌德尔理论的必然结论）。我们尚不清楚这样的障碍对于高级计算器有多严重，但是，当我们为了说明决定论的语义学而放弃对它的基本句法说明时，这一问题将被着手解决。（3）为了确定原初状态，高级计算器必须与世界交互作用吗？果真如此，即使是一个被决定的计算器——它是被决定的世界交互作用的一部分——也不能去断言（即便是大概地断言）。因而，如卡尔·波普所言，一个传统机械论断言者——与另一个相互强烈作用——不可能断言另一个人的行为。概括地讲，A 应该把 B 的状态纳入考虑之中，但 B 的状态会影响 A 的状态。因此，A 必须认识自己的状态，但是这种认识会把自己的状态变成另一种样子。必须把纳入考虑之中的纳入考虑的考虑的考虑……之中，如此，无穷无尽。因此，也许拉普拉斯的最高理智必定是上帝，他能认识世界的状态而不介入其中。显然，这儿仍然有许多模糊之处。

看来，关于决定论的理论模型的说明更倾向于拉普拉斯采用推论术语的定义。然而，决定论的理论模型定义是由理查德·蒙塔古完整提出的。传统机械论提供了决定理论的范式，定量机械论则提供了非决定理论的范式。我们应带着怀疑的眼光来看任何决定论定义，它们使传统机械论成为别的而不是决定论的。

　　试设想：传统粒子机械论中宇宙的一个瞬间状态 S_0，这个状态是从单个粒子到有秩序的位置和速度组合过程中的一个函数。假设 S_0 可以被特别说明，把这些说明附加于传统粒子机械论的公理上（包括那些产生力的相对律公理），那么就只有一种 S_0 和公理的标准模型而言，这个体系是被决定的。这样，在其他时间 S_t，宇宙只有一种可能状态。使用形象的说法"可能的宇宙"，我们可以说只有一个包括 S_0 并与自然律吻合的可能的宇宙。然而，如果使用既定理论中可定义的某种模型，我们就可以避免使用"可能的宇宙"这种尝试性的说法。一个包括 n 个传统粒子的宇宙的简单例子就可以解释一般的理念。这些粒子的位置和速度，可以由一个 6n 维空间中的粒子的位置来表示（对每个粒子，三维代表每个位置和速度）。让我们简化这个例子，假设粒子不相撞，因而没有速度的同时改变。就下述情形而言，这个体系是决定论的：粒子代表在 6n 维空间中划出一道轨迹，仅仅是这道穿过既定点的线与机械论法则吻合。

　　理论模型的方法可以使我们避免担忧传统机械论中的 n-body 问题，对此我已有暗示。行星的体积比太阳小，而且如拉普拉斯第一个证实的那样，太阳系是稳定的，这些事实都促使了天体机械学所运用的相似方法的高度精确化。在其他情况中，局势却不是这么好。宇航员的确可以考察星群的未来动向，考察它的相对稳定性和是否将变成球状或涡状。（在星体力学中，星群被认为是逐渐抹去差异，最后变成性质相近的一个体系，它只作用于星星[处在考察中]，因此一颗星星被认为仅受它附近的星星和这个性质相近的星群的作用。）但做一个绝对准确到未来也有效的断言却是另一码事。一个可以无数次计算的计算器，能否做到这点，引发了一些有趣的问题。人们可能疑惑，较精确地计算 t 时的状态是否需要超过宇宙现有粒子数目的符号。它对于拉普拉斯的定义重要吗？理论模型的定义绕过了这些问题。

　　应该注意到，决定论的观念是神圣的。我们说，宇宙的一个整体状态（或者如相对机械论中的、宇宙的一个相当大的部分）决定着宇宙或部分宇宙的下一个状态。决定论不是根据常识中的因果术语来定义的。不管怎样，可以用一种相似的方式，根据决定论体系的观念，来阐释因果链条这一观念的有限用法。这将把物理学家的因果概念与常识的因果概念联系起来。

（丙）因果链

有时，一个体系会与它的环境相对脱离，沿着一条相对笔直的轨迹发展，这似乎是常识所认为的因果链这一范式的缩影。举个例子，这样的体系为着许多目的，被看成孤立的体系，可以被看作被规定朝向一个更高的相似体系，这样就不再迫切地需要把它看作一个更大更孤立的体系的一部分。为着这些目的，必然假定周围的环境仍然相对稳定：例如，假如我所在房间的空气被突然抽走，我的神经系统就不能正常运行。我们把这种相对孤立的系统叫做"基础性的因果链"。然后想象一个基础因果链错综交叉的树，就像一棵普通的树枝桠交错那样。从树梢到树根的一条路，将划出一条非基本的因果链。这样，一般而言，因果链没必要总是与它的环境相对脱离。比之决定论观念，因果观念较少被人们深入理解。然而，为了眼前的目的，我们可以根据大致上是决定论的相对孤立的体系来考虑因果观念，就此而言，我将利用因果观念。

（丁）一种两难

理清了有关决定论定义和因果概念的基本问题，我想讨论下述两难问题。

（1）若决定论为真，则我们的行为就由宇宙的前在状态决定。决定论隐含着，如果在 t_0 时间宇宙的状态是 S_0，那么与此相一致，与自然律相一致，在任何时间 t 只有一种宇宙状态 S_t。这样我们就没有自由意志。

（2）若决定论不为真，则我们的行为就是偶然发生的。如果我们的行为不是发自我们的性格、信仰和欲望，由此也不是由宇宙状态——包括我们的神经生理体系——决定的，那么我们的行动怎么可以被说是自由行为呢？若一行为是偶然发生的，难道我们不会可怕地发现自己在做不想去做的事，如吃蛤蟆吗？难道这样的非决定论就没有掠夺我们的自由吗？

（3）结论：不管宇宙是决定论的，还是非决定论的，我们都没有自由意志。

当然，如果我们相信现代物理学(正如我们应当相信的那样)，我们必然相信宇宙是非决定论的。但不管怎样，在细微的层面，它又接近于决定论(根据定量机械学标准，神经，甚至蛋白质分子都属于微观世界)。因此，神经系统被看作决定论的机械体系是有可能的。下述一点也难保不可能，即：这一体系中包含有不稳定受非决定论影响的体系，如约翰·艾克利斯爵士(Sir John Eccles)所提示的那样，但我们暂且把这种可能性放在一边。因此必须说，如果我们的确有自由意志，那么分论据(1)就是错的。的确许多哲学家都认为它是错的。R. E. 霍巴特在一篇影响广泛的文章中说，决定论或至少是决定论的相似物对自由意志是必需的。决定的程度越轻，我们的自由越少。

(戊)对分论据(1)的讨论

我倾向于认为，一个头脑简单的人的自由意志概念是有矛盾的：它孕育于一种可疑的神学与形而上学意见的土壤中。无论如何，决定论能使我们经过努力给予这位头脑简单的人想从他的自由意志概念那儿得到的东西，决定论能使我们判断道德与法律之间的许多差异，当二者承担(或不承担)行为的全部(或部分)责任时。换言之，决定论者的确可能更容易分辨普通人或法律都想要分辨的许多细微差异。

此处的差异与两个问题有关。一个是，我们的行为是否来自我们的选择和性格，或我们是否受到某种方式的强迫和压制。另一个是，我们是否应该为自己的行为负责，无论是表扬还是谴责。待会儿我要讨论，这两个问题在日常的思考中碰撞交织在一起，从而使我称之为形上自由的问题与道德或法律的责任问题混合起来。

因禁在监狱中的人被迫如此：他不能打开紧锁的门或推翻石墙。他最想在青草之上、绿树之下徜徉。不幸的是，他没有。他不能，因为无论他决定做什么，他不能离开牢房。与一个人在乡间散步的例子比较一下。在后者中，他或她如此自由地做着这件事，因为他或她想这么做，而且也这么做了，否则就不是自由地做，这么说也就是他或她这么做与自己环境的背景假设是相吻合的，与自然律是一致的。(如果他或她不想去散步，就不会这么做。)在乡间散步的人的确是被自己的意欲和信念推动去这么做的，但他不是被强迫的。

如果我们总是做自己最想做的事，那么，尽管宇宙是决定论的，我们仍然可以自由行动，而不是被强迫。我们的行为源自我们的意欲。

一位女性可以自由地决定去做外科手术。她做了在当时的情形下自己最想做的。因为尽管她不喜欢手术，却也更不喜欢不做手术的后果。她最想做的就是做那个由她身体条件所决定的一系列不同行为中她最想做的行为。

现在设想下述情形，一个人带着某慈善团体的钱，但他遇到了抢劫者。抢劫者威胁这个人如果不交出钱，就打死他。这个人自然交出了钱。同样可能的是，他不想交出钱，但事实是他的确交了，因为这是他惟一可以救命的方法。既然他的行为符合他的性格，既然他作了自己面临的种种可能行为中最想做的行为，难道我们不该说他在自由地行动吗？从形而上学的角度，我认为就自由意志与决定论相容而言，应该说他是在自由地行动。换言之，如果一个人做自己想做的，否则就不做，那么他或她就是自由的。如果那个人宁愿被杀也不交出钱，那他就会不交出钱。

然而，人们可能会说，那个人是受到抢劫者胁迫的，因此他不自由。如果一个人被囚禁在监狱里，狱门大开，有荷枪实弹的警卫守卫，如果他想出去，他就可以那样做，然后被射杀！毕竟，说这个没什么意义。因此，通常的观念就可以很容易看出来，这个人是如何受到歹徒威胁而不自由。这里有个矛盾。假设受到别人威胁的这个人不是带着钱，而是一个秘密军人，再假设扬言要杀死这个秘密军人的人是秘密军人的死敌，他想威胁这个军人说出其同伴们的名字，从而消灭他们。我们可能仍然在想着第一个例子中那个人所受的胁迫，但是在这个例子中，我们可能很轻易地认为这个军人可以自由选择。我们的确会认为军人应该选择死而不是泄露秘密。这里有个困难的选择，这是第一个例子中不存在的。我们不会指责那个人把钱给了歹徒，尽管那不是他的钱，然而我们却会指责（甚至惩罚）泄露了同伴名字的军人（尽管人们可能会同情军人的处境，也会询问自己能否在同样的情形中勇敢地做出正确抉择）。不过，从形上的自由角度看，这两个例子极为相似：不管是交出钱，还是泄露同伴的名字，两个人都在做当时的情形下自己最想做的；如果他们想要做别的，就会去做别的。

因此，很容易看出关于自由(我把它解释为在特定情境中做最想做的能力)的形而上学考虑如何同表扬与谴责、责任与奖励的问题搅在了一起。我们会认为泄露同伴名字的人是有责任的，因为泄密将导致比他自己被杀更坏的后果。在谴责或惩罚这个泄密的军人时，有一种功利的意图：这将促使其他军人保持坚定。而谴责一个人把慈善团体的钱给了歹徒以保全性命，就没有这种意图。即使丢掉性命的结果不是歹徒抢到了钱，也依然如此。除非这些钱价值连城，那人们倒是有可能说丢钱强似丢命。

人们没有必要去期待使人们负责任的那种坏结果。一个人也许忽略了，也许粗心，也许仅仅是不走运。设想闹市中的某个人，忽然看见不远处的一位朋友，他朝朋友跑过去，想在他消失之前抓住他，与他共饮一杯。就在这么做的时候，这个人跌倒了，并伤到了一个小孩。我们认为他负有责任，不是因为他有意弄伤小孩，而是因为他在做极可能会导致那种后果的事。如果这个人知道这个后果的可能性，我们说是他粗心，如果他没考虑到这些，但他应该考虑，我们便说他忽略了这种可能。在这两种情形中，我们认为他都有责任，而且这么做显然有一种社会的功利考虑在里头。要人们为忽略了的或粗心的行为负责会减少忽略的或粗心的行为：它促使人们更多地考虑可能发生的意外后果，如果他们知道这些后果的话，而且它还会促使人们未雨绸缪。

弗兰克·杰克逊根据他称之为"被期待的道德功用"的理论来阐释关于责任或应受指责的归因。对一个深信不疑的功利主义者来说，被期待的道德功用正是被期待的功用。设想所有可能的事件状态，每一种状态都向未来无限延展。把每一种状态的功用品格(或者，功利主义者选择这种状态的努力)和状态的主观可能性相加，我们就得到了被期待的功用。然而，不是所有的哲学家都是功利主义者，常识中的道德也不是功利主义的道德。常识道德也依赖于选择那些与道德准则相协调的事件状态。所以，杰克逊把被期待功用的观念一般化为被期待的道德功用的观念。然后，他宣称，当一个人没有使被期待的道德功用最大化时，我们认为这个人是应受指责的。如果疾跑过街的人是要去抓一个恐怖主义分子，那么，其行为被期待的道德功用就会增升，尽管结果他没有抓住恐怖主义分子，却伤到了小孩。事情结果变糟了，但讨论还是可能的，而且我们会鼓励其他人在相似的情况中做同样的事。（尽管我假定这个人没有抓住恐怖主义分子，但他实际上抓住的可能性确是相当高的。）如杰克逊所指出的那样，在忽略的例子中，没有行为——一个人为此受到谴责——便是没有考虑被期待的道德功用。当然，考虑被期待的道德功用——这一行为本身也期待着道德功用。

让我们回到把捐来的钱交给歹徒的那个人的例子上。我们认为，这个人丢了钱却不必负什么责任，因为交钱被期待的道德功用少于被杀的道德功用。这个人作了个自由选择，我们为之鼓掌。无需否认那个人是自由的，我们就能清楚地解释他无需负责。如果我们当真认为那个人不自由，倒可能使自己陷入困境。我曾说过，这个人是自由的，因为他在做他最想做的事（避免被杀）。但我们得承认，他更想既保住钱又保住命，但这不可能。如果我们说，这个人交钱以保命是在做他不想做的事，为什么我们不能这么去说一个交钱给贫困家庭的人呢？如果前者是不自由的，为什么后者就是自由的呢？为什么通常都认为受歹徒威胁的人是被迫的、不自由的，而一个充满爱心的人却是自由的？人们也许会说，仁慈的人受到贫困家庭存在的压力，因此有仁爱之举，正如看见歹徒的枪，会有害怕之举。通常我们不细想这些。部分原因在于好人不是被有意施压的。（但是，监狱也不是有意限制。也许锁门的监狱长官是有意的，但请想想矿工因塌方被困的情形。）当然，应该表扬而不是批评仁慈的举动。然而，在仁慈和恐惧之间有一种有趣的对称。随之而来的差异可能是仁慈不是一种一般的好人感到有必要去抗争的感情。如果仁慈之举的人想要与仁慈之情斗争，那么他或她就不是一个好人，就不可能去帮助穷人。而恐惧是我们日常经历太多的东西，即使它帮了受歹徒威胁的那个人的忙。

如果一个人没有正确的品性，那么他或她的被期待功用就不会是被期待的道德功用。如果一个人受他或她所有品性的左右，把自己的功用最大化，他或她就不可能把被期待的道德功用最大化。因此，根据杰克逊的理论，他或她将受到指责。但是，如果一个人因为身体的原因，如大脑受伤，不能选择道德行为怎么办？在这种情况下，常识的道德倾向于宽谅此人，而杰克逊的理论(如他自己所意识到的)却并不适用。人们并不绝对清楚为什么或是否应该如此。没有盗窃倾向却因脑疾免受社会制裁的盗贼绝不少于那些盗窃倾向可部分归因于父母基因遗传的盗贼。如果一个人因被催眠后受暗示而成了盗贼，倒可以说是同样的情形，不过这儿的问题也许是被催眠者更容易比病人免除制裁。

还有一种倾向认为，患有精神疾病的人不负有责任，或至少我们应试着减少他们的责任。例如，人们可能会认为，有盗窃癖的人、旷野恐惧症者和性癫狂者都是不自由的，因为他们或不能克制自己不去偷东西，或不能享受乡间散步，或不能避免骚扰女性。最初这种想法可能是这样的：一个非决定论的意志或灵魂存在受到了一个有缺陷的动物本性的阻挠，但最终(正如它可能是的)决定论者以自己的方式经过努力证实了律法和常识之间存在的细微差异。决定论者认为，惩罚一个有盗窃癖的人没有任何实际功用，因为惩罚的威胁不能阻止这个盗窃狂停止盗窃行为，这个盗窃狂的例子也不能对其他盗窃狂有震慑作用。事实上，威胁或入情入理的议论对一个无能力的人来说不起任何作用，就像我们刚刚所说的，这本身就是应减少无能力的人所负责任的证据。然而，我不是想说，如此区分普通人或法律是完全合理的。对精神病患者的宽大处理是否产生了延缓减少此类行为的效果，这一点尚不十分明显：它依赖于神志正常的人是否能骗得精神病医师相信，他神志异常，因此应被宽大处理。而且，即使一个性癫狂者被仁慈对待，仍然有正当理由把他监禁起来，以防止他外出伤人。

我曾特别提及，责任归结的合理性(或功用)这一问题如何在一般人的想法中同我称之为形上自由的问题混在了一起。现在我想举一个异想天开的例子，现实生活中不存在，但它能够说明普通人所有的自由意志概念的本性。

在这篇未来的传奇中，有一个疯狂的科学家，他能够重新安排大脑的结构。通过改变蛋白质的联系和记忆沟回，科学家把一个成功而幸福的诗人变成了一个同样成功而幸福的工程师。这个变成工程师的人决定设计一座桥梁。这个人这么做难道不自由吗？根据自由意志的决定论理论，这个人是自由的，因为他的行为源自他的意欲和性格。假设这个人在设计时一时疏忽，后来导致桥梁坍塌，造成人员伤亡。舆论对这个人应负多少责任，意见纷纭。如果是他不负责任，那么原因何在？但是，如我所说，舆论把形而上学的自由问题与责任归结问题搅在了一起。让我们分开考虑，先说形而上学的自由问题。决定论者一定要说，这个工程师的行为是自由的，因为，如果他不想这么做的话，他就不会去做。这种说法使我认识到，与它对责任归因问题的看法迥异，决定论关于自由意志的理论除了接近于常识在这方面的说法外，别无新见。换言之，它能给出与常识在许多实际应用中给出的相同答案，但它又永不与常识重叠，因为常识关于自由意志的说法不是一贯统一的。

上述情况表明，即便是形上自由的理论，决定论也没有提供完全符合常识要求的解释，更甭提证明责任归结了。现在让我们来考虑一下自由意志需要非决定论的理论的情形，这使我们回到前面提出的两难问题的第二点上。

(己)分论据(2)的讨论

分论据(2)所考虑的是，如果我们认为行为是纯粹偶然——定量机械论中的那种偶然——的结果，那该怎么办？我们将对比它和那种相容于决定论的普通偶然，也就是两个因果链的突发作用(见亚里士多德，《物理学》196b～197b)。一个人骑车去买报纸，被落下的树枝砸伤了头。没有任何法律或普遍化的看法会把骑车买报纸和落下的树枝砸伤了头联系对应起来。另一方面，在堪培拉的春天，澳大利亚鹊飞扑向行人是再经常不过的事：如果一个人骑车靠近一只筑巢的鹊，他就极有可能被鹊啄到脑袋。这不是偶然的，因为人们关于筑巢时的鹊的行为已有共识。在此，偶然或意外与非偶然的对比是符合决定论的。分论据(2)提到的是纯粹的偶然，不是刚刚提到的这两个例子中弱化了的或澳大利亚式的偶然。

根据这个分论据，如果我们的选择不是被决定的，而是由纯粹的偶然所引发的，它们就不是自由的选择。分论据(1)和分论据(2)合并起来的结论是，无论我们的行为是被决定的，还是由纯粹偶然所引发的，我们都不自由。C. A. 坎贝尔(Campbell)对捍卫非决定论

（或自由论）观点有一种特殊的兴趣。他指出，"决定论"和"偶然论"的选择都不是非此即彼。他相信，决定论的另一个选择是依"反因果的自由"而行动。他认为，这种自由是非决定论的，但不是偶然的。

可是，即使反因果的自由是非决定论的，问题仍然存在：人类行为有许多可预见性，正如休谟在《人类理解新论》第二卷第三部分第一章和《道德原理探究》第八章第一部分中所指出的那样。如果我们不能在大多数情况下合理地预见别人的行为，社会生活将不可能。历史学家的推测，其情形亦如此。坎贝尔对上述问题作了回答。较之于普通人不假思索地想用就用，或一个决定论者如霍巴特经过反思后的使用，坎贝尔将"自由"概念的使用限制在极窄的意义上，他认为只有在下述情形中反因果的自由才出现，在此情形中，我们出于责任感——它战胜了最强烈的欲望——而行动（在这里他复兴了康德的思想）。意志力的这种威力不是经常能发挥出来的，因为我们的欲望和责任在大多数时候并无冲突。因此，坎贝尔的理论就包含并解释了人类行为的普遍可预见性。

当然，对一个头脑简单的人来说，把责任感作为另类同其他欲望区分开来，这是件令人困惑的事。我们想要尽责任已被现成地解释为社会环境熏陶的结果，这其中没有任何与决定论相背的东西。为什么我们说欲望 A 比欲望 B 强烈，因为是 A 而非 B 在主宰行动。如果责任感使我们做 A，尽管我们最想做的是 B，则做 B 的欲望不可能是最强烈的欲望。

显然，在坎贝尔看来，出于反因果的自由的行为和出于欲望的行为并不是一码事。但是，他需要向我们解释一下"反因果的自由"这一用语。他这么做了：他请我们回头反思那些压制了最强烈欲望的行为。他认为，当我们这样回顾时，我们看到了"真正开放的可能性"。现在毫无疑问我们可以对自己说："我能做这个"，"我能做那个"。可能性的观念与背景假设有关。假设我正在爬山，弄动了一块石头，它滚落下去，差点砸着一个同伴的脑袋。我暗暗庆幸："亏得没有砸着他"，我的意思是（根据"可能世界"把事情稍稍往偏处想）如果当初的情况有一点点不同，也就是在一个与事实世界极为相似并拥有同样的自然律的"可能世界"中，那么可能世界中的石头在事实世界中的对应物就会砸着可能世界中我的同伴在事实世界中的对应物。这儿，环境的考虑暗示了什么样的条件是稳定不变的，当然，自然律是不变的。另一方面，如果一个人想知道在一个有不同的自然律的宇宙内会发生什么，那么保持不变的（或接近于不变）就是事物而非自然律。有时，环境也会暗示，如果我们说某事将发生，我们只不过是在说：宣称某事发生的句子符合逻辑律。而且，如果我有一张有效的火车票，我就可以上车旅行，我这么做，并没有违反铁路规章。在一个可能的世界中——我的对应物在火车的对应物上——没有任何规章被违反。有各种各样的环境，因而有各种各样的可能性。

假设我作出某种行为，却说我本来可以做另一种行为。我的意思是做另一行为并不违背自然律，也与我大脑的状态——它处于特定可能状态的范围中——没有矛盾。说滚落的石头会砸着我的同伴，也就是说如果当初的情况（我介入它的方式和时间）有一点点不同，石头就会砸着我的同伴。如果瓷盘掉在地上而没有碎，我会说它本来可能要碎的——如果最初的情况稍有不同，它就会碎。如果一个铝盘掉在地上，我会说，"它不仅没碎，而且不可能碎，虽然我把它扔到地上，它还是不会碎。"

不过，坎贝尔却试图既保持自然律不变，又保持最初情况不变。如果这是环境预设，则我和石头都别无选择。这难不住决定论者，因为他或她会说，当我们在实际重要的情形中使用"本来会做别的"这一表达时，这种预设不是与之相关的预设。如果最初情形中已包括了被发觉的危险和可能，盗窃狂仍然要偷，在此意义上可以说这个盗窃狂不可能去做偷窃以外的事。与此相对，一般的小偷如果被发现的危险和可能性大，他们就不会去偷。而且，有时我们会说，"我本来会做别的"意味着"如果我想做我就会做别的。"在此，重要的变化了的最初情况中包含着我的欲望。

于是，决定论者会说，环境预设使他们使用"本来会做别的"变得极其合理。他们还会认为，自由主义的观点中有一处不明晰。他们将同意，如果一个行为是纯粹偶然发生的，那么原初条件和自然律将是同一的，而行动却可能不同。（如果行为不是纯粹偶然的，而是由"反因果的自由"引发的，情形亦然，如自由主义者所言。）

坎贝尔以为，我们可以通过回顾发现"反因果的自由"的意义，我们回顾一种责任感与最强烈的欲望相冲突的情形。他认为，我们由此可以认识到(毫无疑问)我们能做这件事，也能做那件事。但是，我不清楚这是什么意思，在决定论所允许的范围之外。坎贝尔认为，不是"纯粹偶然"决定着一个人应该做这个或做那个。一个人可以回想起自己对自己说"我能做这个，我也能做那个"，但这并没有使我们进一步理解自由主义对说话内容的解释。

我将讨论，从生物学的观点看，自由主义的自由意志理论难以令人置信。自由主义的自由意志如何通过自然选择和变异而产生？也令人费解。我们可以在原理上明了 DNA 分子的变化如何导致大脑内在结构的变化，但是，它怎么会产生自由主义的(反因果的)自由意志这样一个非物质实体？这个问题值得展开讨论，但不是在这本以形而上学和伦理学为主题的书中。还有一个问题，坎贝尔对"纯粹偶然"的解释看来依赖于一种模糊的甚至不真实的语言哲学。因为维特根斯坦告诉我们，意义不是回顾的客体，我不明白回顾如何能帮助我们理解"反因果的自由"的概念。

(庚)关于似真性的几个问题

我赞成下述观点：即认为人的神经系统运行时很像一个决定论的系统。蛋白是微观物，它的行为必须从电子化学方面去理解，与定量机械的非决定论无关。而且，如 D. M. 麦凯为之争辩的那样，神经系统中有许多多余之物，它们逐渐进化，尽管构成并不完善，却能有效发挥其功用，因此，一蛋白的行为将取决于这个为数众多的蛋白群的大行为，非决定论适用于仅仅一小部分蛋白在行动，因而其影响甚微。

约翰·艾克利斯爵士曾为一种二元论辩护。根据他的观点，心灵是与大脑并存的东西：他的理论很像笛卡儿的二元论，在他与卡尔·波普爵士合著的《自我与大脑》一书中，约翰·艾克利斯爵士指出，大脑——他称之为"自我意识的心灵"——的内部活动归因于神经细胞分子(如人们从解剖学那里所知道的一样)，每个分子都包含了若干个神经细胞，其构成方式远比微观的集成电路复杂。他似乎认为，现代物理学是不完整的，即使就"普通事件"而言也是如此。相反，我赞同物理学家格拉尔德·芬伯格的看法，即：正是在适用于"普通事件"（神经细胞的构成）上，现代物理学显示了其全部完善性特点。我们不是处在牛顿宇宙论的时代，不能解决电子力量，因而无法解释人们熟知的巨型物体现象。根据芬伯格的观点，如果我们忽略粒子转化（只在极高的能量时产生）和宇宙学问题（如神经细胞星内层或黑洞问题），物理学仍然是基本完整的——泰勒斯关于通常巨型物体的问题业已解决。要了解日常问题，电子、质子、光子、微中子物理学便足够了。物理学上的一个重大的划时代发现，也许不可能影响到化学或我们对细胞如神经细胞的理解。因此，与艾克利斯不同，应该说若为了一般地讨论灵魂与身体的问题，自由意志的问题和大脑的问题，现在的物理学就足够了。

依艾利克斯所见，不仅存在非物质的心灵，而且必定存在非物质的心灵与大脑之间的交互作用力：可能是分子在担当着调节这些力的职能，正如收音接收器调节着电磁力一样。然而，不是所有的问题又出来了吗？非物质的心灵的活动是由其前状态所决定的呢？还是它们的出现纯系偶然？在所有情况下，非物质的心灵都自由吗？或者，心灵被假定依据反因果的自由而行动？在一个精神的语境中寻找意义，并不比在一个物质的语境中容易。如果非物质的心灵是自由的，却又是被决定的，为什么物质的心灵就不能既自由又被决定呢？艾利克斯深受卡尔·波普爵士哲学观点的影响。波普对物质主义和决定论的极力反对大多仰仗于他的三个世界学说，即第一世界、第二世界和第三世界。但我发现，这个学说很难理解，尤其是第三世界，看起来既是一个柏拉图式的永恒之物，又是人类心灵的产物。

我们可以这样解释波普，他认为，一个自由的行为不是由当时的原因决定的，而是由非经验的第三世界的实体（如逻辑律）决定的，波普关于第三世界的说明提示了这种解释的可能性。但是，如果这些永恒的实体不决定我们的行为，那就必然有别的引发物。因此，行为仍然是被引起的。可以把意志可任意行动的观念与"理由何在"（例如，为什么去苏格兰旅行）这一问题中语境的模糊联系起来。一种回答是：我想去看看我的姑姑。这里所指的是意欲，且给了一个因果性解释（部分解释）。另一个回答是：我姑姑住在苏格兰，这相当于"我相信我姑姑住在苏格兰"的省略句。这个例子给出的仍是一个因果性答案，因为信仰和意欲都是行为的部分原因。另一方面，如果就"我姑姑住在苏格兰"这句话本身分析，它被认为是给出了一个证实，而不是一个因果答案。尽管我没打算说出一个主张，但是，因为我断言它正确，也就是指出了一种主张。如果这样一种证实的答案被一个因果答案所困扰，那么，主张影响行为但不引发行为就是半截子的想法。如果提供的主张是一个逻辑律，这种感觉会尤其强烈。我提出这个建议，因为它值得。

（辛）关于自由意志和决定论的结论

决定论，或微观层面的决定论认为，人的心灵是一架被决定的机器，它还为我们提供了一个自由意志的概念——这个概念至少区别了许多实际生活中重要的差异，普通人和法律通过谈论它也做出了这种区别。如果这种决定论的观念与普通人（甚至法律）也想说的某些内容不合，也没有什么大的关系。普通人的自由意志概念也许是不一致的，这使它在同一时刻可能既是决定论的（因此行为源于性格）又是非决定性的。如若这样，人们对下述一点也就没什么可吃惊了：关于这个问题的清晰的哲学说明并没有准确地把握普通人区分"自由"与"不自由"的程度，并使之合法化。

因此，我们可以说，或者我们是不自由的，但这于道德或法律并不重要；或者我们是自由的，但这又与决定论合拍。怎么说取决于我们往自由意志概念中填塞多少内容（也即，在我们同意"仅当……一个人是自由的"这种句子形式的意义上）。的确，如果我们把这么多东西都塞进这个概念里，致使它矛盾重重，那么随着我们把所有东西都塞给它，我们也就玩完了，因为一个矛盾的主张可以使我们推出任何管他什么的主张。

选译自［澳］J. J. C. 斯马特：《伦理学、信念与真理》，第6、7章，洛特里几和基冈保罗出版社，1984。王今一译，万俊人校。

［美］弗兰肯纳（William K. Frankena，1908—1994）

《伦理学》（1973）（节选）

《伦理学》（1973）（节选）

功利主义、公正和爱

（甲）我提出的义务理论

我曾试图说明，功利原则作为我们在道德上的是非的惟一基本标准，不论是按照行为功利主义，普遍功利主义或是规则功利主义的形式来应用它，都不能令人感到满意。我曾坚持，我们应该以一条公正原则来指导我们分配善（或利）与恶（或害）①。而这一原则将不依赖于任何最大限度地增进世界上善超过恶的余额的原则的。当然，也许我们还应该承认其他独立的原则，如像罗斯那样的义务论者所认为的遵守诺言的原则。下面，我将提出我认为从道德观点来看最满意的义务论。

前面所述是主张，我们也许应该承认两条基本的义务原则，即功利原则的某种公正原则。这样所形成的理论将是一种道义论，但它比大多数道义论更接近功利主义；我们也许可以把它叫做混合的义务论。这种理论认为，我们的一切更具体的义务规则，如遵守诺

---

① "good"与"evil"，既可译为"善"与"恶"，也可译为"利"与"害"。现按通常惯例，译为"善"与"恶"。但其中亦包含有"利"与"害"之义；特别当讲到功利主义时，更是如此。

言的规则，以及关于我们在特殊情况中应该怎么办的一切判断，都可以直接或间接地从这两条原则中引申出来。这种理论甚至坚持说，我们至少在通常情况下要参考我们通常将其和道德相联系的那种规则，来决定在特殊情况中什么是正当的或错误的，但又说，如何断定应采取哪种规则，要看哪些规则能最好地达到效用和公正两方面的要求（并非像规则功利主义那样，仅仅根据效用的要求）。这种观点仍面临如何衡量善与恶的数量的问题。而由于它承认了两条基本原则，因而也必然会面临两者之间可能发生冲突的问题。这就是说，按照这种观点，必须把这两条原则看作自明原则，而不是实际义务原则，而如果我们的上述论证是正确的话，它还必须承认公正原则可以优先于功利原则——至少在某种场合，虽然也许不是永远如此。然而它也许还不能提出任何一种公式，说明什么时候公正居于优先，什么时候不居于优先。

我们应该采纳这种义务论吗？在我看来，它已经接近真理，但还不是完全正确的。让我们首先提出究竟是否应该承认功利原则的问题。在我看来，我们至少必须把类似功利原则的东西看作我们的基本前提之一。我们是否具有哪怕是一种自明义务去最大限度地增进善超过恶的余额，在某种程度上这取决于用数量来表示善（或利）与恶（或害）的说法是否有意义。假定这具有至少很粗浅的意义的话，那就不容易像纯粹义务论者那样否认这一点；在其他方面相同时，我们应该做的一件事，就是实现尽可能大的、善超过恶的余额。就是罗斯、卡里特，也许还有巴特勒也承认这一点。我不大相信，如果任何行为或规则没有善恶或利害与之发生直接的或是间接的联系，它会是在道德意义上正当的、错误的或应遵循的。当然，这并不是说，没有其他影响行为或规则的正当性或错误性的因素，也不是说，像功利主义所认为的那样，我们的惟一义务乃是要积累尽可能多的善的东西，但其含义的确是指，我们确实具有至少作为我们的自明义务之一，对世界上善与恶的东西采取积极措施的义务。

事实上，我要辨明的是，我们没有任何自明的或实际的道德义务去做对影响某人的生活好坏方面，没有直接或间接联系的事情，至少我们的规则，如果不是我们的特殊行为的话，必须和增加善或减少恶，或者和善恶的分配有某种关系。道德的建立是为了人，但不能说人的生存是为了体现道德。就是公正也和善恶的分配有联系。换句话说，我们的一切义务，即使是公正的义务，也和预先假定善恶的存在以及跟善恶的存在与影响有某种联系，在这个意义上，也只有在这个意义上，关于爱是形成道德律的基础和统一的东西这一古老的名言才是正确的。正是因为不认识这一点的重要性，所以才会有那么多不能令人满意的道义论体系。

这样的说法不仅是说，除了涉及改善或损害某一个人的生活的问题外，我们就没有义务，而且是说，无论什么时候牵涉这个问题，我们都有自明义务。下面摘引威廉·詹姆士的无以比拟的说法：

"接受任何需要吧，不论它是多么微不足道，也不论提出需要的创造物是多么软弱，难道不应该单单因需要本身的缘故予以满足吗？如果不应该，证明为什么不应该。"[1]

(乙)善行原则

倘如上述，则我们必须假定功利主义者掌握了真理的重要部分，我们也必须承认类似功利原则的东西作为我们的基本前提之一。然而，我仍认为我们不能把功利原则本身看作一个基本前提，我的理由是，还有某种更基本的东西支持着功利原则。所谓功利原则，我一直十分严格地指明为是这样一种原则：我们应该采取的行为或遵循的行为习惯或规则，将会或很可能会实现人类善超过恶的最大可能余额。然而，似乎很显然，这一条原则预先假定了另一条更基本的原则，即我们应该做有益的事，而防止或避免做有害的事。假使我们不具有这个更基本的义务，我们就不会具有努力实现善超过恶的最大余额的职责。事实上，功利原则表现了对理想采取的一种折中。这种理想就是只做有益的事情，不做任何有害的事情(暂不提公正)。但这往往是不可能的。因此，我们似乎是不得已而去实现善超过恶的最大可能余额。如果是这样的话，那么，功利原则就预先假定了一条更基本的原则——产生善本身和防止恶的原则。我们只是先具有行善防恶的自明义务，然后才具有最大限度地实现善超过恶的余额的自明义务。我把这个优先的原则叫做善行原则。我之所以把它叫做善行原则而不是仁慈原则，是因为要强调这一事实，即它要求我们实际行善防恶，而不仅仅是想要或立志要这么做。

也许有人会认为，功利原则不仅预先假定善行原则，而且是从这一原则产生的。但实际并非如此。功利原则是用数量来表述的，并预先假定各种善或恶都可以用某种方法来测定和衡量。善行原则当然不否认这一点，但也不暗示这一点。人们在把它应用到实践中时希望至少能够在相当大的程度上对各种善和恶进行测定和衡量，但善行原则本身却并不要求永远有这种可能性。这和穆勒的主张是一致的，穆勒坚持快乐和痛苦，也就是善和恶，不仅在量方面而且在质方面也不相同。我认为这就是我所说的善行原则胜过功利原则的地方。此外，还有一个优点。假如我们有 A、B 两个行为，A 产生 99 个单位的善而没有恶，而 B 既产生善也产生恶，但善超过恶的净盈余为 100 个单位。在这种情形下，根据行为功利主义的规定，我们说做 B 是对的。但有些人肯定会认为，行为 A 是对的。善行原则允许我们采取后一种说法，虽然并不规定要这样做。

因此，我建议，我们应把两条原则，即善行原则和某种公正的分配原则看作关于是非的理论的基本前提。可能有人会反对这个提法，说虽然不能从善行原则中引申出公正原则；但有可能从公正原则中引申出善行原则。因为，假如一个人能够为他人增加善和减少恶，并且不存在其他义务上的冲突，而他却不这样做的话，他就不是公正的。所以，公正隐含有善行（在有可能行善而不存在其他冲突的理由时）。关于这个问题，我的答复是，我同意从某种意义上说，在特定情况下慈善是正当的，不慈善是错误的。但是，我否认把这两种情形严格地分别说成是公正和不公正。并非凡是正当的都是公正的，凡是错误的都是不公正的。乱伦虽是错误的，但却不能说成是不公正的。虐待儿童，如果是说对待儿童和对待成年人不同的话，那可能是不公正的，但不管怎么说都肯定是错误的。使别人快乐可能是正当的，但绝不能严格地说成是公正的，公正的领域是道德的一部分而不是全部。因此，慈善可能属于道德的另一部分，在我看来，也正是如此。就是穆勒也把公正和其他道德义务加以区分，并把慈善或善行列入后者。当鲍西亚对夏洛克说："把慈善调剂着公道，人间的权力就和上帝的权力没有差别"时，她的含义正是如此。

然而，有人提出：严格地说，我们并不具有对人表示慈善的义务或责任。根据这种观点，慈善被认为是值得赞扬的或者是德行，但这是超越道德义务的要求；道德对我们所能提出的要求只是公正，遵守诺言等，并不是慈善。这种观点有某种真理性。即使人们能够履行慈善的行为而不履行，严格地说也不一定是错误的，比如说不肯把自己的音乐会入场券赠送别人。如果别人有权利得到我的捐赠而我不赠给他入场券，严格地说这才是错误的，而他并非永远拥有这种权利，但是，就广义的"应该"而言，我们仍应该行善，甚至也许应该把我的入场券赠给其他更需要的人。康德曾提出类似的论点，他说，慈善是一个"不完全"的义务；他认为一个人应该行善，但对于行善场合，是有所选择的。无论如何，使任何人遭受不幸或痛苦，至少初看起来肯定是错误的，而承认这一点，就是承认善行原则有一部分是正确的。

在这里提一下我们关于术语的用法会有帮助。"责任"、"义务"和"应该做的"这些词语常常可以通用，特别是哲学家使用它们时，例如本书中的那些术语，就是在通常的谈话中多少也是这样。但是，在我们通常比较慎重的谈话中，我们往往使用"责任"这个词，指的是像"说老实话"这样的规则，或者指的是像做父亲或秘书的某种任务或职责；而使用"义务"，则是指法律，某种协议或诺言方面。在这种情况下，我们倾向于认为，一个人有责任或任务而另一个人就享有相关联的权利。而"应该做的"这种词语按更广义的用法是指我们不认为是严格的责任或义务，或者不认为是另一个人有权享有的那些东西。例如，说某人应该做慈善的事，这样说是很自然的，而如果说某人有职责或义务这样做，这样说就不那么自然了，而说另一个人有权利期望某人这样做，那样说就很不自然了。这会有助于说明为什么有些人主张慈善是道德的要求，而另一些人却否认这一点。应该看到，由于另外两种情况，使问题更加困难了；"正当的"(right)有时指"应该做的"意思，有时则仅指"不错的"意思；"错误的"(wrong)则被用来表示和上述各种用法相反的意思。因此，在不同的上下文中其含义也多少不同。

还有一点值得一提。即使人们认为慈善行为不是道德的要求而是职责以外的某种东西和道德上善的，人们还是把慈善行为看成道德的一个重要部分——如果不是规定的，就是值得想望的。

善行原则指的是什么？我认为指四个方面：

（1）一个人不应该行罪恶或造成伤害（做坏事）。

（2）一个人应该防止行罪恶或造成伤害。

（3）一个人应该消除罪恶。

（4）一个人应该行善或促进善。

这四个方面是不同的。但把这四个方面看成为善行原则的几个部分则是恰当的。在这四种情况中，说（4）不是严格意义上的义务似乎是有道理的。事实上，人们倾向于认为，在某种意义上，如果其他情况相同，则（1）比（2）优先，（2）比（3）优先，（3）比（4）优先，但是不管怎么说，这些都是自明义务原则。如果我们在上述每一条中附加上"对任何人或为任何人"，就使善行原则变为普遍性的了，如果附加上"对他人或为他人"，就使善行原则变成利他主义的了。在这种场合，一个人的行为取决于他是否认为对自己有道德义务。例如，一个人是否有这样的道德义务呢？即不去为另一个人的幸福而牺牲自己的任何幸福。后面，我们将要研究这个问题。

我们不免会有这样的想法：由于善行原则的前四个部分在有选择的情况下可能彼此发生冲突，比如说，在两种既表现善也表现恶的行为之间进行选择的情形，因此，我们认为，这个原则应该有第五个部分来指导我们在这种情况下去做会实现善超过恶的最大余额的事。但这要预先假定善与恶永远能够用某种方式来测定。而这样，就要失去善行原则对功利原则所具有的优点；事实上，在实践中这会使前一种原则等于后一种原则，因为我们总是在两种行为方向之间进行选择，即使其中一种行为被称为"不活跃"的。尽管如此，在只涉及善行原则的冲突情况下，我们也许可以遵照上述指示——或功利原则，把它作为启发的准则，至少在这种情形下对所涉及的善和恶要有可能作某种测定和衡量，但不要忘记这条准则的局限性。

有许多自明的是非规则或义务规则用作决定我们的实际义务，可以从善行原则引申出。只要能作出关于对人们的生活有影响的，不论是好坏方面的普遍陈述，我们就有了一条有效的自明主义原则，例如"一个人不应该踩别人的脚"或者"我们应该增进知识"。通常大多数规则，如遵守诺言，说老实话，表示感谢，赔偿损失，勿干涉自由，等等，都可以看成有效的自明原则。例如，根据善行原则，以及知道真实情况是一种有益之事这一点（就其本身讲或作为一种手段），可以推导出，说真话是一种自明义务。

因此，有一些自明义务规则是从善行原则直接推导出来的。我们也许还可以根据采纳说真话的规则有助于实现最大的普遍善这个理由——如规则功利主义所主张的——为这一规则辩护（也许附有某些例外规定）。

但是，并非我们的一切自明义务都能从善行原则中推导出来，正如我们不能从功利原则中推导出一切自明义务一样。因为善行原则并没有告诉我们怎样分配各种善和恶；它只不过告诉我们要产生善，防止恶。当我们面临冲突的问题时，它至多只能指示我们去增进善超过恶的最大余额（我们知道，它甚至不能严格做到这一点）。因此，如我们已经提到的，我们还需要其他某种东西。在这种地方就必须引用一条公正原则。

（丙）公正原则：平等

上面已经提到我们必须承认一条基本的公正原则。但是，承认哪一条公正原则呢？什么是公正？这里，我们不能对有关社会的公正的全部问题进行探讨，但我们至少得提出一个完整的道德义务规范论概要，在这种道德义务中公正原则起主要作用。我们在这里谈的是分配方面的公正，即分配善与恶的公正。此外，还有报应方面的公正（如惩罚等），在第四章中将略谈一下这个问题。分配方面的公正是关于各人的相对待遇问题。不公正的示例是这样的：在类似的情况下，两个类似的人，其中一个人所得到的待遇比另一个人好一些或差一些。在这种情况下，大声疾呼不公正，指责负有责任的人或团体是完全正当的，除非负有责任的人或团体能够证明有关的个人以及他们所处的环境毕竟具有某种不同之处，否则，他或他们将被指控为有过。正因如此，所以，西季威克提出他的公式，按照这个公式，公正就是对相同情况的同样对待，不公正就是对相同情况的不同对待。这个公式确实提供了公正的必要条件。就公正的要求而言，对相同的情况应予以相同的对待，虽然其他考虑因素的重要性可能超过这些要求。不过西季威克的公式是不充分的。它实际所说的不过是，如果我们要做到公正的话，我们必须按照规则行事。

这一公式本身虽然正确，但完全没有告诉我们那些规则应该是什么样的，而这正是我们想要知道的。因为我们已经看到，规则本身就可能不公正，否则，就不会有不公平的法律或诉讼手续了，因为法律和诉讼手续就是规则。如我们将提到的公正问题主要取决于把个人的哪些相同与不同之点当作待遇相同或不同的基础。

有待解决的问题是，我们如何确定我们应该遵循什么样的分配规则或待遇的比较规则呢？我们已提到，这些规则不能单纯在善行原则的基础上决定（如勿伤害人和遵守契约那样的规则可以凭善行原则来决定）。不同的思想家提出了这样一些标准：（1）公正就是给予人们以应得的奖赏或按其价值给予奖赏；（2）公正就是平等待人，即把善恶平等地分配给人们的意思，也许惩罚的情形除外；（3）公正就是按照人们的需要、能力或两者来对待人们。第一种例子是在亚里士多德和罗斯的理论中寻找出的，关于公正的古典价值标准。根据这种观点，应得奖赏或价值的标准就是德，公正就是根据德来分配善的东西（如幸福）。当然，人们也可以采用其他价值标准，例如能力、贡献、智力、血统、肤色、社会地位或财富，照那样，公正就是根据这种标准来分配善与恶。第二种标准是具有现代民主理论特点的平等主义的标准。第三种标准也属现代的观点，可以采取各种不同的形式；当今它的最卓著的形式是马克思的名言："各尽所能，按需分配。"我赞成第二种观点。

上述有些价值标准显然是非道德的，甚至是不公平的，例如，用血统、肤色、智力、性别、社会地位或财富作为分配准则的基础。用能力作为分配基础的一种形式属于第三种观点。这样，就有道德的美德和（或）非道德的美德作为可能的价值标准。我们是否应当采纳一种亚里士多德—罗斯式的价值理论呢？在我看来，在分配公正问题上，道德的或非道德的美德都不能成为我们的基本标准，因为，只有当每一个人都有平等的机会获得他能够获得的所有那种美德时，承认任何一种美德作为分配的基础才是合理的（不能假定人们全都已经有了这种机会）。如果那些竞争财物、地位等的个人没有平等的机会取得他们有能力得到的一切美德，那么，美德就不能成为在人们中间分配这些东西的合理基础。如果是那样的话，那么，至少在人类社会控制范围内能做到的情形下，必须首先平等地分配获得美德的条件，然后，才能合理地接受美德作为分配的基础，这就需要机会平等、在法律面前平等、受教育的机会平等。换句话说，把美德作为分配的基础，只有在承认平等原则的条件下才是合理的。因此，公正的分配的首要标准，并不是像美德那种形式的价值标准，而是平等。

这里，人们可能会提出异议，认为还有一种价值，即成就。至少在某些情况中应该把所作出的成就作为分配的基础。这固然不错，但我仍然认为成就不能作为我们的基本的分配标准，根据任何可辩护的理由，承认成就是分配的标准必须预先承认我们全都应该得到平等待遇这一普遍概念。

我们在确定如何对待他人方面，当然必须考虑能力和需要。这是善行原则的要求。因为这一原则要求我们关心他人生活的善性，包括满足他们的需要，培养和利用他们的才能。但是，这是否是公正原则的要求呢？更具体地说公正原则是否要求我们按照人们的需要多少来帮助他们，或按照其能力大小来调动他们呢？对人们提出超出他们的能力的要求或指派人们去做和他们的能力不相称的任务，这是错误的，但这是因为"应该"暗含着"能够"。公正要求我们对特殊需要的情况给予照顾。例如，它要求我们对那些有某种缺陷的人给予特殊照顾，因为，只有在这种照顾下，他们才能够获得与其他人一样的生活的平等机会一类的东西。但这是否永远要求我们给予和人们的需要相称的帮助或提出和人们的能力相称的要求呢？如果我们按照甲的需要多少帮助甲而对乙却不是这样，或者如果我们按照丙的能力大小对丙提出要求而对丁却不是这样，那么，我们是否必然就不公正了呢？我认为，主要问题在于我们这么做，是否对甲和乙或丙和丁的生活的善性表示同样的关心。就公正而言，我们是否应该按照人们的需要和能力大小来对待人们，这要看我们这么做对于实现人们能够享有的最好的生活这方面所起的促进作用或者造成的妨碍是否一样。假使按照人们的需要大小来帮助人们，对于同样促进人们的生活的善性是必要的话，那么，只有在这种情形下，不按照这样做才是不公正的，假如根据人们的能力大小向人们提出要求，对于保持人们享有好的生活的机会平等是必要的话，那么，只有在这种情况下，不按照这样做才是不公正的。换句话说，分配公正的基本标准乃是待遇的平等。所以按照公正的要求，应该对残疾人给予特别的照顾，道理就在这里。

如果上述是正确的，我们就必须采取关于分配公正的平等观点。换句话说，公正原则加在我们身上的是平等待人的自明义务。这就是对我们的问题的答案。这并不意味着区别地对待肤色一样的人或同样对待身材高低不同的人就是理所当然地不公正了。肤色和身材高矮一样或不一样，和道德并无关系。只有和人们的生活的好坏有关系的相同与不相同之处，如能力、兴趣、需要等才是和道德有关系的。平等待人并非指对待人们完全一样，公正也并非那样千篇一律。这是指对人们生活的善性起同样相称的促进作用（即同等的帮助或按需要帮助）或要求作同样相称的牺牲（即按照能力提出要求）。

照这种意义的平等待人并不意味着使人们的生活一样好或使人们的生活维持在一样好的水平上。如果认为这就是公正的要求，那就错了。因为，尽管人们都同样能够实现某种好的生活（或不坏的生活），但他们所能享有的那种生活却并非一样好。有一些人能够享有的生活比另一些人能够享有的生活，不论从道德上还是从非道德意义上说，都好一些。在这个意义上，人们并非是平等的，因为他们的能力不一样。人们只是在理应得到平等待遇这个意义上是平等的，而人们应得到平等的待遇，其含义仅指，当全体都已达到某种最低限度的要求时，我们理应对促成人们生活的善性起同样相称的作用。这就是个人固有的同等尊严或同等价值的含义。这在我们的文明中是如此重要的一个概念。

我们不要忘记，这种平等对待，虽然是一种基本义务，但只是一种自明义务，并且有时（并没有什么公式可以确定什么时候）它可能被善行原则所推翻。但是，我们可以这样主张，在分配各种善与恶、帮助、工作、任务等时，应按照上述意义使人们得到平等的待遇，除非根据慈善（包括效用）的理由，或根据从长远看会促进更大的平等的理由，能够证明不平等的待遇是合理的。不平等的待遇永远需要合理的根据，并且只有某些种类的根据才是充分的。

我认为，根据前面的讨论，我们必须力求解决各种社会问题，诸如教育，经济机会，取消种族隔离和援助不发达国家，并且永远记住，善行原则要求我们尊重他人的自由。当然，上述讨论只是提供解决这些问题的最一般的指导原则，但除此之外，主要需要的是善良意志、思想清楚以及对有关事实的了解。

（丁）我的义务论总结

现在，我们已经获得了和前面义务论有所不同的一种混合义务论了。这种理论把善行原则（并非功利原则）以及被认为和平等对待的精神一致的公正原则看成是基本的。我们还必须承认其他关于是非的任何基本原则吗？在我看来，没有必要。依我的见解，我们能够从这两条原则中直接地，或者间接地，像规则功利主义者那样，得出我们确认为义务的一切东西。从善行原则得出各种更具体的自明义务规则，例如不可伤害人和不可干涉别人的自由的规则。从公正原则得出另一些规则，如在待遇上的平等和在法律面前平等。有些准则，像说老实话或勿虐待儿童等都可以分别从这两条原则中得出。这样，就可以使这些准则获得原先所不具有的一种优势。关于按照规则功利主义的方式，其他如遵守诺言和勿穿越校内草坪这些规则，也许可以从这两条原则的结合为基础而找到根据，即这些规则如果得到普遍承认和遵守，将有助于实现尽可能平等地分配善超过恶的最大余额的情况（最大多数人的最大善）。

（戊）关于原则的冲突问题

这种理论所面临的几个问题仍需要加以探讨。其中一个就是它的两条原则的可能冲突的问题。我看不出有什么方法可以摆脱这个困难。在我看来，这两条原则不管是从个别行为还是从社会政策的角度来看，确实都有可能发生冲突。并且我不知道有什么公式可以永远告诉我们怎样解决这两条原则之间的冲突，甚或解决这两条原则的必然推论之间的冲突。说公正原则总是优先于善行原则；即使天塌下来也要讲公道，这样说固然很动听，但是，难道宁愿选择重大的恶或害也绝不允许有稍微的不公正吗？也许我们要走另一个极端来避免做不公正的事，但是，我们对待人们不平等是不是永远没有道理呢？人们可能会申辩说，平等对待的原则至少总是优先于前面所讲的善行原则的第四个方面，即积极行善的方面。但是，在关系到相当大的善或利时，对待人们的不平等也一定不对吗？我很遗憾地说，对这些问题的回答在我看来并非是明显的否定。因此，我不能不得出结论认为，我们仍然没有解决前面论述的多元义务论所面临的矛盾问题。我们只能抱这样的希望；如果我们采取道德观点，头脑清楚，并了解有关联的一切，我们也会就有关各方面都满意的行为方式取得一致意见。

在这方面，下面这种设想也许是令人鼓舞的。我认为，凡是采取道德观点的人都会同意，理想的情景乃是每个人都享有他或她能够实现的最好的生活的情景。很显然在达到这种情形时，那就不仅达到公正原则或平等原则而且也达到善行原则的要求。若是那样的话，我们就可以看出这两条原则在某种意义上是最终一致了。这似乎意味着，虽然我们现在对实现两条原则合而为一的理想情景了解还甚少，因而对它们之间的冲突问题不免感到困惑，但随着我们的洞察愈益深入，我们对于怎样解决这种冲突问题就会了解得越来越多。因此罗斯说，我们最终必须求助于"知觉"，这话并不错，但是，我们至少能够对假定那种知觉所显示的东西大致给出一个轮廓。

（己）关于应用的问题

关于这两条原则，还可以提出一个问题，那就是说，这两条原则对我们的要求过高而给我们的指示却太少。你只要看一看吧！一条原则要求我们要做好事，要避恶除害。但是，需要做的好事多得很，需要消灭的罪恶也多得很。我们简直不知从何开始，而一旦开始，又不能松懈下去。就拿音乐会入场券的例子来说，应当怎样处理呢？另一条原则要求我们平等对待每一个人，这是否说，我们必须平等对待所有儿童——如果我给自己的孩子缴纳学费，就得给其他每一个孩子缴纳学费呢？这样，人们可以照此类推而提出这两条原则未免空想，要求太高，不切实际，太空洞。这是个牵涉许多方面的大题目，但有一点似乎是清楚的，即使我先前和罗斯一样认为，这两条原则无须用其他基本原则来补充，这一点是正确的，但是，如果我们要合情合理地遵循这两条原则，多少还要加以补充（即使我们不考虑两条原则之间的冲突问题）。

为了解决这种困难，我大胆提出如下想法。作家们曾指出，习俗和法律所起的作用是告诉我们怎样去做道德要求我们做的事，例如，习俗告诉我们应该感恩，或对人表示尊敬，法律指示我们怎样抚育自己的子女。因此，也许人们可以这样说，在应用善行和平等原则方面，我们需要借助习俗和法律这类东西，引导我们的活动——社会必须为我们提供一套可凭遵行的惯例和制度。就拿家庭制度来说吧，它规定，比如说，我要为我的孩子缴纳学费，其他父亲为他们的孩子做同样的事，可以认为这就是家庭制度所起的一种作用。因此，从理论上讲，即使我没有向所有孩子同样施恩——这是无论如何办不到的，但是结果，所有的孩子都会同样得到良好的对待。当然，同样的道理，公正原则告诉我们必须平等对待我自己的所有子女，但我并不需要把这看作要求我也同样对待其他每个人的子女，因为已假定了制度会为他们提供抚养。当然，制度不能生效也是常有的事，遇这种情况，我也必须设法帮助其他儿童，直接地帮助他们，或是力图改善制度。

关于社会究竟应建立什么样的制度，是另外一个问题，我不过举出家庭作为例子罢了。事实上，不同社会的制度也可能互异，有些社会可能用其他东西来代替家庭。但无论如何，一个社会所建立的制度本身应尽可能体现慈善和平等，制度只是道德原则的辅助和补充。即使制度不能从这些道德原则推导出来，也必须像阿奎那关于人的法所说的那样，与这些道德原则一致。

(庚)对自己的义务

怎样了解对自己的义务呢？在不论直接或间接地完全不牵涉其他人和动物时，人们是否有道德义务呢？这是一个有很多争论的大问题。对这个问题的否定回答有许多话可以说。如果我们的两条原则的范围是普遍适用的话，则必须把它们理解为不仅适用于他人，也适用于我自己，这样，我所提的善行和平等对待的义务不仅是指对他人，也指对我自己。但是，如果我所取的少于我的份额，我是否做了从道德上说是错误的事呢？其他每一个人对我至少都有表示慈善和平等主义的不完全的义务，并且我有权利得到自己的份额，但是，如果我领取这一份额并不剥夺他人的份额，我是否有领取这一份额的义务呢？如果我在吃早餐中喜欢用杨梅酱而不喜欢用桃子酱，我用了桃子酱，是否就不对呢？我个人赞成康德的主张，即使人们有培养自己的才能、尊重自己的尊严、不自杀这样的道德义务，人们也没有义务来增进他自己的幸福。但是，如果说，我们每个人都必须把这两条原则理解为指导他只考虑其他每一个人的生活的善，而不考虑他自己的生活的善，这种说法也未免有些武断。

我再一次大胆提出这样一个主张。在理论上，这两条原则适用于每个人，也就是说，不仅每个人要以这些原则律己，而且这两条原则的范围要扩大到每个人，包括行为者自己，这是一方面。另一方面由于我们人类对自己的幸福本来就非常关心（即使心理学上的利己主义是错误的），所以在实践的策略上，我们在通常道德生活中，在言论、思想和感情上应表现出我们仿佛对自己没有这样做的义务。不过话又说回去，康德认为我们的道德实践应该承认像尊重自己的尊严这样的义务，这也许还是正确的。

（辛）是否有绝对的规则呢？

最后，是否有绝对的规则呢？罗斯所说的那种实际义务的规则或原则，肯定的或是否定的规则，是否都有效而没有例外呢？康德认为有这样的规则。在我所提的理论中，和罗斯的理论中一样认为没有这种规则。因为我把我的基本原则及其必然推论都解释为有时可以被其他原则所推翻的那种自明原则。实际上，我很怀疑是否有这样一种独立存在的实际义务原则或规则，即使和其他原则发生冲突，也永远应该遵循或不得违反。

这里，有些情况是要看如何措词而定。凶杀会是正当的吗？从某方面来看是不正当的。因为这个词本身就说明是非法的杀人。其他词也是如此。问凶杀会不会是正当的，那不如问杀人会不会是正当的，同样，问偷窃是不是正当的，那不如问未经别人同意而拿走别人的东西是不是正当的。那么，回答就不是那么明确地否定了。

有些情况也要根据人们所谈论的规则的种类而定。我们在下一章将提到，人们可以谈行为或"做"的规则，也可以谈品格或"是"（即品性——译者）的规则。把"要勇敢"或"要本着良心"这样的规则看成是绝对的，这要比把像"说老实话"这样的规则看成是绝对的似乎更有理。但在这里，我着重谈的是行为或"做"的规则。

尽管我和弗莱彻一样认为并没有这种绝对的规则，但我和他不同，我仍认为某类行为本来是错误的，例如杀人和向人撒谎。弗莱彻在否认某一类行为本来是正当的或错误的时候，暗指杀人和说谎本身在道德上是中性的，这使我感到难以置信。用罗斯的术语来说，这些行为初看起来总是错误的，并且，如果不能用其他道德上的理由来解释时，实际上也总是错误的。这些行为本身在道德上并不是中立的。在某些情况下，这些行为有可能找到根据，即使有了根据，仍存在着在道德上反对它们的一层理由。弗莱彻不能区分杀人和说谎实际上总是错误的一种说法同初看起来总是错的一种说法的不同，因为他没能理解罗斯的区分方法的确切含义。罗斯的"自明的"这个术语多少会引起误解，因为在他看来，自明的义务确实具有一种绝对性；在某种意义上，它们本身是没有例外的。例如，说谎初看起来总是错误的（确实总是具有一种造成错误的特点），并且实际上也总是错误的，除非是由于要避免重大的恶，或由于其他某种有关的道德上的事实，使说谎变成正当的。从这个意义上说，确有许多绝对的规则——包括我们的两条原则及其所有推论在内。

注释

[1] A. 卡斯特尔编：《实用主义论文集》，纽约，哈福雷出版公司，1948，
　　73页。

节选自［美］W. K. 弗兰肯纳：《伦理学》，沈阳，
辽宁人民出版社，1987。 黄伟合译。

[美]布兰特（Richard B. Brandt，1910—1997）

《伦理学理论》(1959)(节选)

《善与正当的理论》(1979)(节选)

《伦理学理论》（1959）（节选）

伦理相对主义

公元前五世纪的希腊哲学家普罗泰戈拉似乎相信两件事情：第一，道德原则不可能对每个人都有效；第二，人们应遵循他们所在群体的习俗。[1]类似这样的命题组合，在普罗泰戈拉以前可能已经有人思考过了。原始人清楚地意识到，不同的社会群体有着不同的标准，而且他们有时也会怀疑，一套标准真的优越于其他标准。此外，还有很多其他群体大概也认为，一个自觉遵守其所在群体的标准的人值得尊敬。

与普罗泰戈拉的这些观点大体相似的观点，可以归结为形形色色的伦理相对主义。然而，人们是在不同意义上使用"伦理相对主义"这一术语的，因此，我们遇到它时应当小心谨慎。如果某人认为，在此地是错的行为，在彼地可能并不算错，那么，他就被认为是一个相对主义者，所以，如果某人认为，在一月一日这一天，在家外 20 英里的地方，一群因纽特人剥掉一个人的衣服是错的，而对某个在赤道上的部落来说却并不算错，那么，他就被宣布是一个相对主义者。如果"相对主义"是在这个意义上使用的，那么，实际上每个人都是相对主义者，因为每个人实际上都相信，一种行为的道德性受特定环境的影响——例如，在某种环境下撒谎是对的，而在其他环境下就是错的。还有，有时一个人被说成是一个相对主义者，如果他坚持两个有因果关系的命题：作为历史发展的结果，不同的社会群体有时具有不同的价值观（伦理意见），且个人的价值观是其所在群体之传统的近似的复制品，尽管他强烈地感到这些价值观是"他自己的"，或者是"有效的"，并有确信无疑的理由支持。我们不应当把"伦理相对主义"用于这两种观点中的任何一种，但保留把它当作一种至少是相当接近于普罗泰戈拉的理论。[2]

（甲）问题："互相冲突的伦理意见同样有效吗？"

然而，普罗泰戈拉的立场多少有些模糊，如果我们想评价该立场，就必须使之明确化。为方便起见，我们也可以对他的观点的两个部分分别处理。即，先复述其理论的第一部分，接着加以详细评价，然后再考虑其理论的第二部分。在这个过程中，我们将发现，第一部分在理论上要比第二部分更为有趣，更为重要。正缘于此，我们将把"伦理相对主义"这一术语应用于任何理论，只要该理论与被我们明确化后的普罗泰戈拉的第一部分观点相一致，至于该理论对第二部分观点持什么态度则无关紧要。

为了说得更清晰一些，让我们用我的最初陈述来取代普罗泰戈拉的观点，并采用以下说法来作为伦理相对主义的简洁的表达形式："存在着同等有效的互相冲突的伦理意见"。但是，为了说得更明白一些，需对这一公式化表述作进一步讨论。

首先要注意的是——尽管在我们解释"同样有效"这一短语之前，无法把事实讲清楚——这一陈述是关于伦理意见或伦理陈述的陈述，而不是一个伦理陈述本身。这不同于我们说："没有任何事情是对的或错的"，也不同于我们说："有些事情既是对的又是错的"，它是一种元伦理学的理论。

其次，这一陈述是很谨慎的。它并不是说不存在任何对所有人都有效的伦理意见，而只是说，某些伦理观点并不比其他与之冲突的伦理意见更为有效。

第三，我们的相对主义论题并非只是宣称不同的个体有时持有相互冲突的伦理意见。的确，它断定了这一点，但它讲得要更深一步。它认为，互相冲突的伦理意见都同样有效。我们并不是仅仅通过表明人们各执千秋来确定这一结论的，也不是靠表明个体的伦理意见至少在一定程度上依赖他们所处其间的文化源流来确定这一结论的。大家都一定同意这一点——尽管大家也一定会承认社会经常产生出一些它自己的道德批判者。我们亦不是靠表明某个既定社会的标准有其诸种理由来确定这一结论的。当然，这些方面都起一定作用，所以，在某一既定的社会中，科学意见亦复如此，尽管我们很难认为这必然会削弱这些意见和标准的普遍有效性。

第四，我们说的"互相冲突的伦理意见"是什么意思？当然，我们所说的"意见"意味着人们准备作一个诚恳的陈述。从而，当人们问某件事情的是非曲直时，如果某人能真诚无欺地作出一个伦理陈述，他便有了一种"伦理意见"。(在第一章中，我们解释了怎样确认一个"伦理的"陈述)现在，假设 A 先生作出一个伦理陈述，B 先生作出另一个伦理陈述，我们如何辨别这两个陈述是否"冲突"？所谓冲突必须具备如下充分条件：即，两个陈述都事关同一主题(稍后我们再解释这一点)，一方把一个伦理谓词 P 用于这一主题，而另一方则把一个带有前缀"不"的伦理谓词或者把一个带有包含和引起同样意思的前缀的伦理谓词用于这一主题。例如，关于同一主题本身，一方可能说它"在道德上是对的"，而另一方可能说它"在道德上是不对的"。但是，什么时候两个伦理陈述才针对同一主题呢？这是一个更棘手的问题。我们无法仅仅靠观察其动词形式来检验这一点。例如，托马斯·杰弗逊说："每隔几年就进行一次革命是一件好事。"但假定卡尔·马克思也说："每隔几年就进行一次革命是一件好事。"我们能够假定，这两个人必定是在说同一件事情吗？当然不能。再比如，假设居住在南太平洋的 A 先生说，不管他的父亲健康状况如何，在他 60 岁生日时将他活埋都是正确的；而假设我说这是不正确的。我们都在讨论同一件事情吗？不一定。A 先生心里想的那种情形可能完全不同于我心里想的那种情形。也许他是在假定，一个人在来世的躯体与他活着时的躯体几无两样(因而他可能认为，趁人还没有衰老不堪而离开现世是完全可取的)；而我认为人死之后根本不会继续存在。他说的活埋父亲是认为父亲的躯体在来世继续存在；而我说的活埋并非是这个意义上的。在此情形下，说我们的伦理意见"互相冲突"只会令人迷惑不解。只有在下列情形中，我们才说两个人正在谈论同一件主题。

　　让我们假设，A 和 B 对表面上相同的某事或某类事作出互相冲突的伦理陈述，但进一步假设 A 或多或少相信某事或某类事具有属性 P，而 B 却不相信这一点；进而，让我们再假设，如果 A 不再相信这一点，他就会不再持有相同的伦理意见，而是同意 B 的意见；而且让我们假设，如果 B 开始相信这一点(其他情况相同)，他可能会开始改变他的伦理意见而同意 A，这时候，我们说 A 和 B 不是在评价同一主题。但是，如果没有以上所描述的这种或多或少的意识，我们就会说，他们是正在谈论同一主题，而他们的伦理意见是互相冲突的。

　　但最后要注意的是，短语"同样有效"是什么意思？为了说清这一点，我们借助评价科学理论时所使用的语言来作一个类比。假设有两种互相冲突的自然科学理论，每个理论都能解释已知的大部分事实，但都不能单独解释全部事实，至少不能很好地解释之。那么，我们可以说："根据目前已知的事实，这两种理论同样可取。"另一方面，我们可以作一个更加重要的假设。当我们考虑这两种理论时，对未来的证据大胆地预见到以下情况，即：当科学调查已经无限地延长，所有的试验数据已经包含其中时，两种理论都将解释所有的事实；尽管这两种理论还有一些部分互相矛盾，但我们没有任何理由偏爱其中一种理论。在这种情况下，虽然听起来令人惊异，但我们可以说："尽管这两种理论在一些方面互相矛盾，但两者都有效。"当某人作出这样的陈述时，他可能是说，立足于一套完备的试验数据之上的精确的归纳逻辑，将强有力地支持这两种互相冲突的理论。我们无需论证这一事例是否曾经发生或可能发生，但是我们可以理解这一可能性，而且重要的是将之与伦理学作类比。现在，当伦理相对主义者说两个互相冲突的伦理陈述都同样有效，他并不仅仅是在毫无趣味地指出，根据目前已知的事实来看，这两种陈述都同样真实可信，而是在说一些更彻底的事情，即有关假如人们通过可能最佳的伦理学方法论并按照完备的事实或非伦理的知识系统来检验这两种陈述时，将会发生什么。易言之，他是在说，一个运用于伦理学中的"合理的"方法将同样支持两个互相冲突的伦理陈述，即使人们可以获得一个完备的事实知识的系统——或者是说，在伦理学中就不存在任何"合理的"能与经验科学的理想归纳方法相比较的方法。

　　通过"伦理学中合理的方法"这一短语，我要指明伦理学中某种与经验科学中的归纳逻辑大致平行可比的东西，这一理念从前一章开始就为我们所熟悉了，在前一章中，我们曾论证，合格态度的方法具有这种特性。现在，我们能够确切地解释，说两个互相冲突的伦理陈述"同样有效"意味着什么。它的意思是说，要么在伦理学中没有任何惟一合理或正当的方法，要么在伦理学中、在一种理想的事实性知识的完备系统中，使用这种惟一合理的方法仍然不能使我们在所考虑的诸伦理陈述之间作出明确区分。

伦理相对主义者断言，在这一意义上，至少有某些相互冲突的伦理意见同样有效的例子。

相对主义者可分为较激进和较温和两种。激进相对主义者断言，在伦理学中，只有互相冲突的伦理意见，不存在任何惟一合理的伦理学方法。为了标举这一点，让我们将其称为"方法论的相对主义者"或"伦理怀疑论者"。温和相对主义者不说没有惟一的合理方法，而只是说，有一些关于同样有效的互相冲突的伦理意见的例子。我们称其为"非方法论的相对主义者"。我们必须分别考察这两种相对主义的逻辑及其理据。

（乙）方法论的相对主义

也许，把"方法论的"相对主义者称为"怀疑论者"而根本不是相对论者更好一些。[3]但是，这一术语已经是人们把各种学者，尤其是人类学家区分为"相对主义者"的确定用法，尽管在我们的意义上，这些人都是方法论的相对主义者。为了避免混乱，我们将遵从这种术语学的习惯。

为了评价这种理论的真理性，第一件事就是要决定是否存在对同一主题的互相冲突的意见。对此人们已经予以否认。卡尔·敦克尔曾在1939年的《心灵》杂志上发表过一篇文章，在该文中，他怀疑是否有一些人类学证据能证明存在对同一件事的互相冲突的伦理观点，并且认为人类学家忽略了一个事实，即不同社会所公开宣扬的不同的道德原则在其成员心中具有不同的含义。然而，对这一观点的证据，我们已经作过评价（本书[①]99～103页），并且得出结论说，

———————————

① 指《伦理学理论》。——编者著

即使说话者心中指的是同一情形时，也存在着互相冲突的伦理判断。这样，到目前为止，方法论的相对主义仍然站得住脚。

但是，如果这种理论强调伦理学中没有惟一合理的方法，其评价是否正确？显然，如果前一章的论证是充分的，这一理论就是不正确的。我们无需再重复一遍其理由，读者现在已经能够断定事实是否如此。[4]

如果读者认为前一章的论证令人信服，他可能会对社会科学家中存在方法论相对主义者这一事实感到困惑不解。原因很简单，这种理论是最近才提出来的，社会科学家对它并不熟悉。[5]（在绝大多数情况下，他们对自然主义的复杂形式也不熟悉）当他们说，伦理陈述并不能"客观上"表明比另一伦理陈述更为有效时，他们的全部意思是，人们无法表明，人们对于伦理陈述，可以像对科学假设那样，能够通过观察，以确切相同的方式来确证或反驳。他们正确地看到，"可欲求的"必须用一种不同于"被欲求"的方式来加以检验，他们的结论是，伦理陈述根本不可能被评价。他们忽视了这样一个事实，适合于用来评价伦理判断的检验标准可能多少有些不同，但却同样是可辩护的——假如它们的主题业已既定的话。

而且，许多社会科学家恰恰没有意识到，演绎逻辑不能提供更有力的支持，在此意义上，他们接受归纳逻辑就不会比伦理思维的"标准"方法更为合理。而且，他们不加怀疑地使用归纳逻辑，但同时又把伦理陈述的评价判定为"主观的"，尽管事实上，"标准"的方法也可以像那些用来支持科学中归纳推理方法一样，得到充分正当的理由证明。假设随着时间的推移（而且，科学家对有关归纳逻辑和伦理学的当代思考的结果日益熟悉），社会科学家将不再作这种不合理的区分。

顺便提一下，读者不必感到，他必须在我们所谓"标准"方法和方法论的相对主义之间进行选择。关于何谓"标准"方法的问题，我们可能是错误的。情况极有可能是，有理智的（以及诸如此类的）人用一种或只用一个方法来解决伦理问题，但这一方法和我们所描述的方法不太一样。"方法论的相对主义者"（按照我们的定义）指的是一种强陈述：他认为，当有理智的（以及诸如此类的）人解决伦理问题所使用的方法只能有一种这样的意义时，任何方法都不能成其为

"合理的"方法。但是，仍然可能有这样一种方法，哪怕这种方法我们还不曾描述。

在我们前几章考虑过的所有理论中，哪些是方法论的相对主义形式，哪些又不是呢？自然主义显然不是，因为按照自然主义的解释，伦理陈述与经验科学中的陈述一样，都能由观察来确证。有一种评价伦理陈述的"惟一合理的方法"，它就是归纳逻辑的方法。另一方面，一些自然主义者又是非方法论的相对主义者，例如韦斯特马克。[6]

与之相对，情感论就其通常表现而言，乃属于方法论的相对主义。它否认在伦理学中存在有效性的概念，这种理论不承认任何惟一合理的伦理考量方法；相反，凡是有效的东西，凡是能使人与人之间、人的身心之间和谐的东西，都是可以合理存在的。的确，按照这一理论，无效的推理也是好的，因为它仅仅是无效而已；这样一来，人们就无法"客观地"批评伦理确信，认为它是有缺陷的、不正确的或错误的。

另一方面，情感论不必定就属于方法论的相对主义。例如，如果人们坚持认为，伦理陈述只是表达囊括一切的、非个人的态度，那么，一旦说话人并没有他意指的那种囊括一切的、非个人的态度，伦理陈述可能就是"错误的"。同样，如果伦理语言有某种"语境隐义"，或作了某种"断言"，伦理陈述也可能是"错误的"，因为在这种情况下，我们可以说，伦理陈述如果不是"不正确的"，至少也是"误导人们的"——如果说"语境隐义"或"断言"伦理语言与众不同并不令人满意的话。[7]

我们已经说过，如果前章的论证是正确的，则方法论的相对主义者就是错误的，因为在伦理学中存在这种惟一合理的方法。更糟的情况可能是，如果他既认同方法论的相对主义，又作伦理陈述(假设相对主义者像其他人一样经常这样做)，他就是自相矛盾的。他是否自相矛盾取决于他的伦理陈述意指什么。如果他意指自然主义(作为绝对主义的一种形式)那种理想观察者所说的伦理陈述的意思，他肯定是自相矛盾的(173页)。

然而，这种相对主义者不必放弃进行伦理争论，也不必认为这样的争论产生不出什么结果。的确，他或许认为，规范伦理学的主要问题不可能是寻找一个"正确"答案的意义上答案，而是要寻找可以达成一致的意义上答案。像许多社会科学家那样，他可能坚持认为，人们对诸多伦理观点能找到一个普遍一致的共同基础，在这个基础上，可以富有成效地进行讨论和裁判。他或许认为，存在着一个广泛的达成一致的基础，这个基础要进一步扩展的话，可以通过参考已知科学事实，指出已达成承诺的含义这一方法。比如，人们要对一项经济改革的计划达成一致，就可以首先一致同意痛苦是一种应该免除的坏事，然后再表明这些经济改革是避免痛苦的必要方法。的确，方法论的相对主义者大体上能支持这种"语境主义"所允许的伦理推理形式；但也仅此而已。

（丙）非方法论的相对主义："地道"的相对主义

第二种较温和的相对主义也同较激进的相对主义一样，同意人们对相同的主题会产生互相冲突的伦理判断；但后者的差别在于，它认为有一个回答伦理问题的惟一合理的方法。它还进一步断言，甚至当我们把这一方法运用于极其完备的信息数据时，有时也不大可能在互相冲突的伦理判断之间作出决定。在实践上，这个"有时"出现的地点和频率是一个重要问题；但我们暂且搁置一下这个问题。方法论的相对主义是真的吗？能站得住脚吗？

我们已经承认较温和的相对主义和激进相对主义共同具有如下观点：即两者都认为，人们对相同的主题有互相冲突的伦理判断。但是，如果存在这种相互冲突的判断，它们总是同样有效吗？这个问题很难回答。的确，如果假设它们同样有效的话，就可能前后不一致。我们必须考虑到这一点。

某些元伦理学理论和非方法论的相对主义都一致认为，互相冲突的判断有时是同样有效的。就以韦斯特马克的观点为例，他是一个自然主义者，因此，他认为，回答伦理问题的合理方法是科学方法。另一方面，他认为，"X是错误的"意味着"我对做X事的人们往往有一种出自公正的怨恨倾向"，从他们的前提出发，这个说法与相对主义者的说法一致吗？也就是说，这个说法与两个互相冲突的伦理陈述在他理论允许的意义上同样"有效"的观点相一致吗？是的，它们是一致的，因为我们能够规定它们都"有效"的条件。假设琼斯和史密斯为做一道可口的菜，对该不该拔一只小鸡的毛发生了争执，琼斯说拔毛是对的，史密斯说不拔毛才是对的。假设琼斯确实将对不拔毛的人感到公正的怨恨，进而假设在南美长大的史密斯不会这样做，他对杀鸡前拔毛还是杀鸡后拔毛不感兴趣，无论怎样做，他都吃得香。在这种情况下，韦斯特马克分析说，无论琼斯说"这不是错的"，还是史密斯说"这是错的"，都是真实的和正确的。可能这一结果使韦斯特马克的分析看上去有误，但这就是他的分析中所暗含的意思，这与他的推理和结论都是前后一致的。

　　但是，断言非方法论的相对主义同某些其他元伦理学理论，例如佩里的非自然主义，一样都是理想观察者理论的绝对主义形式，乃是一种连贯一致的说法。

　　我们感兴趣的问题是，前一章中阐发的论点是否会导出相同的结论。

　　我们在前一章的主要任务是：(1)对于评估伦理陈述来说，合格态度的方法乃是一种"标准"方法，且可以得到充足的理由辩护。(2)伦理陈述或者断言或者宣称或者暗含着，一种相应的态度(例如，在判断取舍时的偏好)满足所有的条件，这些条件为那些掌握足够信息的、有反思力的人们所设定，为的是在社会生活中获得支配性选择的态度。非方法论的相对主义和这两种观点相一致吗？让我们依次考察一下。

　　(1)当且仅当两个互相冲突的伦理判断在逻辑上都有可能满足这种方法的条件时，方法论的相对主义才同我们所得出的合格态度的方法的结论相一致。这在逻辑上可能么？当我们思考这一问题时，就会发现，我们对合格态度的方法描述在某一方面是不完善的。它揭示出，我们每个人如何行事才便于决定一个被给定的伦理判断是否有效；它也揭示出，它必须和我们相应的态度一致，才能使这些态度不被打折扣，如此等等。但是，这并没有完全清楚地告诉我们，若一个人的伦理判断通过了他的检验标准而不是别人的检验，该判断是否还有效。人们可以使如下方法成为合格态度的方法的一部分，即一个判断只有通过每个人所设置的检验标准时，才足以成立。另一方面，如果某个特殊的人所作的判断通过他的检验就足以证明该判断的有效性的话，那么，两个互相冲突的判断均有效这一点在逻辑上才是可能的。

　　我们将如何决定这种情况？说何谓"标准"实践并非易事。至少我们很少认为，我们的判断满足了我们所列举出来的那些充当合格态度的方法之一部分的各种条件，而且我们很少认为，别人所作的互相冲突的判断就能满足他自己设定的条件。所以，当我们思考这些事情时，很难说我们是否感受到了判断我们自己所作的伦理命题的自由。然而，我们在上文中看到(175 页)，有这样一些人，他们认为，人们的道德信仰差异巨大，每个人的判断不管多么正确和合格，都不可能必然在众多问题上意见一致。而且，他们时刻准备着再进一步，按照他们的批判态度所要求的那样作出道德断言。他们认为，就像马丁·路德那样，一个人能够说："斯人在此，别无选择"，而不考虑其他人的态度。所以，与相对主义相一致的这种合格态度的方法表述公式在日常思维中就获得了某种支持。而且，我们有理由介绍这样一种表述公式，因为坚持绝对主义的理论将使道德判断无效，其所用的手段是使人们在许多情形中不可能合理地提出前判断或综合判断。因此，我们不要把某人的伦理判断与每个人打了折扣的态度之一致视为合格态度的方法的一部分，合格态度的方法只要求某人的伦理判断和判断者自己打了折扣的态度相一致就行了。那么，迄今为止，我们断言合格态度的方法是伦理判断的恰当检验标准，断言非方法论的相对主义的论点，乃是前后一致的做法。

　　(2)然而，当我们带着这一结论去考虑非方法论的相对主义和我们的方案的一致性时，我们陷入了逻辑困难，这一方案是：伦理陈述断言或宣称一种相应的态度满足人们可能给出的所有条件(以及如此等等)。这种逻辑困难是，假设 A 先生小心谨慎地采用了合格态度的方法，结果他说："X 是可欲的。"再假定 B 先生也在采用了合格态度的方法后说："X 是不可欲的。"非方法论的相对主义者认为，这种情形确实可能发生，双方的确可能使用任何能用得上的惟一合理的方法。但是，如果我们有关意义的主张是正确的，怎么可能一个人说 X 可欲，而另一个人又能正确地说 X 不可欲呢？如果 A 先生所说的是："以每个人的名义欲望 X 要满足这些条件……"这又怎么可能呢？确实，如果 B 先生对 X 的欲求不能满足 B 提出的条件的话，我们就不能断定这一点。

　　显然，如果我们是前后一致的相对主义者，我们不仅必须具体地理解(上文所讲过的)合格态度的方法，而且特别要理解准自然主义的定义。我们必须在一种相对主义的取向上具体阐明这一定义，就像理想观察者理应具备一种相对主义形式那样(173页)。以"可欲"为例，我们可以说："X是可欲的意思是说，我对X的欲望满足了所有可能设定的条件(以及如此等等)……"这里的"设定条件"可能是某人欲求X时所要满足的条件，也可能是另一些人欲求非X的东西时所要满足的条件。通过这一修正，准自然主义的定义就更接近第十章末尾的非认知论的定义，这种非认知主义定义认为，说"X可欲"就等于：(1)表达对X的一种愿望；一种也许是全面公道的愿望；(2)声明或暗示该愿望满足了所有条件(如此等等，就像以前那样)。

　　如果我们不准备以某种这样的方式来理解准自然主义的定义，那么，出于前后一致性的考虑，我们必须拒斥相对主义。

　　对于我们不得不讨论的超出本章以外的课题来说，无论我们是详细说明这些情况并采纳相对主义，还是不作这些详细说明并接受绝对主义，都无关紧要。相对主义的理由相当有力，但我们将看到，这种问题在稍后的文本中几乎不会出现。特别是，在以后的讨论中，我们不必把准自然主义定义的相对主义形式和绝对主义形式区分开来。我们能忽略这一差别的部分原因是，这一差异难以证明；另一部分原因是，具有相对主义意识的读者能毫无困难地提供这种修正(第十四章可能除外，因为那里的情况变化比较复杂)。

　　为了继续这一论证，让我们假定，我们现在都一致同意，采纳某种元伦理学理论(尤其是第十章所概述的那一种)，同时又成为一个非方法论的相对主义者这两者前后能保持一致。尽管如此，非方法论的相对主义仍可能是完全错误的。现在，我们必须考虑这种可能性。我们将如何决定这一点呢? 看来还得依赖元伦理学。以韦斯特马克的观点为例，如果所有公正无偏的人的态度达成一致，那么，当某个人永远不可能真的说"我总是对做X事的人感到怨恨"，另一个人却可能就同一X说："我对做X事的人并不感到怨恨"。这时，根据韦斯特马克的定义，当某个人说"X是错误的"不可能是真的时，另一个人说"X是不错的"就可能是真的。从而，互相冲突的伦理陈述实际上绝不会"同样有效"，相对主义很可能是虚伪的。

如果我们采取这样一种观点，认为伦理学中"合理的"方法是合格态度的方法，就必须使用类似的推理来决定相对主义的真假。该问题本质上是这样的：如果一种掌握足够信息后得出的态度和同样合格的另一种态度指向同一主题而不发生冲突，在此情况下，当某人说"X不错"是正确的时，另一人说"X是错的"就绝不会正确。那么，诸种有效的伦理陈述就永远不会产生冲突，相对主义就可能是错误的。

这样一来，根据我们的理论（以及韦斯特马克的理论），如果在本质上，"对同一行动或事件是合格的"（在"不折不扣"的意义上）态度可能互相冲突的话，相对主义就是正确的。它们是可能还是不可能互相冲突呢？或者说，我们该相信哪一种情况呢？

当然，回答这个问题的最简单的办法，是找两个合乎相关要求的人，观察一下是否当一个人欲求、厌恶、想做、要求他人去做、气愤、讨厌，羡慕和偏爱某些事情时，另一个人却持相反的态度，尽管要找到这样的两个人的确很困难。我们如何能够保证这两个人都相信所有相关的事实，并且两个人都不需要纠正一些虚伪的信念呢？我们如何才能保证所有相关考虑都生动地呈现在这两个人的心灵之中呢？当然，有时候某些个人也许能接近这些条件。但是，最好还是不要把论证建立在这种可能的情形上。

有一种间接的方法可以回答我们的问题。让我们考虑一下这样一种平行对比：我们完全能够陈述出气体在绝对零度时将会如何运动，尽管我们并没有实际观察过。为什么？因为我们从相关因果律中推出了这一结果。同样，如果我们充分相信因果律，相信人的态度不仅仅是指他所掌握的信息（或信息的生动性）、个人需要和欲望的状态（在那一时刻的）和正常情态，那么，我们就有足够的理由认为，"合格的"态度偶尔也会发生变化。如果我们碰巧准确知道这些规律，就可以详细说明这种变化发生的条件。那么，心理学理论及其实验就是回答我们问题的最显见的资源。

不幸的是，心理学理论并不能提供一种千篇一律的答案来回答我们的问题，格式塔心理学理论使我们相信，如果某一种境况被同一化地理解，且个人的需要和兴趣不会使这种态度扭曲或蒙蔽，则人们对该境况所抱有的各种态度（"应当"经验）就可能是同一的。然

而，心理分析理论和胡利(Hullian)的学习理论对此问题有着不同的
回答。它们认为，在具有同样信息(诸如此类)的意义上同样"合格"
的两种态度也可能互相冲突，因为这种态度依赖于个人的成长历史，
如个人以往的身份，以往所得的奖惩。这样一来，医生们就会提出
不同意见。但是，就目前手头的实验证据而言，它们在这一特殊问
题上会支持这两种理论吗？我们必须说，这些证据不会被完全正确
地解读，但它们似乎能支持相对主义的回答，因为我们有理由认为，
人们的根本性一向来自幼年时父母对他们的影响，这种影响可能是
终身的；我们也有理由认为，身份、与生活中重要人物的情感关系，
以及安全感都影响到一个人的价值发展；我们还有理由认为，某些
事情之所以被人们高度重视，是因为它们可以弥补早年难以得到的
满足和被剥夺的东西。那么，如果上述观点属实，我们可以说，如
果人生中早年的一些经历不同，那么，这个人的态度也将不同，不
管他目前的心理状态怎样。因此，早年经历不同的人往往让人预测
到他们的态度也不尽相同，尽管他们具有共同的知识水平、公正程
度，等等。[8]

　　于是，总的来说，相对主义者要比它的论敌更能获得当代心理
学理论和研究的支持。但是，问题并没有最终了结。

　　人类学事实在以下方面也和我们的问题相关。首先，我们已注
意到(109 页)，对原始社会文化变化的研究表明，人际冲突，亲人的
态度(例如，是否倾向白人文明)，个人在群体内部或群体外部(例
如，和白人)是否成功地获得相应的地位，对成人价值观的发展都有
重要影响。这个发现可以支持我们对心理学观察证据的解读。其次，
不同群体实际上有着不同的价值，不同的伦理标准。当然，单单是
这一事实本身，还不能证明同我们现在的问题相关的任何事情。尽
管如此，如果事实能证明下列情况，我们就能证明一些重要的事情，
即：当不同群体对相关事情有着相同的信仰时，且当人们毫无理由
假定群体标准反映群体的那些与其他"资格"相关的差异时，不同的
标准仍能盛行。(我们必须记住，一群体共同的态度通常不能折合为
个人兴趣或反常心理的结果。)这种群体标准变动不安的事实更充分
地表明，态度是一种变量，即使我们的"理想条件"都被满足。

　　真的存在这种群体标准的变化吗？我们已然看到，在对待动物

这一领域，伦理意见的评价既有差异，但也可能有一致的信念。总的来说，原始群体并不认为折磨动物是一件错事，而《纽约时报》的专栏文章证明，许多美国人对屠宰场里的行径表示关切。我们已经提到过一些关于原始群体的态度细节（第103页）。但是，我们不能肯定，这里的群体态度是否真的能同样有效地满足我们的"条件"。原始人很少拿他们虐待的动物当宠物，至少很难说他们也能像《纽约时报》的作者那样，对动物的痛苦有着鲜明生动的想象。作者本人根据自己的调查也确信，在虐待动物的影响这一问题上，霍庇人（Hobi）的信念同受过教育的美国白人的典型信念并无太大差别。但是，信念的生动程度并无助于客观的调查，二者都没有明白告诉我们，怎样才能确切地回答这一问题。也许，最明智的结论是，就能客观决定的程度而言，对某对象有相同信念的群体，有时也会作出不同的评价，但是，调查的难度使得对调查结论的健康的怀疑主义成为合理。

调查的困难自然在两方面产生影响。我们无法断言在有评价差异的地方仍然有事实一致的信念，同样，我们也无法否定，在有差异评价的地方，仍有信念的一致。

那么，就其自身而言，人类学证据并没有对我们的问题作出结论性回答。现在，人类学家并不能这样确切地评说两个社会群体："关于行动A，这些群体确实有一些可以被视为与伦理有关的共同信仰，但他们关于行为道德性的观点和态度却大相径庭。"通盘考虑，相对主义关于这些事实的解读并不是一种更平衡的判断，这是另一个问题，但作者倾向于认为，这是一个更好的判断。

如果我们同意，各群体的伦理标准并不单单是他们的信念作用（或者不单是他们信念的生动性），那么，我们就可以合乎理性地假定，"理想的合格"态度关于极为相同的行动或事件也极可能发生互相冲突。这就等于说，人们有理由假定，非方法论的相对主义是正确的。

注释

[1] 普罗泰戈拉的观点，见柏拉图《泰阿泰德篇》，166页及后；又见F.J.科普莱斯顿，《哲学史》，第1卷，伦敦，伯恩斯·奥茨-沃什伯恩有限公司，1956，87~90页。

[2] 把普罗泰戈拉的相对主义与物理学中的狭义相对论加以比较是有益的。后一理论的一个含义是，一定物理量的测量，就像两件事暂时的距离一样，在不同的参照系下出现不同的结果（一个"参照系"就是一群有同样线性运动的观察者）。在一个体系中的所有的仔细观察，将给出同样的结果；而且在这个意义上，有一个对这个体系来说的"正确的"答案。但不同的体系将有不同的"正确的"答案，原则上无法表明哪一个是"真正正确的"答案。然而一定的量（像两件事之间的时空距离一样）却是绝对值，在这个意义上，仔细的测量会给每个人一个正确的答案。

[3] 当然，这种观点不同于物理学中的"相对论"。在相对论物理学中，每个参照系都有正确判断；只有当人们说这些判断中任何一个（相对于它的参照系正确）对每个人来说都正确才是不可能的。

[4] 然而请注意，接受准自然主义者的定义，使得方法论的相对主义问题有待深究，因为情况可能是，理智的（以及诸如此类的）人，可能并没有对社区生活中支配选择的态度认可规定任何条件。在这种情况下，每一种态度都会通过，而且没有理由偏好两个互相冲突的伦理陈述中的任何一种。对我们讨论过的非认知主义的分析来说也同样如此。

[5] 一个有益的因素是，一些社会科学家并没有把上面所描述的方法论或非方法论的相对主义意义上的"相对主义"与其他意义上的"相对主义"区分开来（见 340～343 页）。因此，他们认为，某一意义上的真理可以从另一意义上的真理中推导出来。既然 340～343 页所描述的那种意义上的相对主义无疑是真的，那么，一个没有作适当区分的人自然会认为，在现在考虑中的两种意义上，相对主义在其中任何一种的意义上都是正确的。当然，这样的推论完全没有把握。

[6] 不同的"惟一合理的方法"在成功解决伦理争端的程度上是有差异的。可能恰好是一个"方法"——这可能是惟一我们可以称之为"合理的"方法的方法——它标志着一些伦理判断站不住脚，但在重要问题上，于我们无助但不能帮助我们解决更严肃的问题。实际上，这就是韦斯特马克的观点。惟一的方法是经验科学的方法。但如果伦理陈述指的是韦斯特马克所说的那样（16 页），这一方法可能会表明，有一些伦理陈述是靠不住的、错误的，但不能在如下意义上解决所有的伦理争端，即：证明不同人所作的两个互相冲突的伦理陈述只有一个是正确的。

[7] 读者应参阅 R. M. 黑尔：《道德语言》，69 页，牛津，克莱伦敦出版社，1952，及 P. H. 诺威尔-史密斯：《伦理学》，319 页，巴尔的摩，企鹅书局，1954。

[8] 然而，我们不应忽视这样一种可能，即：如果一个人知道，他的态度是某

种早期经历的结果（例如，对知识的高度评价，是他在早年成长期对个人关系不满意的结果），那么，他在一定程度可能放弃这一态度。换句话说，在明白一个人的价值观的起源这种意义上的自我理解，相关于一个人现在的态度。也可能出现这种情况，即：任何两个人——他们在其他方面都同样是"合格的"——实际上总是对一个心理学治疗的任何结论都有相同态度，当然，在这一治疗中，每个人都有完整的自我理解。心理学家或人格理论专家是否找到趋向于这一点的证据？作者尚不清楚。

选译自［美］理查德·布兰特：《伦理学理论》一书中《规范伦理学与批判伦理学问题》一章，新泽西，普伦梯斯—霍尔有限公司，英格利伍德·克利夫斯出版社，1959。张之锋译，万俊人校。

《善与正当的理论》（1979）（节选）

一、道德法典的概念

在本书的开始时，人们希望讨论关心实践问题的哲学家们一直思考的两个重要问题：关于善的问题，以及关于道德正当或者道德问题，本书的后一部分将主要讨论第二个问题。

我们将如何批评或者证明道德原则是正当的？让我们回想一下第一章的结论，这最初似乎使得对于任何规范原则的批评和证明都变得困难起来，因为它们排除了借助于日常的语言用法，没有把后者当作规范概念的来源。如果我们仅依赖日常的语言用法说明道德正当概念，那么我们的任务会受到更多的限制——在相应的意义上建立一些关于道德正当的原则。还有，第一章的结论也排除了借助我们的道德"直觉"来检验道德正当的概念，或是道德正当的实际原则，即便是在那些"反思平衡"（Reflective Equilibrium）情况下也是如此。那么我们如何来批评和证明道德原则呢？

前面几章论述了我们如何超越这样两个对等的问题：即从行为者的观点出发，什么是内在可欲望的？以及什么是要做的最善的事情？但在有一种自然的方式建构这些基本术语的情况下，问题来得更为简单。因为我们作出了选择，我们就有这些欲望。人们容易看到，一个人可能思考一种选择，或者一种欲望何时能由尽可能获得的信息来充分地指导。因而这样争辩似乎是有理的：我们的规范问题最好被建构为，一方面是关于一个有充分"理性"的人所作出的选择问题，另一方面是关于他所欲望的东西的问题。在道德上正当的情况下，并不明显存在着当我们提出道德上正当与否的问题时，通过寻求事实和理性对人们行为的指导。然而，我们最终看到，正当与否的规范问题能被建构为那些关于善的问题，以及要做的最善的事情问题。

在我们能够探讨如何批评或证明一个道德法典是正当的之前，我们必须首先说明对一个人或一个社会来说，什么是"道德"，或者"道德法典"。为了进行说明，我们只能简单地自问：我们将对一位人类学家发出什么样的命令，促使他开始实地考察。调查原始人的道德法典，详细说明自己在寻求什么呢？我们的命令应当能够解释一个社会道德法典与它的习俗以及制度"规范"之间的差异。理想的是，划出一些相当清楚的界限，即使随着实际的目的，我们最终可能纠正自己这里可能犯下的任何错误的过程，这种划分将变得清晰起来。

（甲）社会道德体系的本性

人们都赞同这样的说法，即使不是所有的社会，也差不多是所有的社会都存在着不同于法律制度的行为约束体系。在这一部分中，我将充分地说明一种这样的体系（下一节将着重说明其他的体系），我们称它为社会的"道德法典"。

什么是社会的"道德法典"？一个群体有某种适于内部所有个人的道德法典。因而让我们从个人的道德法典开始讨论，从广义上说，我们可以称为一个人的"良心"的东西是什么呢？人们起初可能试图强调，每个人都有道德法典，但情况显然并非如此。婴儿就没有道德法典；一个三岁的孩子可能不去翻腾冰箱，这仅仅是因为他知道这样做的结果是打屁股。这样一来，我们就不想强调他有一种道德法典了。事实上，一些成年人似乎也从未超出这种水平，更简单地说，他们根本不具有道德法典，即便是我们认为自己可以说他们有道德法典的话，那种法典也仅仅处于原始水平。他们缺少的是什么呢？我提出以下几方面特征，一个具有这几方面特征的人就确实具有道德法典，正常的成年人具有所有的这些特征，但是我们必须承认，人与人之间迥然不同。如果一个人缺少下面的某种特征，我们或许可以说，或许不可以说他有一种"道德法典"，这要取决于我们的语言嗜好。

(A)内在动机

一个人会对某些行为(或者不去行为)产生内在的欲望或者反感，例如对违背诺言的反感、对伤害他人的反感，或者对没有为他人提供所需要的帮助的反感。这些欲望和反感有不同的强烈程度。我对谋杀的反感更甚于对违背诺言、没有参加一个自己不应缺席的茶话会的反感。按照第三章描述的法则，这些欲望和反感像其他的内在动机一样影响人们的行为。而且，当人们问及行为者由一种这样的欲望或反感刺激产生的行为有何理由时，他通常能够引出有关的诱发性行为："我这样做是因为如果我不这样做，我将违背自己的诺言。"

当一个人对自己某方面的行为产生反感时，他通常也对其他人的这种行为产生反感。正像当他反感自己做了某件事一样，当他发现自己可能做的那件事属于这种行为时，他将产生一种避免如此行为的倾向。同样，如果他想到另一个人将要如此行为，他通常也将产生某种阻止他行为的倾向。(尽管今天也存在一种对干涉他人行为的"道德"反感，除非是在避免伤害的情况下。)对自己某方面行为的反感通常并不总能扩及他人。一些行为被看成"个人准则"问题(例如某些性行为)，因而这种扩展便不会出现。还有，一个人可能被鼓励为他人作出巨大的个人牺牲，甚至会反感自己不这样做；但他对不这样做的其他人并不反感。或者，当他的道德动机发生冲突时(例如对违背诺言和没有提供帮助产生反感)，当他是一个强者和指导自己的行为时，他通常并不期望，或者向往对处于相同境遇的另一个人对成为强者有同样的欲望或反感，并由此指导自己的行为。(麦金太尔作品，1957；拉斐尔作品，1974—1975)

这些内在动机中最重要的东西——我并不是说它们中的哪一部分是道德法典中必不可少的成分——是对伤害他人和没有提供帮助的反感，支持这种反感的是仁慈的基本动机，这在第七章中讨论过了。我们也将看到，仁慈对于借助"诱导"法向他人传授道德动机来说也是重要的（例如对孩子解释某种行为如何典型地构成对他人的伤害，或者是对他人的帮助）。

有些人倾向于把另一个动机摆在首位，甚至惟一崇尚这一动机：良心，即反感去做被认为是道德上不正当的事情。在这些人看来，鉴别行为在道德上是否正当主要是理智问题，从道德的观点来看，重要的动机只是对已被认定为不正当行为的反感。的确，大多数人越发地相信（无论是通过何种方式），某种为道德要求的可能的行为更强烈地刺激他们去完成这一行为；但是，即便不是在所有社会，在大多数社会里，人们也独自被驱使不伤害他人、遵守诺言和避免某种性行为等。所以我们不想把良心看成惟一的"道德"动机。

依据"标准"水平被驱使完成或者避免的某些行为具有相同的品格特征——品格特征本质上是某种不变的欲望或者某种反感。（布兰特作品，1970）所以准确地说，公正的、诚实的或有良心的人是在某种程度上被驱使为公正行为、说真话以及尽职尽责的人。并非每一种行为特征都恰好关系到某一行为动机。一些特征刚好导致对事态的欲望或反感，例如仁慈关系到他人的利益和幸福。品格特征不必关系到道德动机，例如野心或贪婪。

(B)犯罪感和不赞成

当一个人的行为与这种动机相反时，他感觉到不舒服：犯罪感或受良心的谴责。如果另一个人的行为与观察者的动机相反（以观察者被驱使避免的方式来行为），观察者将倾向于对他持一种反对态度：困惑、厌恶、愤慨或者愤恨（或许他碰巧成为行为者无法让人接受的行为的受害者）[1]。至少对于复杂的个人和社会，那些显示出缺乏相应动机的行为唤起了这些反应。如果行为是出于不小心，或是现实局面不可避免的错误结果，或者如果这个人当时不能做他认为的正当之事等情况，那么这种反应就不会出现。在这样的情况下，行为者是有"借口"的。可即便如此，行为者通常也会对自己的行为感到不舒服，如果有人受到伤害，也将作出某种补偿。

人们并不喜欢其他人不赞成自己的行为，如果一个人知道其他人不赞成自己所做的事情，他将感到不舒服，我们也能够把这称为"犯罪感"。（当人们不赞成时，他们可能冷漠地对待一个人，或者甚至实施制裁，例如对于一种观点不给予好评价；因而人们有理由远离这种不喜欢的态度，这也是为什么他们希望逃避他人不赞成的理由。)其他人将不赞成的认识增强了道德法典阻止行为的效果；而且，它在一个人通过约束过程把握自己的道德法典中发挥作用。但是，如果我们把一个人知道他人不赞成自己时，所感觉到的不舒服的个人倾向说成他的道德法典的一部分是令人迷惑的，他的道德法典要通过自主的犯罪感，即那些来自没有按照自己的道德动机行为而产生的犯罪感来证明。

……

(C)钦佩或尊重

与他人对一个缺乏"道德"动机的人所持的否定态度相反的是，对一个其行为体现出不寻常高度基本动机的人的尊重或钦佩。一个被认为高尚的人通常以大多数人不想这样做的善良方式来行为，或者被驱使来行为；或是一个士兵为了保护自己的同志扑向一颗正在燃烧的手榴弹；或是一个传教士留在瘟疫肆虐的地区照顾受害者，他这样做并非是自己职责的要求。在这些情况下，每一个人都以职责要求之外的，为社会欲望的方式来行为，表现出相应的动机水平，它超越了标准(精英们并不赞成达不到这一标准)，这些行为有时被称为"分外的行为"。

(D)专门术语

一个人可能有这些动机和犯罪感等，但却没有特别适于把它们表达出来的语言手段，这种事在逻辑上是可能的。事实上，所有的，或者差不多所有的社会都有这样的手段：在英语中有像"道德正当""应受道德谴责""道德义务"及"道德权利"一类的术语。这些手段的存在不仅仅是偶然的。如果个人之间无法交流有关的动机和情感，道德法典就不能控制人们之间的行为；为了引导和把道德动机表达清楚，专门的术语是必不可少的，就像一个行为者在立法团体面前，支持一项议案时必须思考自己的道德动机是否权衡了各个方面一样。因此我把这类术语作为一个人具有道德法典的第五个特征。

道德法典也要求相当复杂的概念结构。例如一个人必须具有和能够应用一些像伤害和诺言一类的概念。而且，他必须对行为结果(或疏忽)有一种设想，他必须有他人快乐、痛苦和欲望状态的概念。没有后者，便无法培养起一个孩子的仁慈动机。此外，我们知道人们大多通过心理学家称为"诱导"的方法，也就是通过指出一些行为对他人的善恶结果来获得道德动机；因此具有这些道德动机的孩子必须有一种因果趋势的概念。[2]一个辩护系统（设想一下行为者的赞同或者钦佩是不恰当的，存在着歧视的情况）也需要另一个概念系列：行为者的欲望和反感、他的意图、他对其他人的行为结果、粗心大意、事实错误以及品格特征的估计。

(E)被相信的正当理由

它是必须加到个人道德法典概念中的最后一部分。个人必须认为，他的动机、犯罪感、为了行为者行为本身缘故的赞同、钦佩或者不赞同的态度，以及他对相关行为意义的评定被证明是正确的、非武断的，而且在某种意义上是恰当的。人们向往什么样的"正当理由"呢？我下面要充分说明人们正在寻求的那种正当理由，以及他们如何能够合理地获得它。我们不应假定，人们头脑中清楚把什么当作"正当理由"。人们认为，自己的道德并非是习惯促成的；有一些思考令他们能在理智上与道德保持一致，但通常他们并不知道这些思考是什么，甚至无法说出自己正在寻求的东西。哲学的任务之一是帮助人们澄清观念。一个这类的正当理由的例子是宗教。在一定的神学信仰结构，以及由此产生的对上帝的态度（崇敬、爱和服从）的状况下，如果一个信教的人认为自己的道德原则是上帝的要求，那么他可能满足于自己的道德，认为自己做有悖于个人长远利益的事情是合乎情理的。

总之，对一个有个人道德法典的人来说：（1）对自己，或者更大范围地说，对他人完成的一些行为具有内在的赞同或反对的动机；（2）当他自己的行为表现为缺乏这种动机时体验到犯罪感，当另一个人所做的缺乏这种动机时表现出不赞同，当其他人的行为体现出这种动机的过剩时表现出尊重和钦佩；（3）认为他被驱使完成的行为，或者因为没有完成而产生犯罪感的行为等是有意义的；（4）认为自己对所有上述行为的态度是正确的；（5）有语言能力表达出所有这一切。

在后面的几章中，我将偶尔多少会偏离这个"道德法典"概念。这意味着我经常使用"个人的道德法典"的含义只关系到上面所说的意动情感构成（conative-emotional components），即（1）和（2）。因而我将自由谈论一个人的信念——在这种意义上说，他的道德法典被证明是正确的，我将自由地谈论作为一个人道德法典表达的规范陈述。这在我正在使用的那种表达的背景意义上是明确的，我相信，没有人遇到双重用法的麻烦。有两种用法的理由是清楚的。我们将看到，为什么一种仅仅关系到意动情感构成的用法是重要的；但是同样也正确的是，我们很难想象一个人有正常的道德法典，除非他相信通过一种适当的方式，自己的意动情感态度被证明是正确的。或许不那么自然地说，只有当一个人有语言能力表达道德法典时，他才拥有它；如果一个人不想以任何"个人道德法典"定义把这个概念包括进来，我并不反对。我把它包括进来是因为它是一个事实，而且可以带来一个更整齐的结构。

上述的说明可能是不完善的，或许是因为在其他事情中，忽略了个人的理想。但是它具有成为正式概念的优势：在不涉及任何内容的前提下定义"道德法典"，因而这个概念能够为那些个人规范迥然不同的人们接受下来。事实上，似乎没有充分的理由说明为什么我们应当否定这种存在于所有文化——希腊、希伯来以及当代西方文化中的特征。

由于它的意动情感的强调，上面描述的个人道德法典完全不同于普通的传统图景。我已经把个人的道德法典描述成行为的内在监视器：主要描述为引导某些行为的内在欲望或反感，以及相应的犯罪感和不赞同态度。在传统的图景中，个人的道德法典主要是知识，或者至少是关于何种行为在道德上是正当的或不正当的信念，连同作为对这种知识的反应出现的动机和情感。因此，按照传统的图景，理智的成分在因果关系中是重要的；意动情感现象是对它的反应。传统作家通常发现，道德体验的意动情感方面不那么重要，对它也一直很少论及。他们试图知道如何证明这种理智的成分，如何证明那些关于正当与否的信念是正确的。

本书难以扩展理智主义者的灾难性问题，这是上一个世纪道德哲学家证明的问题。一方面，理智主义者一直不可能给出一种令人信服的说明：所谓先在信念被认为是，或者通过它来推论出，理智主义者能够被支持或被确定。[3]正像我们在第一章看到的那样，这些问题刚好来源于日常规范概念的模糊和含糊不清；当日常规范概念如此时，显然要出现如何证明它们的问题。然而，为了眼下的目的，更重要的是注意到从心理学的观点来看，理智主义关于人们良心的图景是如何不能令人信服的。这种理论主张，意动情感反应是对道德判断（如做 A 事是不正当的）作出的反应，但令人困惑的是，当被认为是一种反应的判断（"A 是不正当的"）是如此模糊和含糊不清时，这种意动情感反应如何能够存在。实际上，构成我们反应的东西似乎主要是想到，某种行为是说谎或者伤害某人，这才是令人讨厌的东西，而不是想到这一行为是不正当的。或者是，当我们思考对他人的伤害时，一想到自己如何伤害了他，便会产生悔恨和犯罪感；而不是想到自己所做的事情是不正当的。事实上，"是不正当的"是对所有情况都适用的一个相同的断言，如果意动情感反应刚好出现，这一断言似乎在所有情况下都是相同的，而事实上，意动情感反应的出现是依据情境而不同的，这要取决于情境的特点（伤害有多重，谎言有多惊人以及什么样的许诺）。因此，在把道德动机、犯罪感和不赞成看成寄生于信念或知识（关于行为是或将是不正当的信念和知识），因此是一种从属现象方面，理智主义传统看起来已经落伍了。因而，我们不必再忧虑理智主义传统与上述人类良心图景之间的差距了。

在特定的社会中，个人的道德法典在很大程度上是一致的。当然也会有差异，甚至在原始社会也是如此。在我们的社会里，人们对于海滩上不分性别的裸体是否适当，对于吸大麻是否合适看法不一，但是对于一系列重要问题（大多是受刑法惩罚的事情），例如谋杀、持枪抢劫、绑架、强暴、强奸、溺婴、虐待儿童和违背诺言；以及以微不足道的代价就能为处境可悲的人提供帮助但却没有这样做，等等，我们的看法却没有分歧。

个人道德法典的相似或重叠使我们能够给出一个特定社会的"道德法典"的定义：先列出至少为一个人的道德法典所快乐或禁止的各种行为，然后根据它们在那个社会里的个人道德法典中出现的频率，在名单上排列出各个条目的秩序。因而我们能够挑选出在成年人中几乎是普遍存在的那些条目，并把他们命名为"社会的道德法典"。另一种用于这种表达的方式是同样有用的，即在所有条目中、在整个的群体里选择一个侧面（带有强烈程度的百分数说明），并把这说成是"社会的道德法典"。我在使用这一术语时，通常指的是第一种意义。

以这种方式定义的"社会道德法典"同刑法有某些类似。两者都是行为的控制体系。像道德法典的作用一样，法律的目的是阻止某些行为(伤害他人，违背合同)；这些目的有时是冲突的，所以必须作出何者的分量更重的决定(一个"被证明正确"的行为是不受惩罚的)。两者都有一个辩护系统，在法律上有缓和或辩解——像对神经错乱或者不知情的辩解一样。但是，两种体系在一些方面是不同的。刑法并没有相当于赞同分外行为的部分。更重要的是动机上的不同：有德人士的动机主要是指向某些行为的基本欲望或反感。实际上，正常人尊重法律，反感违背法律，这刚好像他们反感去做被认为是不道德的事情一样。但法律体系主要是通过惩罚的威胁来刺激的，而且一些行为可以通过判决定为非法的，而它们却不能通过判决定为不正当的。

在法律和道德的"实施"上也存在着差异。如果一条法律已经被立法部门通过，法院就不能废除它，或者宣布它过时了，它是对个人行为量刑的标准。如果法律宣称某种行为是非法的，那么个人就必须把它看成是非法的。然而，如果社会道德法典宣称某种行为是不正当的，个人却没有必要推论说它是不正当的。如果一个人违反了禁律，其他人通常会不赞同或者批评他；但是他不必把社会法典注定看成自己现实中的道德义务。他可以把它看成是不协调的、非理性的和不合理的，把自己所做的事情看成是正当的。如果他表达出这样的观点，其他人可能尊重他个人的法典，并不批评他奉行这一法典，尽管他们当然可以认为他的法典是不合理的和不协调的。这就是说，社会道德法典并没有像法律为个人定义好什么是合法的一样，为个人定义好什么是道德正当的。[4]

我们应当定义"社会道德法典"，不然的话，禁律和要求就不能成为其中的一部分，除非社会中的成人都很了解建立起来的禁律和要求吗？换句话说，社会道德法典必须要众所周知吗？毫无疑问，事实上，道德法典的一个最普遍的特征是广为人知，尤其是那些通过法律实施的内容，如禁止谋杀和强暴等；但是，显然似乎也有这种情况：那些被我称为社会道德法典的特征可能不是众所周知的。

假定人们普遍相信，在密歇根州的道德法典中，禁止同性恋、通奸和乱伦，或许还有流产，但是认真进行的个人观点调查表明，充其量有50％的成年人不赞同这些行为。因而我们或许想强调，这些事情并不属于道德法典的内容；因为显然人们普遍相信，某种行为的不被赞同并不足以使其构成法典所禁止的东西。再举一个例子，如果当人们被问及，是否密歇根人不赞成插队去买火爆电影的门票时，他们的回答是犹豫的，这就表明，并非人人都了解这种行为是否是不被赞同的，但是人们可以进一步地推测说，详细的调查表明，几乎每一个人都不赞成这样做。我们不会因而得出结论说，这一禁律是道德法典的一部分吗？定义"社会道德法典"似乎是方便的，以便某一禁律不必成为公共知识的内容，而属于法典的内容。我将在这个意义上使用这一术语。当然，当道德法典不被公众所知时，它的某种优势便会失去：不被他人赞同的阻止性效果需要有对所设想的行为是不被人们赞同的认识。大多数道德法典通常是公众化的，但是无须把公众化要求为定义的一部分。

到目前为止，我们一直很少论及个人是如何获得道德法典的。然而，通过了解如何获得道德法典，我们可以更深入地认识道德法典的本质，因此我将勾画一些轮廓，尽管充分的说明是相当复杂的。[5]我将说明两种东西：基本动机和犯罪感倾向的获得。先来谈第一种。既然这些终究是欲望和反感，对它们来源的说明将与欲望和反感形成的一般原则结合起来（第五章），尤其与条件分类的原则结合起来。并非所有的道德动机都是通过同一种方式形成的，特别是关系到帮助和不伤害他人的动机实际上是与仁慈等同的，我已经在第七章中讨论过它们的来源；如果对违约和偷盗的反感是通过"诱导的方法"（讲明在幸福方面不令人欲望的影响）学到的，它们就必须被看成"次要的"动机，或者是联想到负面影响的刺激。但是这里面仍存在着其他过程，例如对于一个笃信宗教的人来说似乎可能的是，基督的榜样、上帝的命令，或者上帝对待犹太人的故事在他的道德动机学习中起到巨大的作用。同样，对同性恋的反感难以像对伤害他人的反感那样学到，而且也不能通过"诱导"的过程（因为人们通常并不认为有人被伤害）学到。那么它是如何学到的呢？显然我们必须求助于直接条件原则，或者是求助于"证明"，或者是受教师（父母以及同龄人等)提供的条件的影响——同性恋关系以某种不寻常的方式令人恐怖。当然，不同的过程也在这些结果的产生中发挥作用，不同的道德法典会采取不同的方式——很可能不同的父母也会采取不同的"社会化"方法。

犯罪感倾向的获得，或者感到悔恨是另一个问题，因为至少它们中的一些方面并不是基本的内在反感或内在欲望的自然构成——失望的感觉并不是欲望挫折的本来后果。(正如我们在第二章看到的那样，失望在法律上，或者甚至定义上与欲望相联系)既然我们称为"犯罪感"的东西在性质上是不同的，它们也要求不同类型的因果解释。例如，从分类上说，悔恨可能是一种犯罪感；但是它似乎是对所知觉的局面的一种直接的和"自然的"反应(就像感到恐惧是想到一个人的生命处于危险中一样)，在这种情况下，行为者把自己看成造成伤害的原因，伤害到他并不想伤害的有感觉生物，并对伤害作出反应，他同情被伤害者，他或许是以对这种伤害的愤恨来作出反应。而对于无法看到可见的受害者的行为，也可以说根本没有受害者的行为，悔恨的情形是不同的，例如某种性冒犯的情况，或者当受害者与不能同情的某种团体联系起来时，如从公司中偷盗的情况，或者是在收入税返还中做伪证的情况。那么我们如何获得这些情感呢？犯罪感显然并非出自对惩罚的恐惧。有一种可能是，我们对他人表示出的不赞成，或者关于品格上不喜欢的暗示有一种基本的反应(就像对危险的恐惧一样)。因而，这种"自然"的犯罪感反应可能构成行为的条件(或者是它得以产生的想法的条件)。我们能进一步追溯说，"自然"的犯罪感本身是对不赞成表达的一种恐惧感，与以往的惩罚相联系，或者与父母冷漠的情感相联系。一个孩子的反应或态度或许是重要的，他并没有把他人的惩罚或不赞同看成站在他人立场上，对自己行为的一种专横的恼怒。他知道其他人认为自己的道德标准是有某种正当理由的，而且老师用这些标准指导自身的行为，并希望用它们引导孩子们的行为。

上述关于存在"社会道德法典"的说明并不打算在任何的规范论战中取胜。是否一种特有的道德法典是完善的，以及是否一个有充分理性的人为了自己期望的社会支持这种法典的问题完全是开放的。如果一个人感到这一定义排除了自己喜欢的道德原则，他能够通过另一个名称把它重新引入进来；事实上，我应当乐于让他使用"道德"和"道德原则"的名称，我将使用"禁止行为的内在体系"或者某种类似的说法。术语本身并不排除这样的可能性，即他的行动方针是完善的，或许是最佳的。我之所以这样定义"道德法典"是因为现实世界具有我所描述的文化结构，使用"道德法典"去论及它似乎是有益的。

近年来，哲学家们一直长期争论"道德""道德判断"和"道德应当"的合适用法。显然一些人相信，如果通过"道德"的使用来分析一些道德原则——例如是否利己主义根本不具有道德特性，或者是否社会准则只是一种禁忌，而不是一种道德原则，除非它对人类的幸福有某种意义——某些规范论证便会得到增强。但是，目前应当明确的是，这些论证是不能成功的。用地道的英语来说，为什么利己主义者应当关心是否自己的观点将被归结为一种道德呢？[6]

（乙）道德法典与制度期望

与它的道德法典非常相似，一个社会也有自己的文化特征，并相应地表现为个人身上的一些倾向：礼仪规范、习俗、荣誉等。这些现象是如此的相似，致使在一些场合，人们并不容易把它们分开（那些认为我的"道德法典"定义把礼仪准则接受为"道德"需要的人不必感到吃惊，因为我们后面将看到，如果这些准则是道德原则的话，有理性的人大概不会接受它们的制裁），有一种不同于道德法典，但可能与之混淆的结构，在这种情况下，重要的是把它同社会公共机构期望区分开来，社会学家有时把它称为"角色规范"。

我用"社会公共机构"的术语论及有组织的团体，例如家庭、大学、教会或者大众汽车公司。这种用法不同于一夫一妻制的婚姻、基督教和资本主义；我宁愿把这些说成是社会的"文化方式"，这两种现象显然是紧密联系的。

让我们先来观察一下，我所指的所有的社会公共机构（教育的、政治的、宗教的和经济上的）都包括了具有可区分的、可以命名职位的个人，这些职位关系到某些特权和责任。换句话说，在各个组织中，个人有可以命名的公职。也就是人们希望他们完成某些事情（他们的工作），他们转而也希望其他人为自己做某些事情。具有这些职位的个人在组织中合作，组织作为整体向人们——它的成员、其他人和社会赋予利益。满足角色希望的人们构成了这一系统的运行；组织成员大体上知道这一系统是如何起作用的，以及自己在组织中的贡献。

让我们来考虑一下大学。组织提供了像教育、研究和学术成果一类的利益。它包括各个不同的公职：学生、校长、教授、图书管理员等。教授被期望完成一系列专门课程的讲授，给成绩和办公室工作。谁期望完成这些工作呢？主要是这个组织的其他成员。然而我们不必把这些问题看得比现实中更有组织。大学董事的细则可能提出主要的希望，它们能被当作法律来实施（尽管很少有机构成员曾经读过它们）；机构法典也设立了其他的得到普遍承认的期望；但其他的问题并不那么清楚。教授与学生可能在关于什么是适当的职业行为上看法不同，例如多少个小时的上班时间，教授是否要发油印的讲课大纲，是否应把课程内容写出来。教授们对这些法典的把握一部分出自自己做学生时的观察积累，一部分靠对法典的阅读，还有一部分来自与同行的交流。在一个组织中，人们并不容易发现某些群体的期望是什么；人们或许容易忽视学生的期望，因为学生太多，不容易看出他们的习惯。

什么东西刺激教授去做他被期望做的事情？忽略自己的主要职责可能导致工资的损失。忽略其他方面将有损于自己在同行和学生中的威望。一些教授投身于社会的公共机构，这可能是他们的母校。其他人关心学生，想为教育他们作出贡献。一些人把工作当成享受。另一些人则出于道德的考虑：在其位就要谋其政，因此便有了许诺的道德义务；进一步说，领工资敦促人们做某种事情，公正地回报自己的所得。

显然，这些工作上的期望与社会道德完全不同。如果父母没有告诉子女，在地方大学，教授被期望每学期教两门课，他很难被谴责为没有对孩子进行道德教育，这同样也适于他没有教给女儿任何家庭主妇的角色规范。

然而，一个人对待自己角色期望的态度与他的个人道德法典之间有某种相似之处。通常一个人受内在刺激去履行自己的职责，无论是出自何种理由，如果他不这样做，都将会感到不舒服。大多数人都想成为出色的教授，或者无论干什么工作，都想干好；这与他们自己的理想联系在一起。人们认为他们的表现是重要的，恰当的考虑会影响有关工资的决定。我们使用非常相似的语言把它描述为被看成道德问题的行为："职责""义务"和"责任"。

但是也有一些差异。一个人不必认为他的职责规范被证明是正确的：一个教授可能认为，正规的讲座是件坏事，但在学院或大学董事作出其他决定之前，这是他的工作。其他人通常也不会不赞成一个人辜负了这一期望。组织中的其他人将是，但并不必然是一般公众。

然而，在道德法典和社会公共机构期望，或者职责或义务之间也有一些相似性；但也有明显的差异。[7]

一旦这种差异明确下来，如果我们想说的话，便可以自由地说，有理性的人在特定社会中宁愿选择一种，而不是另一种道德法典的原因是，从那个社会公共机构的期望来看，这种道德法典的流行可能有更好的结果。例如，在整个社会公共机构的职责和期望体系围绕着家庭的情况下，我们可能想说，"孩子应当关心自己的长辈"将是社会理想道德法典的一部分，它是一个支持人们已经期望的、尽管不是在所有情况下，但在大多数情况下已被做到的命令。如果一种社会公共机构期望的概念不能与社会道德法典期望区分开来，那么强调从现存的社会公共机构出发，应当选择一个特定的道德法典，它将带来最大的善就是没有意义的。当然，我们也敏感地指出，一个更可取的道德法典将对一些现有的社会公共机构提出变革的要求。

(丙)普遍化的道德法典能够有效吗？

对上述社会道德法典概念的思考将不可避免地提出这样的问题："作为一种内在有效的，然而是非正式的社会控制手段，所有人都能具有相同的道德法典吗？"这个问题值得探讨，因为作为一种回答，上述的概念包含着有趣的、但不被普遍理解的含义。

一系列道德原则有普遍约束力的看法对许多人一直有吸引力和说服力。W. D. 罗斯不仅接受这一观点，而且也相信，他能从本质上陈述这些原则：有一种不证自明的责任去遵守诺言、对错误的伤害作出补偿、礼尚往来、促进根据价值的幸福分配、完善一个人的精神和品格、增进对更多人的尊重，不仅尊重精神和品格，也尊重快乐，避免伤害他人。（或许他有必要再加上一些原则，包括一个不证自明的责任——在一个人已经享受了社会公共机构的利益，或者希望这样做时，满足自己在这一机构中的角色期望。）[8]

　　为什么一个道德法典没有可能成为对所有人都有效、有用的一种社会控制手段呢？问题在于，抽象到普遍适用的道德原则是否过于抽象，以至于无法具有一种实际道德法典的功能——回想一下道德法典与内在动机，连同犯罪感等问题相联系的细节。罗斯的原则确实不同于历史上的道德法典。拿十诫为例，这些戒律命令人们不偷盗、不犯通奸罪，或者不做伪证，而且要求人们尊重自己的父母；在这些行为中，每一个行为都预先假定了一个特定的地方制度或文化结构——其中有私人财产、一夫一妻制婚姻、尊重誓言的法院，以及夫妻大体上的地位平等，并且位于任何其他家庭成员之上的结构。十诫并不适于在世界范围内应用，也不适用于所有社会制度。（那么，人们如何能够重新论述它们，以便能满足这一目的呢？）罗斯的原则远比实际规范要抽象得多（至少其中的一些原则是这样）。试图传授他的一些原则就像是在飞机上贴标志说，"不要做任何冒犯无法离开这一范围的其他人的事情。"同"请勿吸烟"的标志相比，这一标志是没有用的。后者包含了前者的意思，针对飞机上这一特定范围中的人们，后者是一个有效的标志，而前者不是。

　　令一个道德法典在社会中有效的东西是什么呢？它必须符合这个社会的智力和教育水平；它的应用不必要求超出所有人的逻辑水平，而可能只适用于出色的科学家或哲学家。它必须详细说明社会中经常出现的问题，而不需要长期的推理培训。它不必包括过多的内容，以至于不能通过道德原则内在化通常必须使用的方法来传授（即古典的训练）；因而它可能局限于社会中有某种意义的问题。（医生和律师的职业"伦理法典"似乎是这样：他们直接讲出相关者通常面临的复杂局面，并给这些人以并不需要抽象的原则推论的指导。）看来起作用的道德法典必须包括一系列像"请勿吸烟"一类的道德命令。这些命令可能并不能准确地指导人们去做什么人从理想上喜欢他们去做的事情，但它们是通过道德法典手段来实现的最佳命令。

　　强调普遍适用的道德原则无法有效地发挥道德法典的功能是荒

谬的：不许伤害他人和不许违背诺言（以合适的借口）是明显的例子。但是，实际的道德法典很难只由这些原则构成，一个有效的道德原则要求只适于局部的应用。对于那些认为基本道德原则必须普遍适用的人，人们可以作出另一种让步。可以想象应当存在着一些能够说明的、普遍有效的道德原则，它们为有理智的、受过良好教育的、逻辑敏感的人们服务，尽管它们并不是现实社会的道德法典。因此，我们可以推论出，这些抽象的原则对于一个特定社会（特殊的情境、特有的社会公共机构）的要求是什么。我们可以选择这样一些道德原则——对一个群体中的人们更有意义的道德原则——把它们作为社会的道德法典来教导人们，它们可能很好地发挥作用。这些原则当然不具有普遍的约束力，但它们的地位——像普遍有效的原则对于特殊局面的含义一样，可以使那些认为如果道德原则可以约束什么人的话，那么就应当使约束所有人的哲学家们感到满足。[9]

这些原则当然随着时间而发生变化，随着社会条件和社会公共机构结构的不同作出相应的修改。[10]

二、正当理由和道德正当的概念

上一章并没有回答这一问题：倘若人们赞成对于一个人或一个社会来说，有一种道德法典，或支持一种道德原则的解释：道德原则是否以及如何可能被批评或者证明是正当的。现在这个解释就摆在我们面前：我一直争论说，对于有道德法典或赞成道德原则的个人，重要的是动机的正确和犯罪感倾向。因而我假定，如果一个读者有这种意义上的道德法典，那他就不会产生伤害他人的想法，更不用说谋杀了，除非有最充分的理由证明这样做是正确的；他对自己行为的犯罪感经常发生变化；当其他人无情地践踏有感觉的生物时，他会感觉到不安，并行动起来去谴责和斥责他们；他偶尔也表达出自己对这种意动情感的整体上的根据，作出类似于这样的陈述，"杀人是不正当的，除非是为了避免某些更大的邪恶"（或者这类事情）。

我们现在能够回到最初感兴趣的问题，提出是否以及在什么意义上，像我们目前理解的道德法典或原则能够被批评或被证明是正当的。我上面强调这样一种观点，一个人有道德法典的原因一方面在于，他相信自己相关的意动情感倾向在一种或另一种意义上能够证明是正当的。在现有认识的基础上，我们必须探讨是什么东西构成了这种正当的理由。

（甲）道德法典的正当理由

有时，哲学家们强调说，通过考虑一个道德法典是否满足于道德的功能，我们能够证明它是正当的或者被赞许的，正如一把刻刀锋利，因而能够很好地完成功能，我们就会善意地赞美它一样。例如，G. J. 沃诺克在新近的著作中评论说，道德的"一般目的"——它的适当性或许能使我们理解道德评价的基础——是通过寻求对抗"缺乏创见的同情"以及蕴于其中的最大的破坏性结果来改善人们的困境……它的主要任务是扩展我们的同情，或者更准确地说，是减少人性中目光狭隘的破坏性倾向。[11] 但是，我们将如何解释道德的"目的"或"功能"呢？我们可能像谈论刻刀的功能或目的一样来建构道德的目的和功能——出于什么目的设计和生产它们，例如利落地切面包的能力。我们通常知道人工制品的用处，人们出于某种目的制造它们。如果我们按照这种相似性来探讨，当亚里士多德断言人的用处时，我们做的不会比他更差。然而，麻烦在于"刻刀"的不寻常设计告诉我们它的用处是什么，但是"道德"的设计并没有告诉我们它的用处。而且，道德很难成为制造出来的产品。在父母对子女进行道德教育的意义上，我们可以说，道德是父母"生产"出来的，但令人怀疑的是，父母是否意识到任何特殊的目的和用处。所以，作为赞成道德法典的策略，道德与人工制品的相似之处并没有什么意义。

但是，像沃诺克引导我们那样，我们无疑能够把对道德目的或者功能的谈论建构成关于道德善的讨论，它的用处关系到某个人或每一个人的目的。我们能够提出关于道德的问题，在一定的欲望和反感情况下，道德对我们能有什么用处？或者更确切地说，因为存在着不同的道德形式，一个人能这样提出问题："这种特有的道德法典对我有什么用处？"或者说，"如果道德在利用道德知识，通过心理约束作出限制，以便它能最理想地满足我个人目的的范围内发生变化，道德将对我有什么用处呢？"我们也要考虑何种道德能普遍地、最好地服务于有感觉生物的目的。

　　然而，在上一章中我得出结论说，对于讨论"要做的最善的事情"或"善的事情"来说，理性选择、理性欲望的概念可以成为有益的替代或说明，所以用这些术语来重新论述我们的问题是个好办法。因此我主张，我们来思考一下："如果你是一个有充分理性的人，为了一个自己期望生活于其中的社会，你最倾向于支持什么样的社会道德法典（如果有的话）？"准确地说，这一问题是更可取的，它并不等同于这一含义："如果有的话，哪一种道德法典对你最有利？"因为后者强调的是这样的意思："哪一种道德法典能最佳地服务于你的利益？"以及"对你自己最有利？"第一个问题之所以更可取是因为没有那么多的限制。作为一个有充分理性的人，如果你有仁慈的欲望，你可能拒绝一个最能满足自己利益的道德法典——你可能想要一个最能服务于普遍利益，或者是介于这两者之间的道德法典。

　　如上所述，这个问题是关于社会道德法典问题；但是，一个人可以像这样考虑自己的道德法典；或者他能对这二者提出问题，并对这两个问题给出或许多少有些不同的回答。然而，社会道德法典问题引向更为重要的题目；它是一个更实际的问题——因为我们在教导自己的子女时，在公开发言中，在为报纸写文章时，在开家长会时等都必须决定支持哪一种规范，因而我要集中讨论社会道德法典问题。

　　既然每一个人都具有犯罪感或者不赞同的动机或倾向——构成他个人道德法典的动机和倾向，为什么人们还想知道，如果他是一个有充分理性的人，自己最倾向于支持哪一种规范呢？这一方面是因为我们意识到个人与社会的道德法典之间的不同，以及这样一个过程——通过社会的道德法典，一个特定的道德系统被永久化了，针对个人，我们大体上把它称为"社会化"和社会法典的"文化传授"。我们喜欢知道在这些法典中，哪一种是"正当的"，也就是说尽可能利用事实和逻辑作出评论。我们并不喜欢认为自己的道德思考只限于与自己的直觉保持一致；我们喜欢超越传统，在传统之外看传统，发现更基本的批评指向何处。目前在对一个有充分理性的人将支持的道德法典进行识别过程中，刚好做到了这一点。我们将发现，这一过程如何为非理性的禁令带来启示，就像识别一个人的理性欲望所表明的，自己的哪一种欲望或反感没有反映与现实世界的敏感关系一样。因此在识别社会道德法典过程中，你似乎倾向于支持如果你是一个有充分理性的人，将摆在你面前的东西（正如我们已经看到的那样，如果有理性将产生这种结果，认识自己就将支持某种东西）；它将使你逃脱自己的道德传统，趋向于一种尽可能接受事实和逻辑批评的更客观的立场（在与现实世界有更多联系的意义上，正像定义所讲的理性欲望一样）。识别这一立场并不依赖于价值判断；更不只是找到一种尽可能与所谓"道德直觉"保持一致的立场问题，因而对它的识别似乎有某种重要性。

在赞同识别这种立场的重要性时，需要进一步考虑一些事实。让我们自问：假定我们成功地向一个人（如果他有理性的话）证明，某一道德法典是要他先于所有其他的道德法典来支持的，根本没有其他法典可以置于这一法典之先，这将对他产生什么影响呢？

首先，如果我们向一个人说明：如果他是有理性的，这就是他所接受的东西。那么影响是他将支持这一体系，同样也会支持人们推行的任何长期的政策。这种支持是什么呢？对于教育方针（如拟定一个早期道德教育的方案）的支持，公开地拥护一种对所做之事有益的制度，对于这一制度投赞成票等。

其次，如果他从前疏远道德，那么影响是他现在倾向于"不再疏远"。这意味着下面的含义。一个想去做被自己社会道德法典所禁止的某种事情的人，自然要对这种限制感到恼怒；他也不乐意成为批评和不赞同的靶子，尤其是当他把这种道德看成不合理的禁忌和习俗时。当一个人有这种想法，对批评和限制感到恼怒时，我们可以说他疏远了道德。但是，如果现在我们能向他说明：（1）如果他有理性的话，这种道德法典来源于他置于首位来支持的那种道德体系，甚至没有其他体系能够位于这一体系之先；（2）他的不赞成一部分是出自这一道德体系的作用，那么，他的背叛和对批评恼怒的感觉即便不会消失，也一定会减轻，就像我们由于意识到没有危险，而缓解了恐惧一样，也像当我们意识到某种伤害行为是试图促进我们的利益时，而感到不那么生气一样。当我们以这种方式影响一个人对道德体系的反应时，我们能够说，我们已经使他"不再疏远"道德。当然，不再疏远一种理想的道德体系并不必然意味着不再疏远他那个社会现行的道德体系。而且，不再疏远道德并不意味着这个人绝不会选择出于个人利益，甚至违背理想的道德体系。

第三，在个人利益与他人利益发生冲突的情况下，我们希望这个人的行为发生变化。例如如果一个人有理性，我们向他提议，利益冲突要求助于他自以为支持的法典原则来裁决。他将发现这是难以拒绝的，他可能拒绝，正像他蓄意违背这一体系的命令一样，但这对他来说是很难的，因为如果他做了，他将处于这样的境地——公然拒绝去做自己公开准备倡导的事情——人们鼓励他人，或教导他人去做的事情。他将被当作一个不一致的、自私的人而抛弃，并向他人表明出于个人利益，他拒绝接受自己的东西。在这种情况下，自私的不一致是明显的，因为这种拒绝是以他通常准备赞同，或鼓励他人奉行的道德原则为基础来讨论问题，这同对法典的日常触犯形成对比，他无需对后者进行解释，而且它与为人喜欢的法典的不相容也并不那么显眼。

第四种影响是显而易见的。我们希望他得到某种鼓励，与自己理性选择的道德体系命令保持一致，而不是与如果他相信所及道德法典不是那种如果他有充分理性就将支持的法典保持一致。

让我们记住所有这些影响——对一个人说明如果他有充分的理性，某一道德法典就是他将支持的法典所产生的影响。我们提醒自己，认识他所支持的法典也是认识对他来说最好的法典（在超越个人利益的宽泛意义上），一种通过使他超越和批评自己的文化传统——尽可能提出明显的逻辑和事实的过程而得到的法典。把这一切记住后，我们由此可以进一步提出问题说，在使一个人识别这种道德法典的过程中，我们已经向他证明这一法典是正当的了吗？"证明是正当的"一词按照词典解释是一个含糊的术语；但哲学家们经常讨论信仰、欲望和恐惧等的"正当理由"。我想我们应当肯定地回答这一问题；实际上，识别从理性上喜欢的道德法典似乎是目前受过教育的人惟一能够得到的正当理由。人们甚至敏感地提议，把"对一个人来说的道德法典的正当理由"定义为对这种正当理由的说明。或者无疑是更好的说法，人们可以把"对一个人的正当理由"定义为某种说明——摆脱了事实错误和概念混乱，以及荒谬论证的说明，它用于向一个人推荐某种东西，使他摆脱对这种东西的矛盾情结，唤起他的热情，总体上让他满足于这种东西。在这种"正当理由"意义上，对一种作为从理性上喜欢的道德体系(对某个人来说)的识别显然是社会道德法典(对那个人来说)的正当理由。

一直保持开放着的一种可能性是，如果一个人有充分的理性，由他支持的社会道德法典准确地说并不等同于另一个有充分理性的人所支持的道德法典。如果情况如此，那么对一个人来说，证明是正当的道德法典并非必然等同于对另一个人来说证明是正当的道德法典。我已经强调，所有有充分理性的人都将倾向于支持的只是一种简化了的、基本上相近的道德法典。我们下面必须审察，并且有可能修正这种相近性。

注释

[1] P. E. 斯特劳森(作品，1974，第1章)对这一观点以及下面一些观点进行了富有洞察力的说明，在本文中我争论中的主要观点并不苟同。

[2] 对于获得道德标准的一项当代知识的出色调查，参见霍夫曼作品(1970)。一个有趣的思考参见柯尔伯格作品(1969、1971)。

[3] 我在1959年时已经考虑过这些问题，参见第7～8章。

[4] 关于一些这样的契约过于简单化的有趣的主张，可以参见 C. D. 约翰逊作品，1975A，1975B。

[5] 参见马丁·霍夫曼作品，1970。

[6] 参见彼得·辛格作品，1973。

[7] 读者可能感兴趣 J. A. 杰克逊1972年编写的著作，本书讨论一些有争议的问题，关系到重要的文献。拉尔夫·林顿作品(1936，第十五章)对社会制度有非常敏感的讨论。

[8] 关于道德责任和社会公共机构责任之间关系的有吸引力的论述，可以参见迈克尔·斯托克作品，1970。

[9] 参见一篇有价值的论文(R. M. 黑尔作品，1976)，它论述了这一概念。

[10] 人们可能提出这样的问题：相应于这些变化，如何可能作出安排，因为我的道德法典描述是对一种结果的描述，而不是对这一结果如何被修正，以便满足变化着的社会需要的描述。对这一问题的部分回答已经作出了。从好的方面说，如果道德动机是由诱导的方法来教授的，那么就必须对变化作出反应，因为如果局面发生变化，不再有人被伤害之后，便不可能教授由于某种行为伤害他人等倾向而对这种行为产生反感。相反，对于一些从前没有造成伤害的行为，"诱导的方法"可以促使产生了一种新的反感，也

就是新的义务。

而且，如果所描述的道德作为一种规范行为的系统很好地发挥作用，那么人们就应有某种关于什么是道德、道德上的反感为什么建立起来、何时要求变化以及如何带来这些变化等的意识，这些意识是在早期的生活中由父母和道德教育者们培养起来的。简言之，一个长期的道德系统不能在缺少道德哲学和道德教育的情况下，很好地发挥作用（也包括道德教育心理学）。我在后面还要论述这一点。

[11] 沃诺克作品，1971，26 页；也可以参见图尔闵作品，1950，第十章第二节；罗尔斯：《正义论》，1971，133 页；怀特利作品，1976 年，尤其是 90页。我并不认为这些作者在谈论道德的"功能"时，观点是一致的。

　　　　　　　　选译自［美］R. B. 布兰特：《善与正当的理论》，牛津，
　　　　　　　　克莱伦敦出版社，1979。 肖巍译，万俊人校。

[英]图尔闵(Stephen Edelston Toulmin，1922—2009)

《理性在伦理学中的地位审察》(1950)(节选)

《理性在伦理学中的地位审察》（1950）（节选）

一、道德推理的逻辑

我们不得不在与这一背景的关系中，来讨论道德推理的逻辑。我的意思并不是说，我们的结论的有效性，完全取决于我所引用的任何历史事实和心理学事实的真实性。这些事实对于我们说明各种不同的伦理问题或伦理陈述在我们生活中所起的作用是大有裨益的，然而，我们用以证明我们所言真理的那些事实却是那些我们更为熟悉，并在生活中毫无疑义地加以引用的事实，也就是我们在"人类学法则"，即"所有共同体都承认责任的绝对价值"的法则中所曲折发现的那种事实，亦即：有关我们用以承认一种"义务"、一个"共同体"等的那些方式的事实。

这样，牢记这一背景，我们所期待发现的产生于伦理语境之中的问题是什么？且如何对这些问题作出回答呢？

（甲）行动正当性问题

我们首先要考虑的是一个最简单、最普通的伦理问题，即："这样做对吗？"我们从小就被教导要根据所处的情况来决定行为的方式方法，但有时我们仍然会对所要做的事是否符合道德法典产生怀疑。

为了解决这种疑问，我们又被教导要反躬自问"这样做对吗?"假如道德法典包含了一个相关原则，我们就会根据行动是否符合法典，以"对"与"不对"来作答。其他诸如"怎样做才对?""究竟应当怎样做?""这个决定正确吗?"等类似问题，也都可以类似的方式来理解。

结果，如果有人抱怨"不该这样做"或者"事情不该是这个样子的"，那么他的评论就可能具有一种真实的说服力。尽管，人们发生争论的惟一事实是，某种行动是否属于说话者所在共同体所普遍赞同的行动，这种情况也依旧存在。可人们常常被误导，认为许多所谓"伦理的"陈述只是伪装的事实的陈述，他们论证"貌似伦理判断的东西常常只是对行动的事实性分类"[1]。但这种说法是错误的。使我们把一个判断称为"伦理的"是这样一个事实，即：它通常使人们的行为和谐一致（而不是给予某种事态以认知性的描述）；按照这一标准来看，这类判断毫无疑问是"伦理的"判断，而且那些属于某一行为类型的行动在很大程度上不是作为伦理判断的"伪装意义"而显示的。

进而言之，即使某些行为会导致不幸的后果，但检测这类简单问题的答案的标准仍旧是人们所接受的实践。设想我正驾车行驶在曲折的乡村道路上，在经过一个急弯时，我仍然谨慎地保持左车道行驶。恰巧这时，迎面开来的一辆车为抄近路而沿内弯道的切线方向驶来，结果两辆车迎面相撞。当然这一事件的结局是不幸的，但我不会因此而改变礼貌行车的习惯，我小心地保持在左车道行驶仍然是"对的"，在弯道上不要冒险的想法也同样是"正确的"。假如我对即将发生的车祸没有任何预感，假如我全然不知另一位司机想要做什么（知道这一点是采取紧急措施的关键所在），因而不是紧急刹车而是一往直前的话，那么这样做也是交通规则所允许的，而正是交通规则使我的决定成为"正确的"。

(乙)行为正当性推理

上述事例促使我们去思考一个问题，那就是作出一个决定或采取一种行动的"理由"是什么?

如果调查事故的警察问另一个司机："你为何在右车道行驶?"这位司机将会编出一个很长的故事来为自己辩解。但是，如果警察问我为什么要在左车道行车？我所能作出的回答就是："在英国只能是左车道行驶，交通规则规定沿左车道行车。"

还有一个例子，一个深得教练喜爱的中学生被选入了校板球队。这个学生可能会问："为什么我过去不能享此殊荣呢？"这时，他的同学就会指出：教练喜欢的人才能入队，你难道不明白这是一种通行的做法吗？实际上所有队员都是因此而被选入校队的。还有一些更棒的球员，他们理应进入校队，但教练不喜欢他们，他们就不能成为板球队的一员。以上这些都是对某些习惯做法的必要证明。

最后，再举一个例子，以能比较完整地反映这种"推理"的逻辑结构。设想我说："我觉得我应该把这本书还给琼斯"（我只是凭感觉说这话的），你可能就会问："可是你真的应该这么做吗？"（你使问题转化成了一个伦理问题。）这时如果我有某种理由的话，我就会去思考并说出"理由"。开始我可能回答，我应该把书还给琼斯，"因为我承诺过中午以前还给他书"(S_1)——这样把我的观点分类。如果你反复追问："你真的应当这么做吗？"那么，我可以把陈述 S_1；与一个更一般的陈述(S_2)联系起来作解答："因为我向琼斯承诺过还书，所以我应当这么做。"如果你继续追问："但是为什么你真的应当这么做呢？"我可以连续回答说："因为我应当做我对他承诺过的事。"(S_3)"因为我应当做任何我承诺过别人的事。"(S_4)"因为所有人都应当做他们承诺过的事。"或者"因为这是一个承诺。"(S_5)到(S_5)之后就不能再提出问题了，因为当把提问的行为同一种社会所接受的实践联系起来以后，我们就找不到任何更为普遍的"理由"了。

（丙）各种义务之间的冲突

回答"这样做对吗"和"你为何应当这么做"这两个问题的直截了当的方法，只有在行为规则所规定的适当范围内，才能应用。然而，最有趣的实践问题是，我们在这些境况中常常会面临这样的境况：面对上述两个提问，一方通过事实证明而得出一种结论，另一方却又可以用事实把我们引向相反的结论。假如我花园地底下的焦炭堆在盛夏的某一天突然燃烧起来，人们会说："这不值得大惊小怪，不过是一种自发的氧化燃烧现象而已，你一定听到过干草自发起火的事吧？"这种解释可能令我满意，因为在焦炭堆起火和干草自发氧化燃烧之间作类比推理是比较严密、言之成理的。但是，如果事情发生在1月底，我就要对这种解释作出反驳："在7、8月份你可以这么说，但在严冬就说不过去了。有谁听说过干草在茫茫大雪中起火呢？"这时，除非对方使我确信干草在雪中起火也是很常见的，否则我将要求对焦炭堆起火重新作出解释。

同样，我对琼斯的承诺这一事实似乎就是我按时还书的充分理由，在没有别的情况发生时的确如此。但是，如果恰在此时，我家里有一个患了急病的亲人，我不能离他而去，这时情况就变得复杂了。仅凭要守信于人的社会习俗，就很难对行为作出明确的评价。我可能会为自己辩护道："在通常情况下，我的确应当按时还书，但在我祖母需要我照看时我却做不到。有谁听说过只是为了还一本书，就可以置别人的生命安危于不顾呢？"如果没有证据说明守信于人比照顾我祖母更为重要的话，那我就认为我有义务留下来照顾祖母。

既然这两种要求互相冲突，也就是说，当任何一种行为选择都难免会造成危害时，人们只能权量两害"选其轻"。诉诸单一的时下通行的原则——尽管它是某一行为之正当性的首要标准——也不能因此将之作为一种普遍标准而依赖之。如果这样做行不通，我们就只好退回到根据对行为后果的评估来作出选择了。这种不得已的做法不仅适用于多种"义务"发生冲突的情形，而且也可以适用于其他一些情况，比如，我们的某些行为虽然不是道德原则所要求的，但却是某种现实需要所要求的，这时，我们会很自然地，而且是正确地推论这一行为是我们"应当"去做的。在实际运用中，我们应当注意上述特殊情况同那些有道德原则可依的情况之间的差异。在前者，虽然我们可以说我们"应当"这样做，但我们不能总是说，我们有"道德责任"这样做，即便这是我们的"义务"。由于缺乏相关的原则或"义务"，在此情形下我们只能诉诸结果。[2]

所以，在许多情况下，我们可以根据对行为后果的评估推论，来证明个人行为的正当性。这种推论不是要取代原则，任何原则都有其问题，可是道德推理是如此的复杂，它必须涉及各种不同的境况，以至于不可能有任何一种逻辑标准（诸如，诉诸一种为人们所接受的原则）能够适合于其中每一种情况。

(丁)社会实践正义推理

在伦理学发展的原初阶段，所有这些类型的问题都是可以理解的，然而，随着我们转向第二阶段，就产生了同以往根本不同的问题。

回顾一下我们对"解释"的分析。在这一分析中，我指出，尽管在绝大多数情况下，"这真的正直吗"这样一个问题是有用的，但在下面两种特定情况下，人们却不能从日常意义上提出这个问题。[3]

(1)在某一特殊理论的框架内，正直的标准本身有疑问。

(2)正直的标准被用于不同的选择性理论中，其内涵有所不同。

同样的境况(而且确乎也有较相似的境况)也会出现在伦理学中。在上述第一种情况下，只要一个人是用某种特定的道德法典来约束自己，那么，除了在这种道德法典内将其行动与社会实践(或原则)联系起来之外，就不可能为行为找到更为普遍的"理由"了。假如有一个天文学家，他正在探讨在非欧几何学的理论框架中外层空间的光线问题。如果有人问他，凭什么说外层空间的光线是直的，他只能回答："哦，它们就是直的。"同样地，如果有人问我，为什么人都要信守承诺，那么我所能说的就是："哦，人就是应当信守承诺。"在某一特殊的科学理论的框架内，人们可以提出许多问题诸如："这真的是(正)直的吗？"但对于(正)直的标准本身是不能提问的；在某种特定道德法典的框架内，人们可以对许多个人行为提出质疑，提出诸如"这样做正当吗"一类的问题，但对于正当性的标准本身却是不能提问的。

第二种情况的例子是："该怎样做才是真正正当的呢？是像基督徒那样只娶一个妻子呢，还是像穆斯林那样娶一至四个妻子？"这个问题与下面一个问题一样，都是使人感到费解而难以回答的，即"光线在经过太阳时，是像非欧几何学者所说的那样是直的呢，还是像欧几里得几何学者所说的那样是弯曲的呢？"如果在两种道德法典中，相应的道德标准是不同的，那么"该怎样做才是真正正当的"这样一个问题就不能够被提出来。从另一个角度讲，如果真的有人提出这个问题，那么提问题的方法、目的以及所要求作出的回答都是极为不同的。

其所服务的目的何在？所要求的回答如何？在科学中，如果我坚持追问直的标准，提出"光线真的是直的吗"这一问题，那么，我就超出了特定科学的理论框架。对一种标准的质疑即是对一种理论质疑，也就是对整个理论的批评，而不仅仅是为某种公开讨论的现象(如，光线在外层空间的情况)寻求解释。在伦理学中也一样，如果我对某种行为标准所规定的行为提出疑问："这种行为正当吗"，那么我就会超出原来的道德法典的范围，我的提问就是对某种作为实践的实践行为的批评，而不是寻求对信守承诺这一个特例(或是其他任何可能的特例)的证明。

对某种特定行为的正当性提出质疑是一回事，对作为实践的实践之正当性提出质疑又是另外一回事。只有当伦理学发展进入第二阶段以后，这第二种类型的发问才可理解。如果社会拥有一种处于不断发展着的道德法典，那么经济、社会、政治或者人们心理境况的变化都可能对人们产生引导作用，使人们倾向于把现存的实践要么看作不必要的限制，要么视为危险的放纵。如果发生这种情况，人们就会提出诸如"禁止妇女在公共场所吸烟是正当的吗?""天黑以后禁止男女混浴不是更好吗?"每当人们提出这类问题时，实际上也就是在对整个实践规范提出质疑。这时，人们就可能要(记住伦理学的功能)根据对行为后果的估计来作出回答了——

答案(1)保留现存实践规范，

答案(2)采纳人们提出的替代性选择方案。

事实上，如果你有充分的理由设想，按建议改变的惟一结果是能避免一些现实中的灾难和不幸。那么，你也就有了确定而充足的理由去促成这些道德规范的改变。然而，在现实中，使人感兴趣的并不是那些从逻辑上就可以对结果的利害直接作出判断的实例，而是那些在有利的结果尚不确定时就被提出来的道德问题。这时，我们只能看到，伴随着道德的改变，会有某些有利的现象出现，或原来的不幸事件有所减少。这时，只是为了获得某种可能的利益，应该冒险投入多大的股本呢？对这个问题就只能由获利的信心来裁决了——若如此——人们又得诉求于经验。

(戊)道德推理的两种类型

在此需要谨慎地指出，作为一个逻辑问题，虽然它使得社会实践的正义问题的探讨是有意义的，但某些社会实践实际上总是不可置疑的。举一个听起来不可思议的例子，虽然有建议用某些更为有效的社会实践来取代信守承诺的原则，但即便是在最先进的道德阶段，信守承诺仍然有其正当性。

还需要指出，虽然我们可以把信守承诺当作一种实践来讨论，可这并不意味着个人信守承诺的正当性就会因此受到怀疑。人们认为，在所有历史阶段，信守承诺都有其正当性，他们会指出："因为废除信守承诺的原则将导致痛苦。"如果现在我说我应该把书还给琼斯，"因为我承诺过"，那么我就是在做一件其重要性不同于该事情本身的事情。我可以通过指出在任何情况下从 S_1 到 S_5[4]都是成立的，来证明我行为的正当性，而且这些理由在任何要求人们信守承诺的共同体也都是为人们接受的。但是，要对此作更进一步的证明我就做不到了，因为只有当我们讨论应该保留还是改变一种社会实践的时候，"人们绝不愿意承受本来可以避免的痛苦和不幸"这样一个原则才能成为一个恰当的理由。

由此可见，我们所遇到的两种道德推理是不同的。它们各有其自己的逻辑标准——即：适用于批评个人行为的标准或适用于批评社会实践的标准，但这两种标准是不能够通用的。苏格拉底在等待死刑之前，就已经意识到了个人行为的道德推理与社会实践的道德推理之间的区别，当有机会越狱而免于死刑的时候，他宁可选择死亡。在苏格拉底看来，尊重法庭的裁决和宣判，是一名雅典公民应尽的义务，逃跑就是逃避这种义务。如果他选择了逃跑，将不仅仅是表示他对判决公正性的怀疑，同时也表示他对整个雅典的宪法和道德法典的否认。这是他所不想做的。

苏格拉底的故事说明了两种道德推理的本质区别，以及在什么样的情况下作这样的区分是有意义的，而汉普登和"造舰税"的故事又说明在另一种情况下，作这样的区分将失去意义。对那些我们视为正当的原则我们必须给予最大程度的尊重，但如果我们对原则本身的公正性产生了怀疑，那么情况就不同了。在现实生活中，对一种原则的公正性最强烈的质疑，莫过于在某一特定情境中拒绝遵守这一原则。一旦在法律和道德上拒绝遵守某一原则，就意味着人们将企图对这一原则重新作出检验或考察。

在法律或道德准则接受检验的时期，两种道德推理之间的区别便消失了。这时，人们在证明某种行为的正当性时，不再参照当前通行的实践规范，因为这种实践规范根源于某种虽被广泛接受但却缺乏公正性的法典；或者这时已有某种更为公正、也更为重要的替代性建议可供选择，而此时，这一改变就是重要的改变。这时对行为的正当性证明也就是一个"原则问题"，相应地，恰当的逻辑证明标准也会随之发生改变。然而，在检验一种行为时，必须弄清行为者的意向，否则，就可能会站在一个错误的立场上来批评行为，或者由于参照了有争议的原则，或者出于检验者的自利心，或者由于二者兼有的缘故而去对行为进行谴责。那么，那些因为怀疑原则的公正性而拒绝遵守原则的人就会因此而陷入很不利的境地，这正是检验本身偶然会出错的原因所在。然而，那些通过坚持不懈的反抗和挑战而最终被社会所认同的成功者，将成为英雄永载史册。

二、伦理学与社会

在结束伦理学专论之前，为了与上述线索相衔接，我将就一些相对独立的论题作出评述，拟在下述两个大标题之下分述之。

（1）伦理学的功能和伦理概念的性质之间的联系；

（2）伦理学的社会品格。

下面将从三个方面来讨论属于第一个大标题之下的若干问题。

（甲）伦理学和语言

一方面，伦理学语词被人们用来组成逻辑结构复杂而充分的判断，以使共同体成员的目的和行动达于和谐；另一方面，这些语词也会出现在那些脱口而出的、逻辑混乱而粗糙的插话或感叹中，这种大喊大叫的评论往往是说话人借以发泄情感或煽动听众的表达形式。对这样两种极端的情况我们已经做过较为详细的讨论，然而，就好像在黑色和白色之间，还有好几种灰色那样，我们对伦理学术语的使用情况，大多数是介乎于上述两种极端情况之间的。如果要对道德推理的逻辑进行更广泛的考察，还应该对这些处于中间状态的使用情况给予同等的重视，但我在此并不想过多地涉及它们。

如同在自然科学中一样，制约伦理学概念逻辑的一个因素是必须随时使用通用的伦理学术语，并在使用中保持术语的确定含义。如果排除对他人痛苦的关心这个因素，那么我们在伦理标准不变的情况下改变自己对问题的看法，其实只是为了求得别人对我们态度的理解。无论是当我们在斟词酌句，冷静地发表自己的见解时，还是在大喊大叫、怨天尤人的时候，都会经常使用伦理学的语词和伦理学的腔调，正如休谟所指出的那样。[5]

一般而言，所有对人的赞许和责备的情感都是可变的，人们是根据受赞许和责备者和自己的近期或远期境况，同时也依我们当时的思想倾向，来形成这些态度的。然而，我们在评价一个人时，却往往会忽略上述这些境况的变化，仍然老一套地用某些伦理术语来表达我们的好恶，就好像我们都是一些固执己见的人。可是，每当我们固执己见时，经验又会很快教会我们去调整或校正自己的思想情感，或者至少教会我们校正自己的语言表达。设想如果我们的佣人既勤劳又忠实，就会激起我们对他强烈的爱心和同情，其程度超过对佣人的典范——马库斯·布鲁特斯的喜爱，但在说话时，我们却不会把更多的赞誉之词给予我们的佣人。又比如，如果我们的品格与一个颇负盛名的爱国者相近，那么，这位爱国者的社会影响和所获得的社会仰慕都会远远超过我们。凡此种种对思想情感的校正是很常见的。

伦理学和伦理语言的发展（就像科学的发展一样）都部分地反映出我们的一种欲望，那就是我们趋向于用语言描述来取代我们最初的、瞬时产生的反应和想法，而语言又是独立于判断的情景的。

而且的确，我们如果不对瞬间产生的事物表象做出一些修正，如果不有意地忽略一些现场情景，那么，我们就不可能利用语言或与他人交流情感。

伦理语言在理性推理和非理性表达两个极端之间有各种不同的使用情况，下面我们可以用休谟的术语学来分别描述它们的用途。

(1)用于"表达我们瞬时产生的好恶感"，如"好！"和"真可恶！"。

(2)用于表达"校正我们的语言"，而不是"校正我们的情感"，例如：虽然我承认布鲁斯特在道德上优于我的男管家，但我仍然觉得我更爱的是男管家，而不是布鲁斯特。

（3）也用于表达"校正我们的情感"，如：作为道德反思的结果，我不再崇拜过去的英雄。

（4）除了表达我们的"情感"和"语言"校正之外，我们还用伦理语言来表达对"我们行为的校正"，如：如今我的思想变了，那么我应该追求什么样的人生道路才是正当的呢？

（乙）道德推理中的公平性

为了使成熟的伦理论证成为一种推理范例，任何参与论证的人在"可接受价值"这一点上，都必须是平等的。并且，当人们在论证中需要诉诸某些伦理原则时，这些原则必须在接受它们的人中都具有协调行为的作用。这些情况都表明，道德推理的基本特征是在论证道德原则的形成时，逻辑上要求"平等"。由于伦理判断的普遍性日益增强，所以在表述中应该避免使用诸如"我""这里""现在""他们""那里"和"那时"这类特殊用语。一旦出现这些用语，就有必要再求助于一个更为普遍的原则；当所讨论的行动明确无误地符合某种当前通行的"道德原则"时，那么，无论是何人在何时、何地，对行为合理性的论证都要足够充分。例如，以"任何人都始终应该去做他向任何一个人承诺去做的事"或者"这是一个承诺"为依据，来论证"我应该立即把书还给琼斯"就属于这类情况。在证明一行为的正当合理性时，如果我们的理由能够归结为这样一些普遍原则，则我们的证明才能被称为是"伦理的"，反之，如果我们不能做到这一点，那么，我们所提出的"道德要求"根本就不具备什么"道德性"。比如，如果我们只是从最普遍的原则中寻找到某些参照，那么我们无论是作为个人还是作为某种有限群体的成员[6]，都不足以证明一种行为是"道德的"，都只能是把这种行为视为一种"特权"。

当然，这种论证本身是纯逻辑的，因而不能直接得出任何经验的结论。但与此同时，如果撇开其内容要点，那么这种结论就是很重要的。试设想，有一个人正在努力向另一个人进行道德观念的教育，这时，在阐明和运用判断时所要求的逻辑公平性毫无疑问是必要的，因为学习者只有通过公平讨论，才能真正掌握这些道德观念。有一个公认的事实，即被惯坏的孩子大多是那些在极不稳定的教育方式下成长起来的孩子，而很少是那些在温和式教育方式下成长起来的孩子；而时而温和时而严厉的教育，又比持续温和的教育方式更容易毁坏人的品行。让我们来回忆一下杰恩·奥斯丁在《曼斯菲尔德庄园》[7]中所讲述的故事：

伯特伦爵士有两个女儿——玛丽娅和朱莉娅，她们的姑母罗蕾丝女士对她们非常娇惯和放纵，与托马斯本人的严厉教育形成鲜明对比。当托马斯发现任凭姑母娇宠也是有害的时候，他又期待通过严厉教育来消除罗蕾丝的错误，殊不知这样做是错上加错，因为其结果是使孩子们在他面前非常压抑，以致做父亲的对孩子的真实想法一无所知。而孩子们为了能在罗蕾丝那里释放紧张情绪和得到廉价的表扬，就难以避免地受到了罗蕾丝的盲目影响。可是，当托马斯·伯特伦爵士意识到从一个极端走到另一个极端的家庭教育对青年的品格培养极为有害时，却为时已晚。

上述结果实际在预料之中。只有在持续、稳定的教育中，孩子才有良好的机会获得关于道德的"理念"，同时孩子也才会认识到没有任何理由或规则允许他不去按道德的观念行事。通过这一事例，我们还可以窥见某种生活的逻辑在思维逻辑中的反映，即论证伦理原则的公平性这一逻辑要求，就是道德"学习者"对一种公正和持续稳定的行为模式的需要之反映。

(丙)伦理中的自我控制

至此我尚未明确地提到伦理学的一个重要特征，即它的作用性质不仅决定了道德推理的逻辑，而且也决定了我们倾向于认可当前通行的原则和其他人情感的态度。

除非有充足的理由使我们确信，用一种新的原则取代现有原则后，能够减少不幸和烦恼，这时，我们才会"有义务地"去接受新的原则；同样，只有在一些特殊情况下，我们才会认为无视别人的情感是正当的。人们可能会对我的这些观点提出非议，认为："这种顾及他人的考虑并不是一种美德。"此话不错，但你所说的"美德"是指美德的本质，而不是指某一种美德。在此，我们可以引用德谟克利特(与苏格拉底同时代的一个前柏拉图的素朴的自然哲学家)的话来说明这个问题，德谟克利特说："善的意思是不做错事和不想去做错事"，"善"不仅仅是做自己愿意去做的事，同时也是别人欲望他去做的事。

杰恩·奥斯丁也最终认识到了伦理学的这一特点。[8]他说："当朱莉娅这个幸福之星受到冷落的时候，她只能跟随在拉什奥塞夫人身旁，强忍住急切的脚步，跟随她慢条斯理地走……她从小所受到的教育和训练告诉她，礼节是一种义务，为保持礼节她无法逃避。正是顾及他人的考虑，顾及她的内心知识和正当原则，她需要更强的自我控制。而这一切形成了她所受教育的本质部分，她被悲惨地置于自我控制之下。"

（丁）伦理学与社会制度

余下的论题具有某些结论的性质。我们将对这些论题只作粗略的讨论，就像画炭木画那样，只是用黑白粗线勾勒一个大致的轮廓，而把细节和着色留待以后去做。在所有关于伦理学的社会品格问题中，首先要论及的是伦理学与社会制度的关系问题。

既然伦理学的功能是在共同体成员各自独立的目的、意志之间起协调作用，那么我前面的论述就已经尝试在社会历史方面提供一个框架。所有原则总起来形成一种道德法典，每一项道德原则只是与某一种具体的社会制度相联系；而道德法典却是从整体上与整个社会有机体相联系。在我们的社会里，人们之所以接受"借书不还是错误的，因为失信于人是错误的"这样一个论据，是因为承诺和守信是我们大家都在做的事，承诺是我们社会的一项制度，"板球得分"、"贷款"和"交通规则"也都是社会的制度。反过来，每一项社会制度又都是建立在一系列义务和特权之基础上的，如国会议员在道德上有坚定地代表选民利益的义务；丈夫有供养妻子、儿女的义务。义务是在伦理学发展的早期阶段就已形成的概念，人们用"我的角色及其义务"[9]这一短语，对道德义务概念作出了明确规定。

然而，历史发展的链条并非就此终结，伦理学首先把我们从"人人为己"带入到"我的角色及其义务"，然后再引导我们对现行确立的"义务"和"角色"进行评析并提出变革建议。在这个发展过程中，始终存在着两种对立的倾向：其一是使道德法典和社会制度"凝固起来"以实现有效的社会控制，为此就要维护这些法典和制度的绝对权威，并尽可能地通过立法使之合法化；就要隔绝外界对该共同体的影响,并阻碍独立思考,防止产生不满情绪;最后还要提出一个迫使公民都能喜欢或容忍的共同目的。

另一种倾向是鼓励人们对道德法典和社会制度的批评和修改。只要有理由说明通过可行的变革,就能够消除一些不必要的社会紧张因素,就能够创造和开拓新的发展机遇,那么批评和修改就是受到鼓励的。实际上,这种倾向就是主张社会制度以其自身的方式,自然而然地形成和发展起来,并且在其形成和发展中应该考虑每一位公民的个人目的和不满情绪。

在前一种发展类型中,道德和制度不能通过任何推理形式来为自己辩护,因为它是统治者之间意志冲突的结果。统治者要求公民向他们不折不扣地履行一整套的"道德职责",但同时,统治者自己却拒绝尊重公民。他们披着"道德的"外衣,却在缺乏伦理基础的条件下,为自己聚敛各种各样的特权。

第二种发展类型则表现为一种伦理学的自然发展的过程。伦理的本性就是要求不断变革道德法典,并通过变革来推动一种具有自我发展机制的"开放的"社会的形成。所谓"开放的"社会,就是具有个人自由、鼓励个人独立作出道德决定的社会,而那种部落制或宗族制的、君主专制的和集体主义制度的社会则不是开放社会,而是"封闭的"社会。[10]

(戊)伦理学与工程学

在一个道德法典和社会制度能够自我发展的社会里,没有必要使每一个公民都成为政治家或道德主义者,但他必须是一个"社会的工程师"。伦理学和工程学之间的相似性有助于我们进一步阐明前面已经提及的伦理学的特点。

我们首先来考虑工程师这个概念的原初含义。工程师是不断面对各种实际问题的人,他的职责就是在他的"标准实践法典"所规定的权限内来解决各种实际问题。这种"标准实践法典"要在可预见的范围内,尽量考虑工程师所能使用的物质材料、工具以及他进行创造发明所需要的各种条件。但对于不可预料的因素,法典却允许工程师凭借已经积累起来的经验来解决问题,亦即给出一个解决问题的"安全系数"。

　　我们来设想一个比喻，一个设计飞机的工程师正在考虑用什么材料来制作机身的不同部分。由于他所面临的大多数问题都在操作规则所规范的一般情况范围内，所以他可以通过运用规则迅速解决问题，比方说，规则会告诉他："用二分之一英寸的角铁"或者指定"在这样的环境下硬性的铝是最好的材料。"但同时，这位工程师可能会发现，为了达到设计要求，他将不能受限于规则的限制。他想："我要使这架飞机达到在2万英尺高度和每小时飞行520英里的顶级速度，为此，整机重量不能超过25吨。但是按照通常达到这一时速的安全系数，我只能使用1英寸的钢梁，可是用了1英寸的钢梁飞机又会超重。"这时，高速度和低重量两种设计要求在现行的操作规则内发生了冲突。高速度要求设计者使用1英寸的钢梁，而低重量要求他使用3/4英寸的钢梁。此时，这位工程师只能在下述三条出路中作出一项选择。

　　（1）放弃这项工作。

　　（2）修改其目的以符合规则要求。

　　（3）冒一次险，即违反规则，减小安全系数。如果运气不错的话，凭借他把专业知识运用在这一特殊情况下，他或许能免于失败。

　　把这位工程师的处境与一个社会中的个人的处境作一番比较，我们将会不断地面对各种道德难题，并不得不在我们的道德法典的限制之内来解决这些问题。道德法典不仅需要考虑我们人人皆有的人的本性，还要考虑可供我们使用的工具、我们将面临的各种条件以及我们所有可以预见的因素。至于那些不可预见的因素，则允许我们根据已积累的经验来作处理。

　　假想一个特例，我们正在经营一家商店，并面临着确定商品价格的工作。对于大多数商品而言，我们都可以根据法定的规则或零售商品通常的利润来定价，也就是说，我们的问题大多数都在规则所规范的范围之内，因而可以自行得到解决。我们的法典会告诉我们什么样的价格将是暴利，因而是错误的，然而在我们相互之间或者我们与顾客之间，仍然会有目的冲突。我们可能会遇到这样的情况：为了保证每周20英镑的利润，我们只能雇用3个店员，但为了避免顾客排长队（那会惹恼顾客），我们又必须雇用4个店员。这时在高利润与快速服务两种义务之间发生了冲突。高利润要求我们雇3

个店员，快速服务又要求我们雇 4 个店员。在此情况下，我们同样面临三种选择：

(1)我们可以关店大吉。

(2)我们可以修改我们的目的以满足顾客的需要。

(3)我们也可以冒一次险——即不顾顾客的便利和道德法典的要求——凭着对当地购物习惯和特点的了解，且若撞上好运气，我们也不会出大乱子。

在上述两个例子中，由于需要考虑的问题几乎都是经济问题，因而两者的情况极为相似。但是，在绝大多数情况下，我们遇到的并不是经济方面的问题，这在以下三个方面弱化了上述类比：

(1)我们通常不能通过放弃道德问题来解决它们。在绝大多数境况中，我们没有任何如同工程师或店主那样的"安全"通道可供选择。

(2)某种不可预见的因素可能是至关重要的——我们不得不允许其他人的性向发生各种可能的变化，而这些变化在实际效果上类似于在飞机造成后工程师对该飞机所作的特殊规定。

(3)我们的未来受制于我们的伦理境况，而工程师的未来却并不完全受制于他所设计的飞机；在制造飞机时，并不需要把工程师、工程师的朋友、亲属以及他的同胞都当作"零部件"来使用，但在道德建设中，所有这些人都必定要参与其中。

上述三个因素的综合影响是，使得道德领域的问题更直接地与个人发生联系，与权威领域离得更远，这一点比工程技术和经济领域更为突出。个人具有改变其态度的可能性，具有"更高类型的自我控制"以及"对自我心灵的了解"(杰恩·奥斯丁语)，正是这些特性使得个人对道德问题的处理被简化了，而且，凭着个人对自己家人和朋友的深刻了解，他们在做出行为选择时就有了更大的合理性和灵活性。这种合理性和灵活性正是行为被完全置于"权威控制"下的社会所缺乏的。与此同时，这些个人特性往往使统计学的方式更加复杂化，除了纯经济学情况以外，它们也使某种集中化的权威大大丧失其预测何为"最佳目的"的权力。同工程学和经济学相比较，伦理学更多的是一个良心问题，而非权威问题。

(己)伦理学与心理学

在伦理学与工程学之间进行类比可以给我们提示出另一个问题。

伦理学和工程学都要遵循各自的法典，以满足各种实际需要。工程学的规则有其特定的理论依托，比如许多机械和电子工程学所使用的规则可以按照物理学理论加以解释；许多化学工程中的规则可以视之为对化学理论的运用。现在我们能否把前面的类比再扩展一步呢？伦理学的规则是不是也有某种类似的理论背景呢？如果机械工程学可以被称为"应用物理学"，化学工程学可以被称为"应用化学"，那么伦理学可以被称作什么呢？答案被一步步引向这样一个结论：伦理学可以被称作"应用心理学"。

出于多种原因我们必须小心处理这一答案。首先，它暗示（易引起误解）心理学在时间上早于伦理学产生——在某种心理学得到应用之前，不可能有任何伦理学。如果情况果真如此，道德岂不成了很晚才产生的现象，可事实上道德是人类历史上最古老的现象之一。然而，这一问题形式应对下述印象负责：把机械工程学叫作"应用物理学"同样是令人误解的。难道没有原子和分子物理学作为先导，就不会有电子工程学和原子弹产生了吗？我们不要忘了，在化学诞生之前就有了烹饪技术，在任何真正的物理学产生之前，就已经有了金字塔。

反对把伦理学视为应用心理学的另一个理由来自这样一种感觉：即人们觉得，有许多善良的人完全不懂心理学，而心理学家也不都是好人，这种看法同样离题。一名杰出的物理学家所必备的才能是为科学实验、科学研究提供详尽的指导，他因此而有别于具体解决实际问题的技工和工程师，但物理学家与技工和工程师之间的差别并不妨碍我们把机械工程学称作"应用物理学"。同理，虽然一名优秀的心理学家与一个善良的人之间具有本质不同，但存在于心理学和伦理学之间的逻辑联系仍然是值得注意的。

首先，伦理学和心理学在"原材料"上是相同的，即它们从各自的观点出发，关心的都是人类的行为；另外，伦理学和心理学都有一个共同的信念——坚信我们能够通过某种方式使别人接受、认可我们所有的行为。这种信念从某种意义上讲也是可以实现的，但如果只是一部分得到实现，就存在着一个危险，即忽视伦理学和心理学在目的与方法上的根本区别。事实上，抹煞二者的差别已经导致了主观主义和绝对教条主义的错误，其代表性观点是：伦理学就其严密的逻辑而言，属于心理学的一个分支学科，例如，石里克就坚信，伦理学要么是科学，要么就是胡说。他指出：“因为伦理问题是有意义的，因而也是能够解答的，所以伦理学是一门科学……伦理学的核心问题是一个纯粹的心理学问题。”[11]艾耶尔也步其后尘指出：“伦理学作为知识的一个门类，当属于心理学和社会学的组成部分。”[12]

因此请注意，伦理学与心理学之间的差异性和相似性。物理学家和实验心理学家是从选择和安排它们的材料开始他们的实验研究的，他们首先关心的是在可复制的境况下获得一种具有典型特征的标本。当他们在 S 境况中用 X 标本做实验时，不论实验条件 S 是一个云室还是一间教室，实验样本 X 是一片铝箔还是一组 9 岁的威尔士小学生，科学家们都是在 X 与 S 的相互结合的过程中获得实验结果的。与从事这种实验工作的科学家或工程师相比，“负责的公民”面对的是作出道德上的决定，他们必须尽其所能创造最佳，但是他们却不能够选择和安排其行为的材料。相反，对于实验中标本 X 的情况(如能保证 X 是纯度达到 99.99％的铝或是清一色的威尔士 9 岁儿童)人们已知甚多，或者能信心十足地预知这些情况。这些“负责的公民”是处在不能完全预知的环境条件下，面对不能完全确定的对象，因而，他们进行逻辑推理的目的和方法都有别于科学家所进行推理的目的和方式。科学家的目的是系统阐释一种规律，即：“任何一个 X 在 S 条件下，发展的结果 D 是可以预期的。”这种规律采取了一种事实命题的形式：工程师则满足于这样一种规律，“当人们在 S 境况下面对 X 时，该做 Y(或者 Y 是正当的行动)”，这种规律采取了一种规则的形式，工程师可以用它去满足实践的需要。

因此，说伦理学和心理学具有一个共同的理想——形成使他人接受我们行为的方式的完整知识，这是我所想到的一切——假设我们已经拥有这种知识，它是人们的共同财产，那么，每一个道德原则都会与某一个心理学规律相应。

与“当人们处在 S 境况下，面对 X 时，D_1 行为是正当的，而 D_2 行为是错误的”这一道德原则相对应的，是以下心理学事实规律：“对任何一个处在 S 境况下的 X 来说，D_1 行为可以被预期将会导致普遍幸福，而 D_2 行为则会导致普遍不幸。”

然而，只要心理学本身还不完善，我们的道德就不得不独立于心理学之外而寻求发展。伦理学与心理学之间的联盟使它们仍共享一种理想，就好像是两个在阿尔卑斯山中挖掘隧道的人那样，道德沿一个方向为此理想而奋斗，而心理学则沿另一个方向为此理想而奋斗。

(庚)道德家的任务

我不想不加评论地写下"道德家"这个词。传统的道德家概念指的是那些"既定的进行道德说教的人"[13]——即沉溺于道德的人——使我们联想到那些躺在椅子上的空头评论家的形象，他们不屑于为物质利益而奋斗，而满足于用夸张的和不利的道德判断来评判那些较不幸运者的行为。其实，我用"道德家"这个词时，所想到的完全不同于这副传统说教者的面孔，我只是苦于没有更好的词儿才沿用此词的。不过，选用这个词也有一个优点，因为我所描绘的道德家正是那些椅子上的道德说教者们所力求成为的人（但他们就好像是青蛙想变成公牛那样毫无希望）。也许，我在这篇结束节中使用"道德家"一词是可以得到谅解的，因为我没有采用另一些更有倾向性的短语，如"理想的道德家"或"伦理改造者"，等等。

在此所涉及的乃是我心灵深处的问题。我认为，承认这种逻辑的标准适合于道德决定是一回事，而在实践中运用这一逻辑标准又是另外一回事。在日常判断中，我们可以依赖现存的道德法典，以之为指南，但要批评法典，并认识到需要改变的方向，则是我们不可能都成为专家的事情。因为这需要各种相应的资格。作为一个逻辑问题，确定一个使用标准并非难事，但作为一个实践问题，实际运用标准的难度则会不断加大。当我们放弃日常事务的决定，试图对现行制度和特殊改革的可欲性作出评判时，难度就会更大。因此，我们不能只回答"以什么理由去支持一项伦理判断"的问题，而且还必须拷问这样一个问题："如果一个人对道德法典和制度之变革的判断是可信的，那么他个人应该具备什么样的资格？"

把这个人设想为一个心理学家是不够的，虽然他对人类本性的理解如同心理学家的理解一样深刻，但他的观点却是不同的。与实验心理学家相比，他有更具实践性的目的，必定在一个更为广阔的范围内展开工作,因此他类似于工程师。但如果把他想象成一个工程师,也是不够的。如果我们视伦理学为"应用心理学",那么,我们大家就都成了"道德工程师",每当我们作出道德决定,都是在应用社会教给我们的道德法典(即标准的行为法典)。道德家的任务不只是运用现行的原则去解决日常问题。他还必须能够确认到一项原则或制度的时效,能够把握在什么时候需要去改变各种条件,创造新的机会,人们需要某些新鲜事物——即:一种新的行为模式、新的行为规则和新的社会制度,而在这方面,道德家更像一个研究型的工程师,而不是一个工匠。但道德家还不只是工程师,后者有进行实验的机会,而道德家却只能观察;在这一点上他倒像是艺术家,他要根据对以往事件的个案研究,来展望我们能够做些什么和我们现在需要做些什么,然后还必须制定一个能够使其观念发挥效用的方式。

我们可以说,道德家要集心理学家、工程师和艺术家的品质为一身。其中,心理学家的品质必定使他知晓如何预期人们在不同环境下的行为方式;工程师的品质使他在社会生活的广阔领域中能够自如地处理各种实际生活境况,能够超越在实验室和医院诊室中建立起来的极限值,去正确估计应用原则的"安全因素";艺术家的品质使他能够敏锐地察觉在什么时候必须适时地变革各种特殊的行为规则,并且在新的历史时期探索出"人类心灵的特点"[14]。道德家必须研究制度和社会实践,不仅要研究它们的实际作用,而且还要研究它们究竟应该如何发挥其实际作用。这就意味着,处在我们这个时代的道德家,无论如何必须具备经济学的基础。除非他有这一基础,否则,他们的改革设想就会像沙滩上的城堡那样,被不断发生的饥荒、失业和无家可归等不幸事件冲刷得荡然无存。

然而,这还只是一个开始,解决经济问题也只是为了使改革取得更积极的成效而做的准备工作。对道德家来说,只是熟悉在社会运行中那些可以用经济学方法进行测算的那些必然因素是不够的,道德家不能只是熟知像食品、住宅、工作、娱乐这样一些无可避免的需求,他还必须懂得更加重要的、不同于圣诞蛋糕的商品,这些商品不仅可以供我们"吃",还可以使我们"拥有它"[15]。当然,为此他必须了解人们的真实感受和需要,甚至必须了解人们能够如何感受和享用；他还必须学会用一种人们易于接受的方法，去向人们展现可能给人们以更深刻的满足的东西。

但这种说法有一种危险，即：它暗示着存在着一个优越的、理应受到特殊尊敬的个人阶层，他们被赋予了对社会进行道德批评的特殊权力。然而我在谈论"道德家"时，并没有预设这样一个特权阶层。"道德家"的头衔应该被理解为某种通过努力才能赢得的东西，而不是一种特殊的社会等级或职业的名称，它在性质上更类似于"公民"这个概念，而不同于"外科医生"这个概念。当然，说道德家类似于"公民"，并不是说人人都可以做道德家的工作，而只是表明存在着这样一个事实：社会制度的发展并不需要具有特殊远见的天才，它需要的不是伟大人物的理想，而恰恰是普通人在日常行为中所表现出来的对过时的道德法典的不从，正是这种不从才导致了社会所需要的变革。这一事实与我关于"道德家"的概念并不矛盾，相反，它只是说，在从某种限制性意义上，我们都是道德家。因为人们拒绝服从的行为常常是基于他们对现行规则的反对之上的，任何人都无法看清能够引入的新规则是否更好。

在社会的发展过程中有这样一些历史阶段存在，在这些阶段个人的抵制显得势单力薄，而公众的意见又远远落后于社会发展——特权的优势蒙蔽了那些本来可以帮助其他人减轻痛苦的人们的眼睛。在这些历史阶段中，我们常常发现有某个杰出的历史人物脱颖而出，成功地履行了道德家的历史使命。但是，杰出人物要获得这样的成功，必须有一个前提，那就是他必须活在人们的心中，不是作为一个独行者、一个预言家、一个堂吉诃德式的狂人、一个浪漫主义诗人或者一个黑格尔式的学究那样活着，而是活在与他志同道合的人们中间。这样，他的同志们才能够通过与他交往，求教于他，同时又对他推出的治国方略进行不断的批评和检验，并根据他们的愿望和理解力来修改和完善他所提出的各种改革建议。他和他的同志都始终牢记伯里克利所坚持的原则："我们都能够判断社会的政策。"[16]伯里克利或许是为数不多的政策原创者之一。

要在一个人身上体现出那么多的个人品质和资格似乎不太可能。因为真正关注现行制度中不公正现象的人本来就为数不多，而在这些人当中，又常常是些义愤多于理性的人。

只有极少数卓越的人才会对人类产生普遍的爱，这种爱使得他们不能忍受许多常见的社会丑恶现象和人类苦难，不论这些邪恶和苦难是否关系到他们自己的生活。他们首先从思想上进而在行动上所追求的目标，不是逃避现实，而是创建新的社会制度。通过这种追求，生活可能变得比现在更加富裕、更加充满快乐，更少一些可以预防的罪恶。[17]

兼有义愤和理性的人更少。这样的人不仅思想观念清晰，而且具有远见卓识，他能洞识并提出社会改革的正当时刻，因此他们对于观念和制度的创新，既不会感到震惊，也不会感到羞惭。如果以这样的标准来衡量，那么即使最伟大的历史人物也只是取得部分成功，甚至于最杰出的伟人也难免在某一个方面表现出某种缺陷。

在一个层面上，有许多伟大的宗教导师，但他们(也许是明智地)却没有抓住自己时代的经济问题。而在另一个层面上，虽有像伯里克利和苏格拉底这样的伟人，他们的工作又经受不住急风暴雨的考验。我们还可以列举一些我们同时代的人，如罗斯福、凯恩斯、肖和悉尼·韦伯。

他们也许比较接近于我们的理想，但罗斯福也和伯里克利一样，工程师的气质显得多了一些，而苏格拉底却又少了一些。要兼有我所述及的各种品质，并在其间达到某种平衡，其可谓是一种奇迹，具备这种才能的人只是凤毛麟角。从综合素质来看，凯恩斯无论如何都是值得人们记住的人，他既有远大理想，又谙熟社会现实，而且，他在对技术细节的详知方面可与莱昂纳多相媲美。更为可贵的是，他在后来达到了这样的思想境界，他看到了人类是一种不断产生需要、性情和能力的物类，把人虚构为"经济人"是有局限的。虽然身为一名经济学家，但他最大的愿望是在人类的未来——经济问题退回到它原本该属于的位置，人类的心灵和大脑将为我们的真正的问题——生活问题和人类关系问题、创造问题、行为问题和宗教问题——所占据。[18]

凯恩斯在某种程度上理解到了我们所面临的问题的本质。

注释

[1] 艾耶尔：《语言、真理和逻辑》，第 2 版，21 页。

［2］在这种情况下，我们也可以借用"义务"一词，但实际上我们并不是根据"在别人需要你时去帮助他"这样完全普遍的义务来进行推理的，而是根据对行为后果的考虑作出结论的。就我们目前的目的来看，在这两种推理方法下所使用的"义务"一词的差异纯属语词上的差异。

［3］参见前述第 8 节之 5。

［4］参见前述第 11 节之 2。

［5］参见休谟：《道德原理探究》(塞尔比·必格编)，582 页。

［6］当然，这允许保留我们在第十一章第 6 节中所说过的那种情况，也关涉不同社会中相似境况之间的可比较性。

［7］大众版，386～387 页。

［8］引用其同名作品，75～76 页。

［9］布拉德雷将此短语作为其《伦理学研究》中第 15 章的标题。

［10］关于开放社会与封闭社会的区别，参见波普的《开放社会及其敌人》。

［11］莫里兹·石里克：《伦理学要素》(S.E.T. 英译本)，1、21 页。

［12］艾耶尔：《语言、真理和逻辑》，第 2 版，112 页。

［13］参见袖珍牛津字典中的"道德家"词条。

［14］哥尔德沃斯·L. 狄更生：《善的意义》，86～87 页。

［15］对于这一点，请参见 A.C. 彼格的《福利经济学》，第 2 版，第 1 部分，第 5 章。

［16］请回顾伯里克利关于雅典与斯巴达的战争的著名演说，在其中他提出了雅典民主制的原则。

［17］参见伯特兰·罗素：《通向自由之路》，10 页。

［18］J.M. 凯恩斯：《论说服》，前言 7 页。

选译自［英］S.E. 图尔闵：《理性在伦理学中的地位审察》，
剑桥，剑桥大学出版社，1964。 韩跃红译，万俊人校。

［美］拜尔（Kurt Baier，1917—2010）

《道德观点》（1958）（节选）

《道德观点》（1958）（节选）

道德观点

纵观整个哲学史，道德观点的主张之目前最流行的支持者是自利的观点。这两种观点明显是相互平行的。两者都以善为目标，两者都是合理的。两者都包括深思熟虑和对各种理据的重视。对这两者中任何一种的采纳，都形成含有"应当"这一语词的陈述。两者都包括自我克制的概念及对欲望的控制。而且坚持认为，除非一个人行为的目的是为了提高自己的善，否则他根本没有理由做任何事，这一主张是真实可信的。因此，如果道德想要得到理性的支持，则道德的理由必定是自利的理由，因而道德观点和自利观点也必定是一样的。另一方面，道德和自利又常发生对立，这一点看来也同样很明显。道德经常要求我们不做自利所提倡的事，或要求我们做自利所禁止做的事。因此道德和自利又不能是同一观点。

（甲）自利与道德

道德观点就是自利观点，我们能够保留这样一种学说吗？克服刚才提到的那种困难的一个办法就是，在两种意义上的自利——短视的和明智的——之间，划出一条界线，短视的利己主义者总是注意他眼前的利益，而不考虑这会怎样影响他人，及他人的反应又会怎样影响他。与之相对，明智的利己主义者知道，他不能得到生活中的最大利益，除非他关注他人的需要，而他的利益正依赖于他人的善。这一点上，（不道德的）利己主义立场不同于道德的立场，因为他不考虑他人的利益，即使不需要对此付出任何代价，或当自己的长远利益很可能比眼前的牺牲更大时，他也不考虑他人的利益。

如果我们把那些对考虑每一行为过程本身的价值进行考虑的利己主义者，同那些为了方便起见，采用他们发现的、会提高他们长远利益的某些规则利己主义者区分开来，这种观点就可能更为真实可信。像这类口号"诚实是最好的策略"，"给慈善机构而不给国家税务局"，"你认识的人可能注意到你时，总要给乞丐一便士"，"对你的仆人好一点，他们会像奴隶一样为你效劳"，"从不对任何人傲慢自大，可能有一天你需要他帮忙"，都是这一类规则。它们体现了某特定社会的智慧。明智而远虑的利己主义者，可以采用这些规则作为扳手指的规则，也就是作为显见的规则，除非他有足够证据证明，违反它们比遵守它们对他更为有利。显然，明智的利己主义者采用的行为规则，与那些严格遵守我们的道德法典的人的规则非常相似。

西季威克似乎相信，利己主义是合法的"伦理学方法"之一，尽管他在"直觉"的基础上认为它是错误的而拒斥它。他通过论证每个人可以一贯地采用利己观点，来支持利己主义的合法性。"我完全承认，当另一个人在自己的幸福与普遍的幸福之间选择而必然产生痛苦时，作为一个理性存在者，他会宁愿选择自己的幸福。"[1]立场一贯的明智的利己主义者满足绝对律令的要求，至少能满足它的一种形式，"要这样行动，永远使你的意志的规则能够同时成为一条普遍法则"。

然而，人们无需任何"直觉"便可明白这不是道德观点，即使普遍采用它而不自相矛盾。首先，（最多）只有在混乱的条件下，在正常的道德秩序崩溃时，我们才允许一个立场一贯的利己主义者在所有场合采用"每个人为他自己"的原则。采用这一原则标志着人们回到了丛林规则，回到了自然状态，在此情况下，"较软的""更有骑士风度的"道德方式没有市场。[2]

这一观点可以表述得更严格一些。我们可以表明，那些采用一贯利己主义的人不能作道德判断。对一贯的利己主义者来说，道德对话是不可能的。但这根本就是一贯利己主义者的一个归谬法。

让 B 和 K 成为某一国家总统职务的候选人，而且符合任何一个即将当选者的利益都是理所当然的，但只有一个人能够成功。如果 B 当选，那么，会符合 B 的利益，但不符合 K 的利益，反之亦然。因此，如果杀死 K 就符合 B 的利益但不符合 K 的利益，反之亦然。但由此接着发生的是，B 应杀死 K，B 不这样做就是错的，B 杀死 K 才算尽到了义务。同样，K 知道自己被杀符合 B 的利益，因而预测到 B 杀死他的意图，应当采取措施挫败 B 的努力。他不这样做就是错的。他确实制止了 B 才是尽到了他的义务。接下来，如果 K 阻止 B 杀死他，他的行为必定被说成既是错的又不是错的——其所以错是因为阻止了 B 应该做的，那是 B 的义务，B 不那样做就是错的；而其所以不错是因为阻止 B 是 K 应该做的，那是 K 的义务，K 不那样做就是错的。但同一行为（逻辑上）不可能在道德上既是错的又不是错的。因此在像这样的情形中，道德不起作用。

这显然是荒唐的。因为道德就是为了用在这样的情形中，即用于那些存在利益冲突的情形。但如果道德观点是自利观点，那就永远不会有对利益冲突的道德解决。然而，在发生利益冲突时，我们总是寻找一个"更高的"观点，一个由此可以使这种冲突得到解决的观点。一贯的利己主义使每个人的私利成为"最高上诉法院"。但通过"道德观点"，我们的意思是指一种观点，它是人们利益发生冲突时所诉求的法庭。因此它不能（逻辑上）等同于自利观点。因而，西季威克错在认为一贯的利己主义是"合法的伦理方法"之一种。他错误地认为，人们需要一种"直觉"才能明白它不是那种正确的道德观点。最高法庭不是可以用那种我们依其能够"明白"小法庭连续审判的方式就可以弄明白的。

(乙)道德意味着按原则行动

一贯的利己主义的另一个特征是，一个一贯的利己主义者所遵循的规则只是一种纯粹掰手指的规则。一个一贯的利己主义者只有一个最高原则——做任何事情都必须实现他自己的目标——即提高他的利益。他没有原则，只有一个目标。如果一个人采纳了道德观点，那么一个人就应按原则行为，而不仅仅是按提高其目标的掰手指规则来行为。这就意味着他应遵守规则，而不管这样做是否有利于某人自己的目标或任何他人的目标。

康德把握了这一要点，即使只是模糊不清地。他看到，采纳道德观点意味着按原则行动。这意味着，即使这样行动是令人不快、痛苦、代价高、对某人自己亏本太大，也要遵从规则。进一步讲，康德正确地证明，既然道德行为是按原则行为（而不仅仅按掰手指的规则而行动），一个道德行为者就不应为自己的利益而破例，而且他把这解释为道德原则是绝对不可更改而又毫无例外的。因此他断定，如果"你不应杀人"表明了一个道德规则，那么，任何一个可恰当地描述为杀了某人的行为，在道德上都必定被说成是错误的。

康德也明白，这种观点要求他拒斥我们某些根深蒂固的道德确信；我们肯定认为，自卫杀人或行刑者杀人在道德上并不为过。康德想说，按照这一观点，我们的道德确信也是错误的。我们能挽救这些道德确信么？惟一可选择的——说按原则行动不要求我们为了自己的利益不破例——看来同样也站不住脚。

因而毫不奇怪，许多哲学家都摒弃了康德的（及常识的）观点：该观点认为，行为的道德正当性是它具有与道德原则或道德规则相一致的性质。于是，义务论者主张，正当性是一种可以在一个行为中"看到"或"直觉到"的单一性质，而功利主义者则认为，正当性是一种复合性质，是行为之提高最大多数人最大幸福的倾向性。但是，众所周知，这些解释并不可信，且导致诸多困难。

然而，整个问题之所以产生，只是因为一种混乱，"对一个规则破例"这一说法，与"有例外的规则"这一说法之间的混乱。这个混乱一旦清除，我们就可以明白，康德这样说是对的：按原则行动指的是不为了任何人的利益而破例，但人们不能说，因而所有道德规则都必须是绝对毫无例外的。

"禁止在城里停车"有许多公认的例外，这些例外是这一规则自身的一部分，例如，"在正式停车区停车除外"，"在停车线上停车除外"，"在星期六早上及每天下午8点钟以后停车除外"。一个人不懂得这些例外，他就不完全懂得这一停车规则，因为这些例外更准确地限定了它的适用范围。警察没有控告一位把车停在停车线上的开车者，这不是警察豁免开车者(为了开车者的利益而破例)。相反，他是在正确地执行这一规则。如果说他没有对开车者执行禁止停车的规则，他会在它没有得到执行的地方执行它，因为这是那些公认的例外之一，这些公认的例外是这一规则的一部分。相反，一位开车者在某繁忙的一天的上下班高峰期，把车停在禁停区内，警察却没有控他，那就是在为了这位开车者的利益而破例。如果他这样做是因为这个人是他的朋友，他就是非法豁免他的朋友。如果他这样做是因为开车者是一位医生，这位医生是请来料理一位躺在人行道上昏迷不醒的人的，那么他的豁免就是一件"应得情形"，他合法地豁免了例外者。

让我们把这种区分应用到既定道德的规则上。首先请注意，道德规则不同于法律和法规，因为它们不是由像警察和法官这样的专门机构来执行的。每个人都在自己"执行"它们。然而，提一下某人为了自己的利益而破例是很有意义的，因为一个人知道某一规则确实要施于他，他可能会拒绝，也就是说，一个人即使知道他应当遵守某规则，他也可能拒绝遵守之。如果为了某人自己的利益而破例是正当的，那为了他人的利益而破例也是正当的。为了某人自己的利益而破例，同为了某人的妻子、儿子或侄子的利益而破例，几乎同样是不道德的。

因此，一个人出于自卫而杀了一个窃贼，我们说这个人没做任何错事时，我们不是为了房主的利益而破例。这样说更接近于真实情况：在我们的道德中，"你不应杀人"这一规则有某些公认的例外，其中有"出于自卫"。我们可以说，如果一个人不懂得这一规则有某些公认的例外，其中也有这一例外的话，那么，他也就不完全懂得我们所说的"你不应杀人"的规则。

如同其他推理规则一样，我们的道德确信是只以这类推论为根据的。[3] 杀人为错，除非出于自卫而杀人、由行刑者杀人、战争中杀敌、意外致死及可能的怜悯致死术。如果是这几类杀人之一，那就不是错的。

即使它是一种错误的杀人行为，它也只是显见如此，而其他方面却是相等的。因为可能有一种压倒道德的理由而使人们赞成杀死这个人，例如，他要炸毁一列火车，而杀死他是制止他的惟一方法。

为避免误会，我们应提出进一步的观点。与法律和法规不同，道德规则不是由某人制定的。因此，人们懂得道德规则并不意味着他们也确切地懂得什么是某个人所要求的、所禁止的、他应允许何种例外，因为没有任何这样的人。在法律、法规的情形中，正是这种知识使我们在以下两者之间划清了界限，即说某人可获豁免，与说他只是在实施对这类情形规定了一个例外的规则之间的界限。我们对道德规则的区分看来是不成功的。

然而，对此这一回答过于简单。当一位法官被授权在"应得情形"中破例或给予豁免时，什么是"应得情形"这一问题当然并没有由法规本身给予解释。如果该问题已得到解答的话，法官就不是在行使他给予豁免的权利，而只是根据法规的规定执行其权力。那么，法官或警察如何知道何为一件应得情形呢？一位医生为照料一个受伤的人而把车停在禁区内就是这种情形，即一种在道德上应得的情形。警察或法官准予现存的法规出现例外，与此一致的原则是道德原则。就道德原则而言，作为规则部分的例外与应得情形两者之间不可能有任何区分。惟有应得情形才会是道德规则的一部分，而且每种应得情形都完全是它的一部分。因此，在法律、法规的情形中，有超出规范本身允许的例外之理由（有一个道德上应得的情形例子），而在道德原则的情形中就没有任何这样的理由。因为所有应得的情形，从其本性来看，都是道德规则本身的一部分。因此，出于某人的利益而使道德规则破例永远都不是正确的。因此康德非常正确地指出，为了某人自己的利益（以及为了任何其他人的利益），而使道德规则破例总是错的，但他错误地认为这使得道德规则不可改变。

所有这些都是从道德原则的本性中推出的结论。它们同等地约束每个人，不管它所涉及的人的目标或目的是什么。因此自利不可能是道德观点，因为它把每一个体立为至上目标，他自己的利益凌驾于他的所有其他的准则之上。

(丙)道德规则是针对每一个人的

说如果我按原则行动就是我采纳了道德观点，也就是说，如果我在自我无法实现我的此种或彼种目的、愿望时，仍遵循那些我不会破例的规则，那么这还没有充分刻画出道德观点的特征。要通过比这种情形更具普遍性的情形来刻画它的特征。我们必须把它看作这样一种立场：由此出发，道德原则被认为是每个人都奉行的。道德原则不仅仅是一个人必须始终奉行而不作任何破例的原则，而且它们也是针对每个人的原则。

由此推知，道德教导必须是完全普遍和开放的。道德是以这样的方式——即每个人能够且应当总是按照这些规则行动——教给群体的所有成员的。它不是被压迫阶级、特权阶级或个人的保护区。如果人们没有把道德规则教给他们的孩子，那他们就是忽视了他们的义务。我们之所以把孩子们从犯罪的家庭中分离出来，就是因为在那样的家庭里他们不可能受到道德规则的教育。此外，我们必须极开放地且无差别地把道德规则教给每个人。一部神秘的法典，即一套戒律，只为内部成员所知，且可能忌讳地不让外人知道，该法典充其量只会是一种宗教，而不可能是一种道德。"你不应吃豆子，这是一个秘密"，或"始终不要把你外衣的第三个扣子扣上，但不要告诉除内部成员以外的任何人"，这些都可以是神秘宗教的一部分，但不会是某种道德的一部分。"你不应杀人，这是一个严格的秘密"这种说法是荒唐的。"神秘的道德"是一个矛盾的术语。所谓较高级的宗教，浸透着传教士精神并非偶然，因为它们把原始宗教对魔鬼、上帝、神灵的信念同某种道德体系结合起来。原始宗教通常不涉及使人改宗。相反，他们浸透着一种排他的商业秘密般的精神。如果一个人把某人的宗教看作凝缩的人生智慧，只向被选中的人显现，他就会把它看作俱乐部式的排他所有权，只限于优等人。另一方面，如果把这些规则看成是针对每个人的，那么一个人必须始终如一地想传播这一福音。

普遍可教性的条件产生道德规则的三个其他标准。首先，它们绝不是"自我挫败的"。如果每个人都奉行这些规则，他们的目标就受到挫败，如果他们只是在许多人奉行相反的原则时才持有这种观点，那它们就是自我挫败性的。例如，某人可能奉行"困难时请求帮助，但从不帮助处在困难中的他人"这一原则。如果每个人都采纳这种原则，则他们采纳该原则后半部分显然会挫败他们对该原则前半部分——即，当一个人困难时请求帮助——的采纳意义。尽管这样的原则并不自相矛盾——因为任何人都可以始终一贯地采用之——

然而，从道德观点来看，它是会遭到反对的，因为不可能把它公开地教给每一个人，由是它也就失去了它的意义。它是一寄生原则，只有许多人奉行它的反面时才对某人有用。

"自败的"和"道德上不可能的"规则也同样如此。一旦某人一让人知道他采纳了某条道德原则，比如说，"即使你知道或认为你绝不可能遵守，也不打算遵守诺言时，也要许诺"这一原则，则该原则就是自败性的。许诺的意义是使受约人放心并向受约人提供保证。因此对承诺者的诚信提出任何怀疑性的理由，都会使作出承诺的目的落空。因此很明显，让人知道——即使当某人知道或认为，他不可能或不打算遵守诺言时也要许诺——将引起这种怀疑。因此，说某人按以上原则行动，也即意味着在这些情况中他可以轻易承诺。因而揭露某人奉行这一原则往往会使他自己的目的落空。

我们已经说过，道德规则必须能公开地加以教导，但公开地教导这一规则时，又会导致自败，因为这样一来，大家都知道每个人都将奉行这一规则了。因此它不可能属于任何群体的道德。

最后，有些道德规则确实不可能像群体道德规则那样能够以文字的方式去施教，例如，"永远断定你认为不是事实的东西"这一规则就是如此。这种道德上不可能的规则不同于自我挫败的和自败性的规则，因为后者能够以这种方式加以教导，尽管这样做会毫无意义；而前者确实不能如此施教。上述规则之所以不能以这种方式加以教导，原因在于，惟一可能奉行它的情形——秘密地这样做——被排除在道德教导的条件之外。

（1）让我们首先考虑一下某人秘密地采纳了这一规则。他的评论几乎总是误导人们，因为他将被认为是在说他认为是真的东西，而他实际上是在说相反的东西。而且，在绝大多数情况下，他所认为的东西（而不是他所说的东西）将是真的。因此，实际情形通常是：当他说"非p"时，p就是真的，而当他说"p"时，非p就是真的，而人们都认为，他说"p"时，p为真，而他说"非p"时，非p反而为真。这样他和他人之间的交流就中断了，因为他们几乎总是被误导，而不管他是否希望误导他们。交流的可能性取决于说话者随意地说要么他所认为的东西是事实，要么他认为的东西不是事实的能力。我们的说话者之所以不能与人交流，是因为他的原则，这一原则非误导他的听众不可。

因此，任何秘密采纳"始终坚信你认为不是事实的东西"这一原则的人都不能与他人交流，因为他必定误导他们，不管他是否想误导他们。因之，他不能把这一原则教给任何人。而且，如果他把这一原则教给别人而自己又没有采纳它，那么，尽管他会为人理解，但那些采纳它的人却不会为人理解。无论如何，由于道德教导包含着教导这样的规则，诸如那些被教导的规则可以公开申明，使人们遵守它们，这种情形也就被排除了。一个为秘密接受加以教导的原则，根本不能具体化为群体的道德规则。

（2）当然，人们可能很快会意识到，我们所说的这个人有何问题。他们可能发现，人们为了不为他所说的误导，只要用"p"代替"非 p"即可，反之亦然。但如果他们这样做，那么他们就解释了他的讲话方式，但不是解释为下述一般假定的递反：该假定是，一个人说他认为是事实的东西（而不是相反），但却将之说成是"非"之用法的一种改变。在他的语言中，可以说"非"已变成了一种肯定的标志，而删掉又会引起否定。因此，如果要使交流成为可能，我们就必须把人们打算使用的用法改变解释为对下述假定的递反，该假定是：每一种断言都传达着断言者信以为真的东西。

如果每个人都偶然同时秘密地采纳了我们的"永远断定你认为不是事实的东西"这一原则，那么，至少在某些时候，交流是不可能的。相反，如果该原则被公开采纳，则交流就是可能的，但只有对这一原则的采纳伴随着"非"的用法的变化，这一变化才会完全消除人们采纳这一原则的影响。然而，在此情形下，人们很难说这一原则已被采纳。

（3）我们正在考虑的情形既不是（1），也不是（2）。我们正在考虑对"永远断定你认为不是事实的东西"这一原则的公开教导，为了让每个人公开接受它，就不能把这种接受理解为对"非"之用法的一种改变。但这是胡说八道。我们不能都公开地相互告知，我们总是以某种方式相互误导，并坚持认为我们必须继续被误导，尽管我们知道如何避免被误导。我断定，这一原则不能具体化为一项属于任何群体之道德的规则。

这三点关乎人们的普遍利益，因为它们澄清了包含在康德绝对律令中的某些有价值的理由。尤其是澄清了"立意要使"这一词组，这一词组包含在"你要这样行动，你立意要使你的规则变成一条普遍的自然法则"这一陈述之中的。在一种意义上"立意要使"的意思是指我所谓"道德上可能的"。你的规则必须在道德上是可能的，也就是说，在逻辑上能成为一项属于某一群体之道德的规则。像"永远说谎"这一规则就不是。没有人会希望此一规则成为某种道德的规则。说某人希望如此，是自相矛盾的。任何人都不会希望它，一如人们无法让时间倒流。

"立意要使"的第二种意义是，任何有理性的人都不会愿意发生某些事情。自我挫败和自败性的规则在道德上是不可能的，它们根本就毫无意义。任何有理性的人都不会希望这样的规则成为任何道德之一部分。这也就是说，任何希望他们应该因而使自己免于非理性的指控的人，都像那位希望他永远不应该实现其目的或者应该（根本毫无理由）终生受风湿病痛的折磨的人那样。

刚才提出的几点也表明了康德学说的缺陷。因为，如果说奉行"永远说谎"这一规则的人，是在按道德上不可能的准则行事这一点是真的，那么每个说谎者都必定奉行那条准则则不是真的。如果他永远奉行一条原则，那么情况可能是比如说，它可以是"当说谎是在避免伤害某人的惟一方法时说谎"，或"当说谎发生在对你有益而对他人无害时"或"当说谎发生在使人愉快且无害时"。当然，人们在上述解释的每一种意义上，立意遵循这些准则。

（丁）道德规则必须是为每个人的善的

迄今为止，上面所提到的那些条件仅仅是形式的。它们排除了某种与形式要求不相符的规则。但道德规则也应有某种内容。对这些规则的遵守应是同样也是为每个人的善的。特拉西马库斯认为，正义有利于强者，如果说这对他那个时代的社会来说是确实的话，那么，从道德观点来看，这也是对其法律制度的指控。这表明，在这些社会里，以道德命名的东西只是一套以牺牲大众为代价而使统治阶级富有的规则和法律。但不管这些规则多么符合形式标准，也因其不公正而成为错误的。因为在这种给定的初始社会条件下，在法律面前的形式平等可能有利于某些群体，而使其他群体受到剥削。

　　有一个明显的方面，在此方面，规则可能是同样有利于每一个人的善的，假如它推进了共同的善的话。我得到提拔且我的薪水也随之而得到提高，这对我有利。且这也对我的妻子、我的家庭、也可能对其他一些人有利，但它对我的同事不利，他本来希望得到提拔的，现在却被排除在外。若结果他的名声受到损害，这甚至可能就是损害他的根源所在。如果采煤工的工资得以提高，对采煤工有利。这有利于他们的共同的善。另一方面，如果生产提高了，且随之每个人的生活水平提高了，那确实对每个人都有利。如果能产生这类结果的话，"更勤奋地工作"这一规则就是有利于所有人的善的。

　　有利于每个人共同善的规则，如果真的有，也微乎其微。但规则可以同样地有利于每个人的利益，即使遵守这一规则的结果在我们所解释的意义上并不利于人们的共同善。诸如，"你不应杀人"，"你不应残忍"，"你不应撒谎"这类原则，在某种其他意义上，明显是同样有利于每个人的善的。这种意义是什么？如果从道德观点来看这些规则，这一意义就一目了然了，这就是一种独立的、无偏见的、公道的、客观的、冷静而又无私的旁观者的观点。采取这样一种上帝之眼的观点，我们可以看到，每个人都应遵守"你不应杀人"这一规则，同样有利于每个人的利益。从道德观点来看，很明显，如果同等地允许每个人追求他自己的利益——假设这不会从反面影响他人的利益，则同样有利于每个人的利益。如果我杀死某人以追求我的利益，也将会干涉他的利益。

　　我们可以毫无疑问地说，道德中包含着这样一种上帝之眼的观点。最基本的教导是以这种观点为基础的。这条所谓黄金律可概括为："己所不欲，勿施于人。"我们教给孩子们道德观点时，总力图使他们学会设身处地，我们会对他们说："如果那事发生在你身上，你会怎样？""不要作恶"这一最易于接受的道德原则，只不过是阐明，这种禁止的最一般形式。因为作恶是行善的对立面。行善就是对另一个人行善。如果他遵循（自利的）理由行事，他就会只为自己。作恶就是对另一个人做与对待自己的理由相反的事。损害另一个人，伤害另一个人，对另一个人做了他不喜欢的事，这些都是这种行为所采取的具体形式。杀人、残忍、制造痛苦、致人残废、刑讯逼供、欺骗、诈骗、强奸、通奸都是这类行为的例子。它们都违背了"可逆性"的条件，也就是说，在我们能讨论的行为中应是对每一个人必须是可接受的那种条件，不管他在它"给予"的一端，还是在它被"接受"的一端。

重要的是要了解同样有利于每个人的善之条件所确立的是什么。首先，任何行不可逆行为的人都是在做错事。这与他是否知道它是错的无关，也与其群体道德是否承认无关。这样的行为"本身就是错的"，与个人或社会的承认无关，也与它所应有的结果无关，此外，这类行为的每一单独的行动都是错的。我们不需要考虑行这种行为的群体或整个人类，而只需考虑每个单一的事件。因此，我们可以说所有不可逆的反推行为在道德上都是错的；因而任何行这种行为的人都在明知故犯地做他不应该做的事。我们不需要考虑这类行为是否会产生有害的结果，是否为人类群体的道德所禁止，是否他自己认为它是错的。

可逆性原则不仅仅对道德行为者施加了某些禁令，而且也施加了某些肯定的命令。例如，当一个人处境困难，而我们又可以帮助他却又袖手旁观，这时候，我们的做法就是错误的。所谓厚道者的故事指明了这一点。上述黄金律的肯定性表达也更普遍地表明了同样的意思："己欲立而立人，己欲达而达人。"明显知道别人处在困难之中，而我们却在可以帮助他们时袖手旁观，不仅不值得赞赏，而且是错误的。然而这一结论不是从下面的观点推出的：即不提高最大多数人的最大的善，或不提高世界上最大量的善是错的。义务论者和功利论者同样都犯了一个错误，认为做最优化的行为是我们的道德责任之一或惟一的道德责任。没有比这更荒唐的事情了。我们没有这样的义务，根据这一义务，在世界上创造最可能大的善，以施善于他人，或我们自己，或他人和我们自己的明智结合。我们总是应做最优化的行为，或者说，在我们无需履行任何更严格的义务时，应做最优化的行为，这一观点会产生荒唐的结论：无论我们什么时候休息，我们都是在做错事，因为在此场合下，我们总有机会去做比休息能够产生更大善的事情。与单纯的享乐相比，解除痛苦总是较大的善。然而，人们再清楚不过的是，一位工人，在劳累了一天后，穿上他的拖鞋，听着无线电收音机，他没做任何他不应做的事，没有忽视他的任何义务。人们可以完全正确地指出：有些事情他可以做，这些事情与躺在炉边休息相比，能为世界创造更多的善，甚至也能为他自己创造更大的善，即使人们可以这么说，他也无可指责。

(戊)打破与重建道德平衡

迄今为止，我们只是考虑了起码的道德规则，也就是那些禁止或命令某类行为的规则，例如"你不应杀人"，"你不应偷盗"，"你邻居需要你的帮助时，你应帮他"，诸如此类。第二级的道德规则是命令或禁止某类行为的规则，它们与"道德平衡之打破"相应，例如，"以眼还眼，以牙还牙"，"让无罪者扔第一块石头"，"善有善报"。

何为"打破道德平衡"？当每个人"严格地各司其职"时，道德平衡就得以保持。当柏拉图把道德与各司其职联系起来时，他是对的；其错误只在他对这种联系的解释。各司其职而不干涉他人，不是道德存在的全部，尽管人们可以正确地说：当每人各司其职时，道德平衡就得以保持。这种平衡可以用两种完全不同的方式打破。我可以用对我有利或不利的方式行为，来打破这种道德平衡。我也可以增加道德借方或贷方的账目，来打破这种平衡。如果说第一种方式是指我做了我不应该做的事，那么第二种方式是指我做了"超出我的义务"的事；如果说第一种方式是我违反了一条"义务规则"，第二种方式是指我遵守了一条"额外义务规则"。例如，当我杀了某人、偷了东西、对某人残忍或犯了通奸罪时，我是在增加道德借方的余额。相反，如果我冒很大危险救了某人的命，或为一件善事作了巨大的财产牺牲，我就是在获取道德贷方余额。我们正是因为这些情况才提出第二级道德规则的。从道德上讲，起码道德规则界定了什么是各司其职，什么是保持道德平衡。第二级道德规则则指明，打破道德平衡时，由谁来做什么。

第二级的道德规则取决于应得的概念，也就是积极的道德功过或消极的道德功过的概念，即：应得到什么或应对他做些什么。没有打破道德平衡的人什么也得不到。他既无积极的道德功过也无消极的道德功过。

道德的目的是，防止通过违反"义务规则"来打破道德平衡，鼓励人们通过遵守"额外义务规则"打破道德平衡。同时，防止或鼓励违反规则者的方法本身，绝不能与起码规则发生冲突。第二级的规则因此应被看作为了"恢复道德平衡"。它们有鼓励或防止违反规则者的目的，也有结束这一过程的目的。当平衡得以"恢复"时，第二级的规则就不再起作用。

首先看防止违反义务的情形。"恢复平衡"的一个明显但粗野的方式是由报复制度所提供的。受害的人报以伤害。支配这种第二级规则的最高原则是"恶有恶报"。这有极大的不利之处，很难"恢复"道德平衡。既然复仇本身是加在个人身上的伤害，第二级规则又起作用了。在相互仇杀或血债血还制度下，被设计用来禁止违反起码规则的那些制度，实际上会导致无休止的相互伤害。

用惩罚代替复仇可以弥补这一倒退做法。施诸犯罪者身上的痛苦得以弥补受害者及其受伤害的亲戚的痛苦，并将其移交给一位公正的官员。通过举行一个关于它的仪式，清楚地表明，惩罚不仅仅用来作为加在个人身上的伤害，而且也用作以"恢复"道德平衡为目的的第二级规则的实践。这种实践的目的是为了延缓将来出现犯罪者。特定个人对道德原则的在先违反证明加在他身上的痛苦是正当合理的。这样就不会撇下任何受伤害者了。惩罚恢复了道德平衡。犯罪者赎了罪，弥补了他的过错。每个人都重新获得了清白。如果受伤害者继续怀有宿怨而拒绝原谅犯过者，那就是错误的。

这种情形与通过遵守（而不是违反）额外义务规则来打破道德平衡的情形略有不同。显然，这些规则的意义是，它们应得到遵守而不应被违反，尽管遵守它们（不违反它们）打破了道德平衡。打破这种道德平衡是可欲的。为鼓励这种打破行为，我们由"善有善报"这一普遍原则的引导下我们又推出了道德的第二级规则。我们认为，一个承担了额外义务的人因此应得到道德上的应得或善功的奖励。

然而，就个人性的酬报而言，对这种善报之无休止的报答的任何行为绝非是不可欲的。受到酬谢回报的人应该相应地满怀感激，这是值得人类欲求的。因为政府没有任何理由应该把个人性的报答从接受者手中取走，并以公共奖赏来代替之。"我的回报是复仇"有意义，"我的回报是感谢"却没有。

义务和正义这两个概念属于道德的第二级规则，但通常却被归于起码道德规则的范围。我们说我们对某人负有义务，我们的意思是我们应通过"履行我们的义务"来恢复道德平衡。履行某人的义务就是恢复道德平衡。这样做就了结了两人之间的特定的道德关系，这种道德关系是由打破道德平衡从而引起义务所产生的。说杀人是错的或某人不应杀人，就是在说某些不包括道德第二级规则范围的事情。说某人应履行某人的义务，就是在说某些包括在道德第二级规则范围内的事情。

正义是一个包含第二级道德规则范围的道德概念。因为"执行正义"的意思是"给每个人以其应得"，即：通过适当的行为——给予酬谢、偿债、判刑、执行惩罚，诸如此类，来恢复道德平衡。柏拉图在《理想国》中对道德的考察是无效的，因为他没有在正确与错误这些起码的概念与正义这一二级概念之间作出区分。

（己）社会伦理

到目前为止，我们只考虑了绝对道德。正如我们已经解释过的那样，道德观点具有形式条件和实质条件的特征。形式条件是：一个人除非他愿意把道德规则当作道德原则来看待，而不仅仅是当作掰手指的规则，也就是按原则行事，而不仅仅出于他自己或他所赞同的群体之有目的的行动，我们就不能说他已经采取了这种道德观点。其实质条件是：这些规则必须同样有利于每个人的善。这并不意味着它们必须有利于所有人类——过去的、现在的、将来的——共同善，因为这样的条件是不可能得到满足的。说某一规则是同样有利于每个人的善，并提出这一规则所需要的条件，其意思是可以通过建立这种说的标准得到清楚的说明的。就绝对道德而言，只有一个条件必须满足，即，这些规则应是"可逆性的"，也就是说，它们不仅仅有利于行为者的利益，而且至少不能使受行为者之行为影响的那些人受害。

一种对社会条件的考察，会建立起"同样有利于每个人的善"的更进一步的标准。一社会不仅仅意指一定数量的个体生命，住在一定地区，并以直接影响他人的方式而行动，例如杀人、残忍、抢劫等。在社会中生活意味着一种社会结构，使个人之间的连接点日益增多，这种社会结构能使一个人的行为对其同胞的影响发生改变。在某一特定社会结构内，从行为的本性上讲，即使不是加诸另一个人以伤害的行为，也可能是有害的。之所以如此，只是因为生活在这一社会中的许多人都在做这种行为。如果一个人穿越草坪，不会造成什么损害。但若每个人都这么做，草坪就给毁了。如果一个人用汽油，不会造成什么损害。但若每个人都在高峰期用汽油，那汽油供应就会中断，因而每个人会受到负面影响。

这种行为在道德上遭到反对是得到广泛承认的。我们承认，它采用了著名的定理"你不能做那事，如果每个人都那样做会怎么样！"康德把它看作他的绝对律令的核心，"要这样行动，永远使你的意志的规则能够同时成为一条普遍的法则。"这恰恰是我们在讨论中"不想要"的情形。尽管某一意志愿意使这样一条规则变成一项普遍法则，正如康德所指出的那样，也确实会自相矛盾，这当然不正确。然而，使这样一条规则——一个人命令人们去作恶——变成一项普遍法则，这样的法则明显是错误的。

然而，把"不可普遍化的"行为同"非可逆的"行为区别开来是重要的。后者自身就是错误的，无关乎结果及多少人在行这一行为。而就不可普遍化的行为而言，情况并非如此。在此情形下，我们必须考虑结果，而且不仅仅是某一单个的行为，而是许多这样的行为。一次不可普遍化的行为本身并没什么错，但总是如此则大谬不然。

准确地说，这又证明了什么呢？是证明不允许任何人有哪怕只是一次这样的行为吗？这类行为中的每一行为都是错的吗？当然不。在说这类行为中的每一行为都是错的之前，需要满足诸多条件。

首先，所有与之相关的人都必须平等地有权以不可普遍化的方式行为。例如，如果每个人都在下午 6：30 吃饭就很不值得欲求，因为所有的国家服务行业会因此在那时候陷入停顿。但不能由此而推出在下午 6：30 吃饭对每个人来说都是错的。之所以不能这样推理是因为这一论证同样适合任何时候，因而在任何时候吃饭必定是正当的。当然，此处并无什么严重的问题。并不是每个人都平等地有权在下午 6：30 吃饭。那些在此时刻要值班的人必须在此之前或之后或正在上班时吃饭。

还有一些进一步的条件，如果每个人都是终生独身者，人类将会灭亡，或者，无论如何，人类数量将会迅速锐减以至于生活无法忍受。那些没有看到令人烦恼的人类末日之前景的人将不得不承认，回到原始状态是不值得欲求的。还有，如果每个人停止吸烟、喝酒、赌博，而去画画，某些政府可能会破产，而这也不会是值得欲求的。尽管如此，人们不能错误地认为：在性事、吸烟、酗酒、赌博及看电影方面的节制，在几乎所有情形下都是错的，即使我们确实都平等地有权禁止这些花费时间的方式。

因此，必须还有更进一步的条件。每个人却必须不仅平等地有权从事这些形式的活动，而且人们也必须愿意这样做。很多人从事这类行为会有真正的危险，除非他们以某种方式停止这类行为。人们很懒，因而他们不愿意去投票亭或绕过新植的草坪。人们喜欢摘花，因此他们会毁掉珍稀的野花。人们想使他们的房间变暖，因此他们想在高峰期用他们的散热器。但他们都去独身或戒烟或戒酒不会有更大的危险。

顺便提一下，这表明，不能引用不可普遍化来表明自杀是错误的。出于同样的原因，自杀并不比独身更为不当。与独身相比，人们更不想自杀，不会有人类灭亡的任何危险。事实上，全世界的人如此渴望生育，以至于自杀率的升高离引起任何人警惕还差得远呢。当然，如果有一天，生活和性行为成为我们所有人的负担，而如果生活和性行为对于人类延续来说又确实是值得欲求的，那不计后果的自杀及懒散的独身，可能会成为一种道德上的错误行为。直到这时，那些对生活和性行为厌倦的人不需要对他们异乎寻常的放纵而感到羞耻。

在这方面还有更进一步的观点。说穿越草坪或在高峰期关掉汽油供应是错的，假设(a)如果每个人那样做会有人们不愿意看到的后果，(b)我们都平等地有权那样做，(c)那样做是一种任性，不是一种牺牲，这就等于说，既然禁止做这些事情是一种牺牲，这样一种为了共同善的牺牲不应只是对某人或少数几个人的要求，而应是平等地对所有人的，即使一种普遍的牺牲是不必要的。既然任何人都不比任何其他人更有权放任自己，既然无任何人都不想要不值得欲求的后果，所有人都不能这么做，任何人都无法得到允许，放任他自己。

现在条件具备了。如果讨论中的行为是这样的：即(i)如果每个人这样做，后果并不值得欲求，(ii)所有人都平等地有权行这样的行动，(iii)进行这一类行为是一种任性，而不是一种牺牲，那样，这样的行为应为这一群体的道德所禁止。

但现在假设不禁止这样的行为，同样是错误的吗？康德当然是这样认为的。而我却认为他错了。因为既然我对讨论中的行为放任，事实上没有造成任何损害，我的行为本身并不是错的，但只有与他人的行为联系起来考虑时才会如此。我不能通过节制来禁止邪恶。其他人也必须节制。在不可逆行为的情形下，我的行为本身就是邪恶的原因。如果我节制的话，我就可以避免邪恶。然而，在所讨论情形下，如果我们有理由相信其他人不会节制，我当然也有理由不节制，因为我节制的惟一理由是，我有避免引起邪恶后果的愿望。如果这些不能加以避免，我没有理由不放任我自己。如果草无论如何也长不出来了，我何必还要绕道呢？

单是因为他人可以或可能做错事，我就没有权利做错事，这种论证是没有用的，因为我没有在做错事。我没有牺牲的道德理由。我不需要任何证明或借口，因为，只是因为如果我没有任何理由认为他人将拒绝作出牺牲，我的行为就是错误的。如果我有理由认为他们将拒绝作出牺牲，那么我就有理由认为我自己的牺牲将是白费；因此我有理由反对作牺牲。

如果结果是非常不值得欲求，我的牺牲就是非常渺小的，而且我无法确定他人会做什么，我应冒险作牺牲，即使这种牺牲被证明是白费的。但是，如果相反，理性就会支持相反的方针。

如果群体的道德、风俗或法律确实已经包含了一条禁止这种行为的规则，情形就不同了。如果有这样一条规则，那么这种行为就是错的，因为这种规则有道德的后盾。正如我已经说过的那样，一个群体应有禁止不可普遍化行为的规则。而且有了这样一条规则时，社群就能对这类行为进行规导，我应对规导的成功尽我的一份职责。

我想对这些问题中的个人主动性道德补充说一句。一些人认为，个人应作为好的楷模走在前头，而不是等到群体制定规则之权利运用后才做。另一些人则认为，这是在有公众热情的人身上施加过重的负担。这样，免除那些从事国家重要工业的人服军役的义务，便被某些人说成是公平的，志愿为国家服务的人也被另一些人说成是在道德上可信的。对后一种观点，我不知道有何理由。从军事观点看，后一种观点更可信，因为它可以证明，志愿者是更好的士兵。但如果需要热情的话，志愿者就不应有优先权利在部队服役，而不是在工业上服务，对于为什么如此，没有任何理由可以解释。另一方面，涉及为保卫其国家的牺牲，应当仅仅由那些认真承担他们的道德责任的人来承担，对于为什么如此，我们也没有任何理由加以解释，而且那些不认真承担其道德责任的人应无偿受益，究竟为什么会如此，亦无任何理由。论据的缺乏证明，个人主动性的方法产生了一支更有效的部队，另一种观点看来是更可取的，而无论如何，明显是更公平的，对社会制定法律权力的运用犹豫不决是可理解的，因为这种运用可能危及个人自由，但这种犹豫不决经常因为个人牺牲与个人主动性的道德优先性而得到支持。这种论据在我看来是站不住脚的。

注释

[1] 亨利·西季威克：《伦理学方法》，第 7 版，伦敦，麦克米伦公司，1970，第 6 版前言，17 页。

[2] 参见下面第 12 章，第 3 部分。

[3] 参见下面第 2 章，第 5～6 部分。

选译自［美］柯特·拜尔：《道德观点》，伊萨卡，康奈尔大学出版社，1958。刘祥和译，万俊人校。

[芬]冯·赖特(Georg Henrik von Wright，1916 —2003)

《好的多样性》(1963)(节选)

《决定论和人的研究》(1971)(节选)

《好的多样性》（1963）（节选）

论人之善[①]

1. 本章所要讨论的"人之好"（the goodness of man）这一概念是我们全部探索中的中心概念。与这个概念相联系的问题属于最难以回答的问题之列。我关于它们所说的许多东西很可能是错误的。也许我能够希望得到的最好结果是，我的谈论将是有意思的，值得人们对它加以反驳。

---

① 本文选自冯·赖特（Gerog Henrik von Wright）的著作《好的多样性》一书（*The Varieties of Goodness*，Routledge & Kegan Paul，1963）第五章。承蒙作者惠允，我们将其译成中文并编入此选集。必须指出的是，在中文中，"好"和"善"是两个词，而在英语中却只是一个词，即形容词"good"及其名词形式"goodness"，goodness 的基本意思是"好"，如一般所说"好马""好车""好房子""好工作"等；中文往往将其伦理学含义译作"善"，如"真善美""善心""善行"等。冯·赖特认为，goodness 的非伦理学用法是基本的，其伦理学用法是从非伦理学用法那里派生出来的。他的《好的多样性》一书区分了好（goodness）的六种主要用法，即工具的好，技术的好，医学的好，功利的好，享乐的好，人的好；讨论了它们各自的性质和相互关系，以及好与行动、好与规范之间错综复杂的相互关联，还讨论了德性、义务、正义等概念以及与好的关系。冯·赖特认为，他的这种研究是成功地研究道德行为、道德的善、道德义务等的必要准备。因此严格说来，此书不是一部伦理学著作，但"包含着伦理学的种子，一种道德哲学可以从中抽引出来"。

我们先前(第三章第六节)已经讨论过下述问题，即什么样的存在物具有"好"这一特性。我们已断定，谈论任一事物的好，谈论可以有意义地谈论其生命的一切事物的好，应该是说得通的。依据这个规定，毫无疑问能够成立的是：人具有好这一特性。

承认人具有好这一特性——那么什么是好呢？这个问题可以在多重意义下加以理解。例如，可以将其理解为一个名称问题，该名称是我们称之为"人之好"的言语等价物。

我们先前(第一章第五节)已经指出，当英语名词"好"意味着人或某些其他存在物的好时，与它相应的德语词是das Wohl。在英语中，名词"好"(well)没有这个意义，但是却有两个相关的名词"康乐"(well-being)和"福利"(welfare)。

可以这样说，"具有"或者"享用"它的好的生命，也被说成是好的，有时候则被说成做得好。

是好的这个概念与健康(health)这个概念相关联。"是好的"和"身心都处于健康状态"常常具有完全同样的意思。当一个人总的说来一切正常、身心健康时，就会说这个人是好的。可以说，这些各式各样的表达式都涉及享有一个人的好的最低要求。

好于行为良好的生命，我们也说，这个生命是旺盛的、苗壮的或者富于生机的，并且我们称它是幸福的(happy)。如果说健康和康乐主要指某种私人的东西，如没有疾病和痛苦，那么，幸福和行为良好则主要指某种正面的东西，指令人愉悦的状态与事物的充溢和盈余。

从对语言的这些观察出发，可以说表示人之好的三个备选名词就显现出来了。它们是"幸福"(happiness)，"康乐"和"福利"。

可以提出下述看法："福利"是一个综合性词项，它覆盖了我们也称之为"人之好"的那个名称的全体，而幸福和康乐则只涉及该名称的"方面"、"构成要素"或"部分"。还可以进一步指出，即有一种广义的"幸福"和"康乐"，其意谓与"福利"相同或大致相同。所以，按照某种理解方式，可以把这三个词大致上看作"人之好"的同义词，是后者的不同名称。

我未经讨论就接受了"人之好"和"人的福利"是同义的短语这样一种看法，也就是说，我将把这两个词作为同义词来使用和处理(参看第一章第五节，也可参看第三章第一节)。

难以置疑的是，"幸福"有时作为"福利"的大致的同义词来使用。然而，更为常见的是，不把这两个语词用做同义词。事实上，幸福和福利可以区别为是属于不同逻辑范畴或类型的两个概念。我们在此提及三个特征，可以据此从逻辑上区分这两个概念。

首先，这两个概念与好的两种不同形式有某种基本关联。有人可能谨慎地说，幸福是一种享乐的概念，福利则是功利的概念。幸福是与愉悦密切关联的，因此就与欣赏、高兴和喜欢这类概念相关联。幸福与有益的(the beneficial)这样的概念没有直接的逻辑联系。福利则主要是对有关的存在物究竟是有益还是有害(the harmful)、或者说是好还是坏的一个问题。正像幸福通过愉悦与一个人所欣赏和喜好的东西相关联一样，福利也以类似的方式，通过利益与人的要求和需要相关联。(参见第一章第五节)

其次，幸福与福利相比，更像是一种"状态"(事态)。一个人可以变得幸福，是幸福的，不再是幸福的。在他的一生中，他可以不止一次地是幸福的或不幸福的。幸福，就像一个目标一样，可以努力争取和获得。福利与时间中的事件、过程和状态则不发生同样的关系。

最后，幸福和福利之间在逻辑上的一个主要差别在于它们与因果性的关系。对福利的考虑本质上是对各种各样事件的实施和产生将如何因果地影响到人的考虑。一个人若不考虑某种事情被嵌入或可能被嵌入其中的那种因果联系，他就不能对该事情对人是好还是坏这个问题作出判断。但是，一个人却可以对于一个人是幸福还是不幸福这个问题作出判断，而不必考虑到什么是他目前处境的因果关系上的先前事件，什么是他目前处境的未来后果。

幸福主要是一个享乐的概念，福利主要是有一个功利的概念；它们相对于时间和因果性具有逻辑上不同的关系，这样的事实表明，这两个概念属于我所谓"不同的逻辑范畴或类型"。然而，并不能由此推出，这两个概念在逻辑上是完全没有联系的。相反，它们是紧密地连在一起的。那么，它们的相互关系是什么呢？这是一个问题，对此我还未能形成清晰的观点。福利(人之好)在某种意义上是含义更广且更基本的概念(第三章第十二节)。对伦理学和有关好的多样性用法的一般研究而言，这个概念也是更为重要的。说幸福是人的好的一个"方面"或"要素"或"部分"，这是一种不作出承诺的言说方式，它并不打算说出此概念本身更多的内容。关于幸福，我还能够说，这个概念是福利概念的极致或王冠或花蕊。但这些只是隐喻性说法，并未揭示这两个概念之间的逻辑关系。

2. 所谓行动的目标，我们是指该行动为之而进行的任何东西。如果我们要求去做的某个事情，并不是因为任何其他东西的缘故而要求去做的，可以说这个行为或者活动本身就是一个目标。

目标可以是中介性的或者是终极性的。有时人们想达到某个目标，是因为有某个进一步的目标。这样一来，前一个目标就是中介性的。一个并不是因为任何进一步的目标而被追求的目标是终极性的。如果实施某个人类行为，或者是因它本身就是目标，或者是因为某个另外的目标，我们就称它是指向目标的行为。

行动的终极目标是什么，这个问题的解决依赖于当事人本人对以下问题所给出的最后答案，即他为什么去做或打算去做这个或者那个行动。这就是要意识到，"为什么"这个问题是要求对他的行动给出一个理由，而不是对他的行动给出一个因果解释。（参见第四章第8节）

在这些已经引入的词项中，我们可以把心理享乐主义（Psychological Hedonism）重新定义为这样一种学说，即每一个指向目标的人类行为之被实施，归根结底是为了达到某种愉悦或为了避免某些不愉快的缘故。每一个指向目标的人类行动被实施，最终都是因为行动当事人要获得幸福的缘故，我们把这一学说称为心理幸福论（Psychological Eudaimonism）。就我所知，每一个指向目标的行动最终都是为了寻求行动当事人的福利（好），这一学说从未得到过辩护。我们这里不需要发明一个名称来表示它。

亚里士多德有时的谈论[1]使人觉得似乎他曾赞成心理幸福论。如果这是他的观点，那他一定是弄错了，而且与他本人相矛盾。"你为什么做了这件事"，这一（非因果的）问题以及对它的回答所构成的每一个链条，在其终结处都必须提到幸福；坚持这样一种说法将是十足的胡言乱语。人所做的每一件事情都旨在追求幸福（和避免苦难），这样一种观点甚至比以下学说更为荒唐，即人所做的每一件事情都旨在追求愉悦(和避免痛苦)。

我说过，如果亚里士多德维护心理幸福论，他就和他自己相矛盾。(因为这个理由，我怀疑亚里士多德是否真想维护心理幸福论，虽然他的某些论述确已表明他这样做过。)因为亚里士多德也承认，除了幸福之外还存在一些目标，我们因其自身之故而追求它们。在这些目标[2]中，他提到了愉悦和荣誉。即使"对这些东西的追求没有产生任何结果，我们仍然要选择它们当中的每一个"，亚里士多德这样说道。[3]另一方面，另一些终极目标有时也为人所愿，但不是因其自身之故，而是因某些其他的事情之故。亚里士多德认为，幸福是从不因其他任何东西的缘故而被企求的。[4]例如，向往愉悦和令人高兴的娱乐是为了放松，放松又是为了继续去行动。[5]那么，愉悦就不是终极目标。

我将在下述立场上理解亚里士多德的所谓幸福论：在人类行动的可能目标之中，幸福占有一个独特的位置。这个独特的位置不是说幸福就是所有行动的终极目标，而是说幸福是那个惟一的目标，它除了是终极的之外不再是任何东西。幸福的本性就在于，不能够为了任何其他的东西而追求幸福。所以亚里士多德似乎认为，这就是幸福对于人类来说是最高的善的原因。[6]

一个人能够追求他自己的幸福，也就是为改善或确保他自己的幸福而做事，并仅仅把这一点作为他行动的终极目标，这种想法看来是合理的。一个人也可以为了改善或确保他人的幸福而做事。可以认为，他能够这样去做仅仅是把它作为其行为的中介目标。这个观念有某种明显的合理性，不过它仍是错误的。真实的情形似乎是，一个人可以致力于别人的幸福，或者是作为中介目标或者是作为终极目标。

一个国王的乐事可以是他的臣民的幸福。他奉献他所有的精力，为实现他的目标而努力工作。也许，这位国王为了他统治的那些人的利益，而牺牲了他的所谓"个人幸福"。然而，如果这就是他喜欢做的事情，那么他的幸福也就在他所做的事情之中。这样说不是在逻辑上扭曲事实。要是说那个国王是为了变得幸福的缘故，而不是为了使得其他人幸福的缘故，牺牲了本人，这才是一种扭曲。这种扭曲类似于以下扭曲，心理享乐主义应该对其负责，因为它主张，每一件事情都是因为寻求愉悦的缘故而被做的，其根据是所有对欲望的满足都可以认为是内在地使人愉悦的。

一个人的福利可以是他自身行动的目标吗？这等于是在问，是否能够真实地说一个人做事是为了促进或者维护他自身的利益。这个问题的正确的答案是什么，并不十分清楚。

根据这里所采纳的有关人之好的观点，一个人为促进自身的利益而去做某事，就意味着因为这个人考虑到做这件事情对他自己有利，他才去做这件事。因为维护自身利益而去做某事，则意味着去做某事是因为这个人考虑到不做这件事对他本人有害。

就我所能看清楚的而言，人们有时候是因为刚才提到的理由而去做事情的。这表明人的福利可以是他自己行动的目标。

然而，人之好作为行动之目标，是一类非常特殊的"目标"。通常，行动的目标是某个事态，是当某个目标已经达到时摆在"那里"的某种情形。但福利并不是一个事态（参见第一节所作出的区分）。因为这个理由，我将说，福利作为人之好，仅在一种晦暗的意义上才可以称为行动的目标。

明显地，一个人做某件他认为对他自己有好处的事情的原因，并不总是、也不必然是，他考虑到做这件事情是对他自己有好处。类似地，一个人做某件他认为若不做就会有害于他自身的事情的原因，并不总是、也不必然是，他考虑到不做这件事情对自己有害。这表明，一个人自身的福利并不总是他行动的终极目标。这也表明，一个人自身的福利从根本上说并不总是他行动的目标。然而，这并未显示，一个人自身的福利有时是他行动的中介目标。它是否能够成为一个中介目标，对此我并不打算去做裁决。如果答案是否定的，就可推出：当一个人自身的福利是他行动的目标时，它必然地是一个终极目标。

有时候，一个人做某件事情，是因为他考虑到做这件事情对另一个人有好处；他不做某件事情，是因为他考虑到做这件事情对另一个人有坏处。下述一点是明显的，即另一个人的好处可以是一个人行动的中介目标。主人着意去改善和维护他仆人的福利的原因，可能是这样的：这个主人期待着，如果他的仆人们精力充沛并且心灵幸福的话，他们会给予他更为有效的服务。于是，仆人的福利就是主人福利的一个中介目标。这很可能寓含着，当一个人行动的目标是另一个人的福利时，那么这个目标就必然是一个中介目标。我认为，这个寓含是假的。在后面讨论利己主义和利他主义时，我们再回到这个论题(第九章)。

生命可以被处置或者被当作达到某人目标的手段，例如家养的动物和家养的奴隶就是如此。哲学家们有时持有下述观念：也可以把生命当作"目标"或者"目标本身"。一个生命，例如一个人，是"目标本身"，这种说法的意思是什么并不清楚，但是把一个人当作"目标本身"，我认为，这可能意味着：我们做某些事情，是因为我们考虑到这些事情对某个人有利(没有其他更深层次的原因)；我们不去做某些事情，是因为我们考虑到这些事情对某个人有害。换句话说：只要一个生命的好是行动的终极目标，则那个生命就被看作目标本身。一个人能够如此对待他人，但也可以如此对待自己。应该如此去对待人，这是关于道德义务的性质的有意思的看法。我们将在第10章简单地谈到这一点。

在本章以下5节中，我们将讨论幸福概念的各个方面；在本章最后5节中，我们将讨论与福利概念有关的若干问题。

3. 我们说过，幸福是一个享乐的概念，它当然与愉悦并不相同。如已指出过的，也不能把它定义为"愉悦和没有痛苦"。

关于幸福有过著述的道德学家，有时把这个概念与我们在本书中已经区分过的愉悦的三种主要"形式"中的一种，有时又把它与其中的另一种更为紧密地联系在一起。相应地，人们可以论及幸福理想的三种类型或者是幸福生活的三种类型。

我将第一种类型称为伊壁鸠鲁式的理想。依据这种观念，"真正的幸福"完全来自具有使人高兴的事情。这里不必在比感官的愉悦"更世俗"的意义上去理解"愉悦"，后者还包括享受甜美的回忆和思考，享有和谐的伴侣和美好的事物。我认为，摩尔在《伦理学原理》中的立场，在这种广义上可以称为伊壁鸠鲁主义。

人能够完全在被动的愉悦中找到幸福吗？也就是说，遵从伊壁鸠鲁式的生活方式能够使一个人完全的幸福吗？在这个观念中，我看不到任何逻辑上的不可能性。如果一个人的最高愿望恰巧就是：确保他自己在被动的愉悦与被动的"不愉悦"之间，也就是在他所喜好的状态与他讨厌的状态之间获得可接受的平衡，如果他在这样的追求中获得成功，那么依据定义，伊壁鸠鲁式的生活方式就会使他感到幸福。从有关生活偶然性的考虑出发，有人可能争辩说，机遇会强烈地妨害他的成功；有人也可能这样争辩说——这次所依据的是有关人类本性的心理学——几乎没有人会是这类愉悦的热爱者：他们自身在生活中所要求的最高的东西，就是最大限度的被动的愉悦。但是，伊壁鸠鲁式的理想是危险的，并未在全部生活中非常普遍地为人所追求，这样一些事实——如果它们是事实的话——必然不诱使我们去否定：一个成功地追随这类理想的人，如果确有这样的人的话，是真正幸福和高兴的。否认这一点将是对幸福和人之好等概念的误解，我认为，这也是某些"道德主义乖戾"的先兆。

第二类幸福生活的理想，可能更接近于功利主义的经典作家心中所设想的某种东西，而不是伊壁鸠鲁式的理想。在我看来，下述说法是真实的：关于幸福的功利主义思想主要不是基于被动的愉悦，而是基于欲望的满足。依据这种观点，幸福本质上是满意状态——在一方是需求和欲望另一方是满足之间获得某种平衡。

然而，有一个伟大的功利主义者，针对他本人所维护（尽管不是全心全意地）的一种观点的不适宜的后果，提出了一句著名的格言："做一位不那么心满意足的人，要比做一头心满意足的猪更好。"我本人不是一位功利主义者。但在某个意义上，我想声言我反对密尔的评论。一个人像猪那样生活之所以不好，其最终的原因是：猪的生活并不使人感到满足。我们可以把密尔所提到的那个不满足的苏格拉底，看作这样一类人的象征：他们始终追求一种更好的、因而是更令人满足的生活形式。如果他们的追求注定只不过是"精神的虚荣和烦恼"，那么把不满足的苏格拉底予以理想化，就是在维护一种关于好的生活的乖戾看法。

如果人们接受这样一种观点即幸福本质上是在欲望和满足之间获得平衡的话，那么就可以进一步接受下述观点：通向幸福的最为保险的道路，是具有尽可能少又尽可能温和的要求，由此使得遭受挫败的机会减至最少，使令人满意的机会达至最多。我把这种形式的幸福观称为禁欲主义的生活理想[7]。把这种观念推至极端，就会把完满的幸福设想为对所有欲望（无论它们是什么）的完全克制。

　　在这种意义上，可以把禁欲主义称作扭曲了的幸福观。为了弄清楚它在哪些方面被扭曲了，考虑幸福的反面即不幸福或者悲惨，是有帮助的。在不幸福和欲望的不满足之间，似乎比在幸福和满足之间有更为直接的联系。欲望受挫是不幸福的主要根源。从来没有得到或很少得到所渴望的东西，从来没有得到或很少有机会去做自己喜欢去做的事情，这样的事居于使一个人不幸的所有事情之首。

　　把极端的禁欲主义视为扭曲的理念，就是指责它犯有某种逻辑的错误，其错误在于把幸福和不幸福看作矛盾关系，而不是反对关系。通过避免受挫，一个人避免了不幸福——当然，这要假定：在偶发事故或者疾病或者坏邻居的行为可能导致他陷入的这些苦难形式之中，不幸福不会降临到他身上。一无所求的人，如果确有这样的人的话，不会是不幸福的。但由此也推不出：他会是幸福的。

　　我想在这里提及幸福生活的第三类理想，它追求幸福既不在被动的愉悦中，也不在欲望的满足中，而是在我们所说的主动的愉悦中，也就是在做这样一件事情的愉悦中；我们热中于去做它，仅仅因为我们喜欢去做它。在这种我们热中去做的活动中，我们旨在获得技术的好或完善(参见第二章第十二节)。我们做某件事的技艺越好，我们就越喜欢去做这件事，它也就使得我们越幸福。因此，我们在本性上对某门技艺越有才能，我们在此领域技巧上的发展就越能够给我们带来更多的幸福。

　　有人也许会争辩说，主动生活的愉悦指的是那些最适宜于确保获得持久幸福的愉悦。(我以为，这种说法主要是针对伊壁鸠鲁主义的。)对于一个人的幸福而言，更为冒险的事情是：依赖我们所拥有或所得到的东西，而不是依赖我们所做的事情(或所是的状态)。那也就是说，在被动的愉悦中寻求幸福，比在主动的愉悦中寻求幸福更有风险。在这个论证中可能能有很多的真理。但是，下述想法肯定是错误的，即通过主动的生活来通向幸福之路是完全没有风险的。

　　4. 决定一个人是否幸福的那些因素，我们称之为幸福的条件。在这些条件中，人们可以区分出三个主要的组群。我们将表明，幸福将部分地由机遇或者运气来决定，部分地由先天的禀赋来决定，部分地则由行动来决定。这里"行动"一词意指一个体的与他本人相关的行动。为了当下的目的，可以把对一个人来说是现成的事情，看作作为他的幸福之条件的机遇要素。

疾病可以降临到某个人身上，或者说，他可能受到身心方面的伤害，而他本人却毫无过错。如果这类不幸持续一段时间，就可能从有害的方面影响到他的幸福。它可以如此起作用，或者是作为痛苦的原因，或者是作为欲望受挫的原因，或者是因为阻碍那个不幸者去从事他所喜欢的活动。然而，运气也能够增进一个人的好。一个人从其好朋友或者好老师或者财政资助人那里所获得的益处，如果不是全部的话，也部分地具有运气的特征。运气是生活为某些人而不是为另外一些人准备的东西，正是这些东西使得某些人更为幸福一些，而运气的得到并不依赖于这些人的行动和谨慎。

我们所谓禁欲的生活观的一个方面是，人被极力地劝告，要尽可能地使自己不依赖那些作为其幸福条件的机遇和运气。人可以用各种各样的方式去设法做到这一点，例如通过磨炼自己以承担痛苦，通过避开政治的和社会的活动，或者通过不做太高的期望，即使在自己因其自身之故而喜好它们的那些活动中也这样去做。一个人可以使自己完全摆脱影响其利益的外部因素，这种信念构成关于生命的某种"禁欲的"和"斯多葛式"态度所持有的自负。它过高地估计了人通过对偶发事件持某种态度，来调节其幸福和保持心态平和的可能性。

幸福的先天配置必定既与人的身体健康有关，也与人的心理资质和性情相联系。一个身体虚弱的人与一个身体健康的人相比，他更有可能变得不幸福。一个具有多方面才能的人与一个才能贫乏的人相比，他当然就有更多使他幸福的资源。一个具有健全品性和令人愉快的外表的人，如果与一个急脾气的、容易感到沮丧的人相比，他当然更容易不让不幸或灾难使他所做的努力受到挫败。如果在一个人身上此类气质的配置可以发展或抑制到这样一种程度，那么它们就全都属于人可以通过其行动来加以控制的条件，它们决定人是否幸福。

与行动当事人本人的幸福相关的行动，有两种类型。第一类行动是该当事人所做的事情，是他为促进或维护其幸福而采取的措施。这些行动是因果地与其幸福相关联的。第二类行动是当事人所做或所实践的这样一类事情，他做它们是因为它们自身的缘故，他把它们本身作为目标，也就是说，仅仅因为他想做或喜欢做这些事情，而没有任何其他的原因。使一个人感到高兴的行动，可能称为他的幸福的构件，或者他的幸福的"部分"。

可能发生的是，作为一个人的幸福构件的行动，也在因果上影响他的幸福。它可能从正面影响其幸福，但也可能从反面影响其幸福。例如：一个人非常喜欢玩各种各样的游戏。他成天玩游戏，从这些游戏中获取快乐。他在这样做时，很可能忽视了自己的教育和社会责任，也许还忽视了自己的健康状况。所以，作为幸福构件的那件同样的事情，在当事人沉迷其中时，其结果却可能是在他的头顶累积起不幸的阴云。这种可能性导致了那些较重要的复杂情形，它们与一个人自己的下述行动相关联；一般而言，这些行动是当事人幸福和福利的调节因素。

5. 一个人在什么时候是幸福的呢？很明显，即使在一个人的生命历程中曾经发生过许多痛苦和不愉快的事情，也可以正确地说他是幸福的。但是，如果这个人从来没有过任何愉悦，我们就不能这样说。如果仍然说他是幸福的，那么愉悦对不愉悦的优势必定是什么呢？

在这里，考虑一下我们叫做高兴和悲伤的那些状态是有益的。这两个概念占据了以幸福和不幸福为一方、愉悦和其反面为另一方之间的中间位置。这也许寓含着，愉悦和不愉悦的经历和活动是高兴和悲伤的构成要素，这类似于令人欢欣和令人沮丧的状态是幸福和不幸福的构成要素。虽然某个人牙痛，但他可以是高兴的；即使某个人在某个时段碰巧是非常悲伤的，他也可以是一个幸福的人。但是，如果他没有愉悦去补偿他在高兴时可能具有的某类痛苦，他就不可能是高兴的；如果他不是在整体上高兴的程度超越于悲伤，他就不可能是幸福的。但我们不能精确地指出，何处一定是两者之间的平衡点。

愉悦、欢欣和幸福在持久性和抵御变化的程度方面是不断增长的。某些事情没有使人感到振奋，却使人有愉悦的感觉；某些事情没有使人幸福，却又使人振奋。某些事情对一个人可以是沉重的打击，使他感到悲伤；但这些事情是否使他感到不幸福，这却是另外一个问题。

例如，考虑一个我们称为幸福的人，这个人遭受了坏运气的突然一击，比如说，他的孩子在一次意外的事故中离开了人世。他经历极度的痛苦和悲伤。想象这件事对他情感上所产生的影响，我们可以说，"这一灾难性的消息使他非常的不幸福"。然而，如果我们说这个消息使他成为一个不幸福的人，我们就不仅仅是在思考，或者甚至根本不是在思考那些情感上的影响；而是在思考一个不太直接地显示出来的且持续时间较长的影响。关于他，如果我们可以说这样的话，"很多年以来，他已被这件事弄得万念俱灰；过去曾经使得他高兴的事情，再没有一件能使他有愉悦的感觉"。或者"生活对他来说似乎已失去意义，——有一段时间，他甚至有过自杀的念头"。那么，这个事故就使得他不幸福，而不仅仅是悲伤了。但是，基于这种区分，是否能够正确地谈论有关这个人的事情，这一点在某种暗示中是看不出来的。

关于反方向的变化，我们可以谈论类似的事情，一则消息，比如说一个未曾预料到的遗产继承的消息，可以使一个人高兴得跳起来。但是，这是否会使得这个人幸福，而不仅仅是高兴，这只能从对他后来的生活所发生的持续时间较长、表现不那么明显的影响中看出来。

我们会说到"他后来的整个生活吗"？我认为不会说到。幸福既不是一个短暂的状态，也不是当我们的生命账册合拢时所清算出来的一个总数。一个人可以成为幸福的，是幸福的，并且还可以从幸福变成不幸福的。因此，在其生命的历程中，一个人可以既是幸福的又是不幸福的，并且他还可以不只一次地既是幸福的又是不幸福的。（参见第一节）

我们可以在幸福的人和幸福的生活之间作出区分，并认为后者具有更广的范围。这会使得有可能这样说到某个人：他有一个幸福的生活，尽管在某些时候他是一个最不幸的人。

6. 某些人是幸福的，或不是幸福的，或是不幸福的，我们将把一个大意如此的判断称为幸福判断。

我认为，把幸福判断的逻辑与"这是令人愉快的"这个陈述的逻辑相比较，是富于启发性的。我们说，"这是令人愉快的"这个语句隐藏了一个逻辑形式。（参见第六章第六节）它寓示着：令人愉快是我们可以归于某些对象或状态的一种性质，而实际上，断定某件事情是令人愉快的，也就是在表达判断主体与这件事情所发生的某种关系。人们也可以说，断定某件事情从享乐方面来看是好的，就是在显示对某些事情(活动，感觉，感觉的原因)的一种态度。因此，逻辑上最为合适的表达形式，似乎就是"我喜欢这个"这类关系形式或某些类似的关系形式。

我认为，在某种类似的意义上，也可以说"他是幸福的"这个语句隐藏了一种逻辑形式。这寓含着把幸福视为在幸福的个体身上显现出来的性质——这个性质在该个体身上闪闪发光。而实际上，是幸福的就是处在某种关系之中。有人可能要问，是对什么的关系呢？我要回答说，是与某个人的生活境况的关系。说"他是幸福的"类似于说"他喜欢它"，这个"它"并不意味着这个或者那个特殊的事情或者活动，而是指"整个的事情"。人们也可以这样说，"他喜欢他的生活就像它本身那样"。

依据这个观点，如果一个人说他自己"我是幸福的"，他就是在用话语宣布他对其生活境况所采取的一种态度，或者是在表述他与其生活境况所处的一种关系。幸福不是在境况中——似乎它正等待着那个判断——而是因那种关系而产生的。(正如享乐的好不在于苹果的味道，而在于某个人喜欢苹果的那种味道。)断言某个人自身是幸福的，就是对他的生活境况作出判断或评价。

说"他是幸福的"可以有两种不同的意思。这可以意味着，我们正谈论的那个人与他的境况处于某种关系之中，假如他表达他对其境况的态度的话，他就可以用话语"我是幸福的"来表达。这样一来，"他是幸福的"就不是一个价值判断。这是一个真或者假的陈述，大意是某个主体评价了某件事情，如他的生活境况。我们也可以把它称为表达了某种价值评价存在(出现，发生)的命题。

然而，更为经常的是，"他是幸福的"根本不是一个关于他所是的状态的判断，而是关于我们应该是的状态的判断，如果我们碰巧处于这个人所处的境况之中的话。于是，"他是幸福的"大致意味着："考虑到他所处的境况，他必定是幸福的。"这样的判断常常表达着妒忌。带着确信的态度说"那个……他是幸福的"，通常宣示了这样一点：我们所思考的那种境况也会使我们自己得到幸福。

我们以后将忽略掉这种情形，即第三人称判断"他是幸福的"只是经伪装的我们自己的价值评价，因而实际上是一个第一人称判断。

7. 依据我这里正维护的这种观点，关于幸福的判断因此非常类似于享乐判断。这些第三人称判断或者是真的或者是假的。在这些判断中所断定的是，某人对其生活境况感到满意或不满意。它们是关于价值评价的判断——因此不是价值判断。第一人称判断并不是真的或者假的。它们表达了一个主体对其自身境况的评价。它们是真正的价值判断，然而在"判断"的某种重要含义上，它们不是判断。

从根本上说，一个人是其自身幸福与否的审判官。我说这一点的意思是，任何一个断言他幸福的第三人称判断，其真假都依赖于他本人如何评价他的生活境况。这一点完全独立于他是否用第一人称判断表达了他的态度。

因此，在某种意义上，一个人自己的裁决"我是幸福的"或者"我是不幸福的"，将是最终的裁决——假设我们处在他的境况之中，无论我们可以认为我们会说些什么。我们必须绝不造成那种境况的呈现或者消失，后者将决定我们自己关于幸福的第一人称判断，并成为判定第三人称判断真假的标准。

使得难以看清楚我们正在讨论的这个概念的这种"主观性"的，是下述事实：在对其幸福前景作出判断时，并不是每一个人都是最好的和最有能力的审判官。一个人可能强烈地要求去做某件事情，如果不允许他去做这件事情的话，他就认为他的生活没有意思。但是另外一个更有经验的人可能会警告他说，如果他遵从他当下的冲动，他最终就会陷入最可悲的境地。这个更有经验的人可能是正确的。但是，证明他为正确的标准却不仅仅是下述事实，即某些可怕的事情——疾病，贫困，诸如此类——作为对其愚蠢和拙劣所预言的后果，都降临到了前一个人身上。这个标准是，这些后果使得前一个人不幸福。如果我们的傻瓜欢欣鼓舞地接受这些后果，那个聪明人就不能坚持说：他一定是正确的。他不可能这样做，例如基于下述理由，即那些同样的后果会使得他或者大多数人成为悲惨的。他不能宣称，这个轻松愉快的伙伴"实际上"是不幸福的，只是他没有意识到他自己的悲惨。

但是，当一个人认为他是幸福的时，就不能犯错误吗？在某种意义上，他不能；但在另一种意义上，他能。"他说他是幸福的，但事实上他不幸福"可以表达一个真命题。但是，难道从这个真命题推不出"那个自称幸福的人在撒谎"吗？这难道不让人感到无聊吗？答复是：在我们正在讨论的情形中，除了无聊的谎言之外，还存在具有深厚意味的谎言。关于幸福的第一人称判断可以是不诚实的，这种不诚实可以看作某种形式的说谎。

碰巧的是，同样的说法对于第一人称的享乐判断也成立。仅仅为了卖弄的缘故，一个年轻人可能宣称他喜欢烟草的味道，而事实上他讨厌这种味道。在"相信"一词的某种相关的和扭曲的意义上，他甚至可能使自己相信这一点。一个有礼貌的人可能仅仅为取悦他的主人，而说他喜欢某种葡萄酒的味道。此类第一人称判断的不诚实可以相当容易地揭露出来。

在关于幸福和悲惨的第一人称判断那里，诚实性问题是最困难的——无论从心理学的角度还是从概念的角度来说都是如此。我不打算在这里去深入分析其逻辑方面，我发现这是非常困难的。（在文献中，我没有找到关于这个问题的任何令人满意的讨论。）我将走一条捷径穿过这些困难，仅用下述结论性的话语说出这一点。

关于一个人自己的幸福，无论他欺骗自己多么彻底，欺骗或者不诚实的标准必定是：他承认这种欺骗行为。当一个主体"在其内心深处"承认事情并不如他所说的那样时，一个判断就是不诚实的。如果他口中说"我是幸福的"，而他并不幸福，那么在他的心底里，他必定已在对自己说"我不幸福"。他似乎并未听到他心底的声音。这些都是明喻，我感受到误用这些明喻的诱惑。（它们与在精神分析中所使用或误用的明喻，如下意识、超我等，是同一类明喻。）我用这些明喻所意指的东西，也许可以最平白地表达如下：关于幸福的第一人称判断可以是不诚实的，必须不允许这一事实与以下事实发生逻辑冲突，即一个人是否幸福取决于他自己对其生活境况的态度。对这种情形的最高审判官必定是该主体自身。认为情况可以是另外的样子，这是虚假的客观主义。

8. 关于有益和有害的判断，也就是对某个人来说是有利还是不利的判断，牵涉两种要素。我们已经把这两种要素分别称为因果论要素和价值论要素。（参见第三章第五节）我们现在必须对这两种要素作一些说明。

当某个事情发生时，即这个世界在某个方面出现变化时，通常会有许多随之而来的变化，一旦先前的变化发生了，随后的这些变化（根据所谓"自然必然性"）是注定要出现的。这些随后出现的变化，我们在这里将其称作先前变化的后果。如果先前的变化属于我们称之为人类行动的特殊类别，那么这些后继变化就是行动的后果。由于这个或这些变化，某种进一步的变化又随之而来（即是说，这个进一步的变化就是上一个变化的后果），我们称前一个或前一些变化是这个进一步变化的原因。

除非某些先前的变化已经在这个世界上发生，大多数发生的事情，也许所有发生的事情，都本不会发生。我们称这些先前变化为后继变化的因果先决条件或者说要求。有时也称它们为"必要的原因"。这些必要的原因，可以是、但不必是上面所定义的那种意义上的"原因"。

这些解释是非常概括性的。即使完全不考虑行动后果概念对于伦理学的重要性，用比目前更好的方式阐述因果关系的逻辑，也是一个非常紧迫的任务。不过，我们将不在这里作这样的尝试。对于以上的论说，只增添少许几个观察意见。

变化的后果、先决条件以及原因这些概念，都是相对于世界的状态这个进一步的概念而言的。所以，举例来说，要求一个变化以便在当今世界中引起某个变化，但不能要求这个变化去在明天的世界中引起同一个变化。

有时人们指出，"严格地说"每一个事件（变化）在其整个后继时间内，都有无穷多的后果；因为这个原因，我们就绝不可能确切地知道，一个给定事件的所有后果是什么样的后果。这些陈述，即使完全是真实的，它们也只对于某个不同的后果概念成立，但对于我们这里正在讨论的后果概念则不成立。这些概念能够精确地意味些什么，这一点是不清楚的。不过我们也不必把它们作为无意义的概念而舍弃掉。例如，当说今天发生的某个事情是数百年前发生的某个事情的后果时，其意思也许就是：如果我们追溯今天这个事件的"因果历史"，我们就会在其"因果祖先"之中发现数百年前的那个事件。这里，因果祖先和因果历史的概念可以根据我们的原因、后果和先决条件等概念来加以定义，然而不必由此推导出：如果一个事件属于另一个事件的因果祖先，则前者就必定是后者的原因或先决条件，或者说，后者就必定是前者的后果。例如：设事件 b 是事件 a 的一个后果(在我们的意义上)，是事件 c 的因果先决条件(在我们的意义上)。那么，下面的说法就是合理的：事件 a 是事件 c 的一个"因果祖先"；或者说，在追溯 c 的"因果历史"时会把我们带至事件 a。在话语的某些不那么严格的意义上，可以说 a 是 c 的一个"原因"，c 则是 a 的一个"后果"。但是，在更为精确的意义上(我们正在此意义上使用这些词项)，a 不(必然地)是事件 c 的原因，c 也不(必然地)是 a 的一个后果。

人们常常并不充分知晓所发生事件的原因和后果，所以后者在很大程度上是信仰和猜测的问题。然而，有时候它们确实为我们所知晓。"它们(在原则上)不能够为人所知晓"这个陈述，假如确有人这样说的话，那么它或者是假的，或者只适用于某些不同于我们的概念的原因和后果概念。

所谓关于所发生事件的原因和后果的知识，我这里是指与殊相(particulars)相关的知识。一个例证是知识，如某某死于一定用量的砒霜被掺和到他的食物中。这类关于殊相的知识通常基于一般命题的知识——例如某种力度的砒霜用量将"不可避免地"杀死一个人(除非某种起抵消作用的原因介入)。是否所有关于殊相的这类知识都基于一般的知识，我们这里不予讨论。

当我们后面谈到关于事情的原因和后果的知识时，或者谈到已知的原因和后果时，"知识"一词是"知识或信念"的缩写，"已知"一词是"知道的或相信的"缩写。在事情发生的那个时候已知的(即知道或相信的)后果，我们称之为预料中的后果。

关于有益和有害的判断中所涉及的因果论要素，就谈这么多。现在我们转向其中的价值论要素。在这里，一个预备性任务是要阐明被要求的事情和未被要求的事情等概念。

9. 我现在打算解释一下被要求的事情这个概念，它不是和行动的目标这个概念相同的概念。我将把它称作本身被要求的概念。本身被要求的事情是如何与作为行动目标被要求的事情相关联的呢？我们现在就来讨论这个问题。与本身被要求的这个概念并列的，是本身未被要求的概念。在这两者"之间"还插进一个概念，我将把它称作本身中立的概念。

在我这里的处理中，本身被要求的概念最近似地等价于由摩尔和另一些作者提出的内在价值概念。当讨论到内在价值概念时，摩尔常常求助于一个逻辑构想；在对细节做必要的修正后，我们在解释本身被要求的事情、本身未被要求的事情或本身中立的事情这三个语词的意义时，也可以求助于这个构想。

这个构想与两个供选项之间的偏好选择概念有关。主要的困难在于：为定义所讨论的价值论概念这一目标，去正确地阐释选择等词项。（摩尔依据供选项之间的更好关系对内在价值做解释，不能被认为是在逻辑上令人满意的——即使撇开那个概念的有意义性问题不谈。[8]）我们这里给出的关于这个问题的一个解决方案只是试探性的。

假定有人给你一件东西 X，你以前并没有这个 X，那么，你是愿意接受它还是愿意不接受它，是愿意拥有它还是愿意（继续）没有它？我们必须撇开因果要求和后果问题来考虑一下这一赠予。也就是说：考虑为得到 X 你必须去做的那些事情，考虑作为你得到 X 的后果将要对你发生的事情，并且这些考虑必须不影响你自己的选择。如果在此之后你偏好接受 X 而不是放弃它，那么 X 就是本身被要求的。如果你有相反的偏好，那么 X 就是本身未被要求的。如果你没有偏好，那么 X 就是本身中立的。

如同刚刚提到的，我们已试着依据构想中的偏好选择来解释的本身被要求的和未被要求的这类概念，是必然地与一个主体相关联的。如果假定语词"本身"意味着"与任何进行比较或评价的主体无关"的话，那么就没有什么东西"本身"是被要求的或未被要求的。语词"本身"意指"分别来看的因果先决条件和后果"。对于一个主体是被要求的事情，可能被另外一个主体看作未被要求的。而且，一个现在要求的东西，在另外一个时间也许就不被要求了——尽管主体是同一个。本身被要求或者未被要求这类概念不仅是相对于一个主体而言的，而且是相对于该主体生活中的某个特定时间而言的。

摩尔并不认为，内在的价值是与主体和时间相关联的。在这方面，摩尔关于内在的好和内在的坏的"客观主义"概念，不同于我们关于本身被要求和未被要求的"主观主义"概念。

重要的是要注意到：从我们关于本身被要求的、本身未被要求的和本身中立的定义出发，推不出如果 X 是本身被要求的，那么非 X(X 的不出现)就是本身未被要求的。依据我们的定义，非 X 是本身被要求的、未被要求的和中立的，对应于下述一组偏好：

考虑你所拥有的一件东西 X₀，你是愿意丢弃它还是保留它，是愿意不拥有它还是(继续)拥有它？你必须撇开为丢弃 X 你必须去做的那些事情，撇开作为丢弃 X 之后果将会对你发生的那些事情，来考虑上述建议。如果你偏好丢弃 X，则非 X 就是本身被要求的；如果你偏好保留 X，则非 X 就是本身未被要求的；如果你没有偏好，那么非 X 就是中立的。

10. 任何作为行动的中介或终极目标的事情，(对追求该目标的主体来说)都可以把它叫做好的事情。(参见上面的第一章第五节，第三章第一节)任何事情，如果它是行动的目标，则可以说它是一个被要求的事情。

还有，每一件本身被要求的事情，(对要求它的那个主体来说)都可以把它叫做好的事情。每一件本身未被要求的事情，(对拒绝该事情的那个主体来说)都可以把它叫做坏的事情。

行动的目标和本身被要求的事情，因此都属于"好"的范畴。行动的目标也属于"被要求的事情"的范畴。

由此产生了下述问题：行动的目标和本身被要求的事情是如何互为关联的呢？这个问题很复杂，我不打算详细讨论它。但思考以下一点是合理的：惟有通过行动能做成的事情，才可以是行动的目标。"渴望得到月亮"，这不是在盯着一个目标。但是除了那些通过行动能做成的事情之外，还有一些事情可以是本身被要求的——例如在阴冷的日子渴望阳光。在行动的目标和本身被要求的事情之间，我可以提到的惟一简单关系就是，行动的终极目标也是本身被要求的事情。

行动的中介目标是本身被要求的事情，或者是本身中立的事情，或者是、但不常是本身未被要求的事情。去谋求那个本身未被要求的对象，绝不可能是行动的终极目标，因为所作的这个假设包含一个矛盾。但是，避开那本身未被要求的，有时是行动的终极目标。

那未被要求的是我们拒之门外的东西，除非我们偶尔为某些其他东西的缘故，把它作为中介目标来追寻，或者把它作为所渴求的某物的必要先决条件来忍受。

当某个人获得了对他来说是本身被要求的某物，他并没有把这种获取作为一个目标来追寻时，我们就说，这个被要求的某物降临到他身上。类似地，当一个人获得了对他来说是本身未被要求的某物，他也没有把这种获取作为一个中介目标来追寻时，我们将说这个某物降临到他身上。

可以提出这样的问题：是否可以合适地说，降临或者发生在一个人身上的某个事情是"被要求的"呢？英文中"被要求的"（wanted）一词有很多的意义，因此必须非常小心地使用。有时，这个词意味着"欲求的"，有时又意味着"需要的"，有时则意味着"希望的"。当被要求的事情是行动的一个目标时，与"被要求的"最为接近的等义词是"欲求的"。也许，对一个人发生的并且满足我们关于本身被要求的解释的事情，最好称之为"受欢迎的"。它们是我们"高兴地接受"或"愉快地获取"的东西。经常地，我们只称它们为"好的"。当我在这里称它们为"被要求的"时，这一语词与"未被要求的"这个语词恰成对比，后一语词确实可以正确地用来表示那些被拒绝的东西，这些东西会降临或者发生在某个人身上。

11. 考虑某种事情，一当事人把它作为终极目标来追求。假设他做到了这一点。达到这个目标通常是和许多事情相关联的，这些事情中有些是作为实现目标的因果先决条件，另外一些是作为实现目标的后果。在与他的目标如此因果关联着的事情中，有些也许是为该当事人所知晓的，另外一些则不为他所知晓。而且，有些事情可能在他追寻其目标时已为他所知晓，另外一些事情则是在他已经达到目标之后才逐渐为他所知晓的。也就是说：它们与他的目标的因果关联是（渐渐变得）为他所知晓的。

当事人作为终极目标来追寻的事情，对当事人来说是好的，而且是他就该事情本身而言所要求的。再一次地，在那些与他实现目标具有因果联系——或者作为他实现目标的先决条件，或者作为这件事的后果——的事情当中，有些事情就是（被他）本身所要求的，其他的则是未（被他）本身所要求的，还有一些（对他来说）是本身中立的。所有那些本身未被要求的事情的总体，我们称为代价(prices)，它是当事人为达到他的终极目标而必须付出的。

可以观察到，这一"代价"概念既包括后果，也包括因果先决条件。按照对该概念的这一定义，不仅当事人为获得其所要求的东西不得不容忍的那些事情，而且作为所获得之物的后果而不得忍受的那些事情，都应算做他不得不为该好事所付出的代价的一部分。人们可以为着另外的目的，用各种不同的方式去定义"代价"这一概念。我们如上定义这个概念，就是为了当下的目的。

对于本身被要求的任何事情，可能提出这样的问题：这件好事值这个价格吗？可以前瞻性地提出这个问题，着眼于下述一些不得不经历的事情，它们是开始把那件好事当作一个目标来追寻的后果；或者说，也可以回溯性地提出这个问题，着眼于已经遭受其害的事情。

回答某件好事是否值得支付其价值这个问题，就是在作出一个价值判断。也就是说到某件好事，是比另外某件事更好的或更坏的，比后面这件事更值其价格或更不值其价格。如何适当地表述这种价值判断呢？

我认为，我们这里必须再次求助关于偏好选择的那个逻辑构想。我们(在第九节)已经说过，我们所没有的东西，当忽略其原因和后果时，我们偏好得到这些东西，而不愿继续没有它们，这些东西就是本身被要求的；而当我们偏好继续没有这些东西而不是得到它们时，这些东西就是未被要求的。这个有关接受或放弃、拥有或不拥有的问题，在考虑事情的原因和后果时，我们也可以对那些事情提出来。我认为，表述我们由此就要面对的选择的正确方式是这样的：

假设 X 是某件事情，它先前不在我们的世界(或生活)中；也就是说，我们并不拥有它，或者它本来就不曾发生过，或者我们本来就不曾做过它。那么，我们随后会要求把 X 引入我们的世界(或生活)中，并且也会考虑获得(或做)X 的因果先决条件以及拥有(或做了)X 的后果吗？或者说，我们会偏好继续没有 X 吗？在打定主意的过程中，我们还必须考虑到：在我们的世界(或生活)中不发生这种改变的因果先决条件及其后果。例如，如果我们希望避免得到 X，我们有必要采取某些本身未被要求的行动去防止 X 成为现实；并且，作为未得到 X 的后果，我们可能有必要放弃本身被要求的某件另外的事情 Y。

我们引进符号"X＋C"来表示一个复合的整体，它是由 X 和一些别的事情构成的，这里所谓别的事情是因果地与 X 相关联的，或者是 X 的先决条件，或者是 X 成为现实——即从非 X 到 X 的变化——的后果。符号"非 X＋C′"代表这样一个复合的整体，它由缺乏 X 和出现一些别的事情构成，这里所出现的那些别的事情是因果地与继续缺乏 X 相关联的，它们或者是继续缺乏 X 的先决条件，或者是这件事的后果。

在考虑我们正在讨论的构想中的偏好选择时，所出现的问题是：我们是否偏好 X＋C，而不是偏好非－X＋C′？或者，我们是否有相反的偏好？或者，我们是否会是中立的（没有偏好）？

设对上述问题的回答是：我们宁愿有而不是继续没有 X，也就是说，偏好 X＋C，而不是偏好非－X＋C′。那么我们将说，X＋C，或者由 X 与其因果先决条件以及 X 成为现实的后果所构成的那个复合整体，是我们的好（福利）的肯定构件。对于事情 X 本身，我们说它对我们是好的或者说是有益的。在这样说到 X 时，我们不考虑 X 是不是本身被要求的，或者是本身未被要求的，或者是本身中立的。

设对上述问题的回答是：我们宁愿继续摒弃 X 而不愿拥有它，也就是说，偏好非－X＋C′，而不是偏好 X＋C。那么我们将说，X＋C 是我们的好的否定构件。关于事情 X 本身，我们会说它对我们是坏的或者是有害的。在这样说到 X 时，我们不考虑 X 是不是本身被要求的，或者是本身未被要求的，或者是本身中立的。

当然回答也可能是：我们对这些供选项持无所谓的态度。那么，X＋C 就既不是我们的好的肯定构件，也不是其否定构件；X 既不是有益的也不是有害的。

我们称 X 是某个复合整体的核心，该复合整体由 X 和 X 成为现实的因果先决条件及其后果所构成。那么我们可以说，对其人而言是有益还是有害、是好还是坏的事情是这样一些复合的因果整体的核心，它们是他的好（福利）的肯定构件或者否定构件。

我们现在可以陈述回答以下问题的若干条件：某件好事是否值得支付其"价格"。当某个因果整体是我们的好的肯定构件，并且它的核心是一件本身被要求的事情时，我们会说，这件事情或者好是值得支付其价格的。然而，当这个整体是我们的好的否定构件时，虽然其核心也是一件本身被要求的事情，则我们会说，这件事情或者好不值得支付其价格。

从我们关于有益的和有害的这两个概念的定义中，推不出下述命题：如果非 X 是有害的，那么 X 就是有益的，反之亦然。然而，如果非 X 是有害的，则称 X 是被需要的。这里被需要是指，缺乏 X 或者 X 消失是一件坏事情，是某种恶。被需要的矛盾概念是有害的，反之亦然；在这个意义上，被需要的和有害的是作为矛盾者而对立的，而有益的和有害的是作为相反者而对立的。

为生命提供对它有益的东西，这是在增进它的福利。为生命提供它所需要的，并且关照生命不要丧失其所需，这是在保护它的福利。保护生命福利的事情(行动，事件)，在"有利的"(good for)一词可以用"有用的"(useful)来表示的意义上，对于该生命是有利的；但在我们把"有利的"一词称作"有益的"意义上，对于该生命不是有利的。(参见第三章第一节)

12. 根据我们已定义的有益的和有害的概念，我们已把偏好选择称作"逻辑构想"。它是一个构想，这蕴涵着两个意思。首先，这蕴涵着：我们所谈论的是一个人会如何选择，假如给予他某个选择机会的话；而不是在谈论他实际上作了什么选择。其次，这蕴涵着：我们假设了在价值判断中所涉及的那个因果复合物，在该主体作出选择之时，是完全为他所知晓的。这第二个假设意味着：在这个主体的知识中没有任何不完善，以至于这种不完善一旦被察觉并且被修正，这个主体就会改变其偏好。

于是，依据我们的定义，某种事情对某人是有利还是不利，对这个问题的回答与下述两个因素无关：首先，它不依赖于这个人(或任何其他人)是否判定了这件事情对他而言的价值。其次，它不依赖于这个人(和其他每一个人)关于这件事情的因果联系碰巧知道或不知道的知识。不过，尽管它们独立于判断和知识，有益的和有害的这两个概念在某种非常重要的意义上仍是主观的。其主观性在于它们依赖相应主体的偏好(或要求)。

考虑到刚才说过的内容，很清楚，我们必须在以下两点之间作出区分：一是对于某个人而言，什么是好的或者是坏的；另一点是，何种情形显现为，也就是被判断为，或被考虑为，或被认为，对这个人来说是好的或者是坏的。

某事对某个人来说是好的或者是坏的，任何一个大意如此的判断都基于关于相应的因果联系的知识，进行判断的主体碰巧具有这种知识。既然这种知识也许是不完善的，他实际上作出的判断就可能不同于他本该作出的判断，如果该主体具有关于这种因果联系的完善知识的话。当遇到实际判断和潜在判断之间的这种不一致时，我们会说，一个人的表面的好被误认为是他的真正的好。

某些事情与另外某些事情相比，正确地判断它们对我们来说是有利还是不利，要更容易一些。这意味着：把我们的表面的好误认为真正的好，这种风险有时候较大，有时候较小。从整体上讲，在有关一个人健康的事情上，要比在有关他未来事业的事情上，更容易作出正确的判断。例如：进行有规律的锻炼对一个人有利，从整体上讲，作出这样的判断要比作出下述判断更为保险：对这个人而言，涉足商界要比研习医学更好一些。有时候，正确地作出判断是如此之困难，以致试图去形成一个判断将是徒劳无功的。

有时候，我们确切地知道，我们所面对的选择在下述意义上对我们来说是非常重要的：我们是选择那两个供选项中的这一个还是另一个，将对我们未来的生活造成相当大的影响。一个例子可以是：在结婚成家和保持单身之间作出选择，或者在去国外就职和继续留在国内生活之间作出选择。但是，这种选择将造成非常大的差别，这一确实性是与下述一点上的不确实性完全相容的，即这种差别究竟是会成为有利还是成为不利。我们的福利可能从根本上受到这一选择的影响，这种感觉能够使该选择成为让我们感到极度痛苦的事情。

在过去的岁月里，关于我们并未审慎地选择的许多事情，我们可以确切地知道，在下述意义上它们一直在对我们产生巨大的影响：如果这些事情并不存在的话，我们的生活本会是完全不同的。例如，关于某些强有力的人格在我们的教育和形成我们的观点方面所产生的影响，这种说法是明显为真的。我们可能感到惊讶，我们如此强烈地受到这种影响，这对我们而言是否不利。还有，如果我们只知道我们的生活本该是非常不同的，但又完全不能够想象它会如何之不同，那么，在形成关于我们过去历史中这一因素的有益性和有害性的判断方面，我们可能是完全不够格的。

关于人的状况，有一个给人留下深刻印象的事实：对于已知会对我们的生活造成重要影响的诸多事情，很难、甚至就人的能力来说不可能去令人信服地判别，它们对我们来说究竟是有利还是不利。我认为，屈从于这一事实，是导致人们去接受关于生活的某种宗教观点的诸多诱因之一。"惟有上帝知道，对我们来说什么是有利，什么是不利。"人们于是可以这样说——并且还承认，某个人的福利在下述意义上是一个主观性概念，即它取决于他所要求的东西和所回避的东西。

13. 关于事情的有益性和有害性的判断是客观地为真或者为假的吗？当我们试图去回答这个问题时，我们必须再一次注意到第一人称判断和第三人称判断之间的区别。(参见第四章第五节、本章第六节至第七节)

当某人断定某事对另外某人是(过去是，将来是)有利或不利时，他所作的这个判断是一个第三人称判断。它的真值取决于两点：一是某种因果联系是否确如该判断主体所认为的那样；另一点是，另外那个主体的价值观(偏好、要求)是否确如判断主体所认为的那样。对因果联系和别的主体的价值观作出断言，两者都是对经验事实问题作出断言。这种判断是"客观上"为真或者为假的。恰当地说，这不是一个价值判断，因为其中涉及的"价值论"要素不是价值评价；而是一个关于(所存在或出现的)价值评价的判断。

在第一人称判断那里，情形更为复杂。它的因果论要素是关于事实问题的判断。在这方面，第一人称判断和第三人称判断处于同一个层次上。然而，它的价值论要素却是价值评价，而不是关于价值评价的判断。由于这个要素，该判断不能是真的或者假的。涉及它的真值，不存在任何犯错误的"空间"。在这方面，关于有益和有害的第一人称判断，类似于第一人称的享乐判断或者幸福判断。

尽管由于其价值论要素，第一人称判断不可能为假，它却可以是不诚实的。关于某事对某人是有利还是不利的判断，其诚实性问题是最为复杂的。这个问题与有关懊悔和意志薄弱等概念的问题紧密连在一起。关于这两个词项，我们在后面只简略地提及。

一个主体还可以作出关于他自己过去的价值评价的陈述，也可以就他自己未来的价值评价提出猜想。从逻辑上说，这样一种陈述或猜想是一个第三人称判断。无论就其因果论要素还是就其价值论要素而言，它都是或者真或者假的。

从逻辑上说，一个判断是不是第一人称判断，这一点不能仅从其语法形式的人称和时态中看出来。一个人说"这将对我有好处"，在说这句话时，他可能正在预言某种后果，并且正在表达他关于这些后果的价值评价。在第一种情形下，他所做的判断属于我这里所说的关于事情的有益性或有害性的第一人称判断。在第二种情形下，那个判断（在逻辑上）是一个第三人称判断。主体正在谈论他自己，也就是谈论他未来的价值评价。

有时候，一个关于有益或有害的判断，很清楚地既预言了后果，也预言了价值评价。有时很显然，这种判断，相对于后果是预言性的，相对于价值评价则是表述性的。但是，非常经常地，看起来作出判断的主体本人甚至也不清楚该判断的身份。这个判断可能既含有预言，也表达价值评价。也许下述说法是真实的：相对于价值评价而言，人们关于什么对他们本身有利或不利的判断，整个说来，大概是预言性的，而不是表述性的。

应该看到，在表面的好和真正的好之间的区别，对关于有益和有害的第一人称判断和第三人称判断都成立。就此而言，关于有益和有害的判断不同于享乐判断和幸福判断。（对于后两种判断类型，在第一人称情形中，也就是在真正的价值判断中，上述区别消失不见了。）由于因果论要素在判断中呈现，一个主体总是有可能在关系到事情的有益性和有害性时犯错误——甚至相对于价值评价没有留下犯错误的任何"空间"时，情形也是如此。

14. 某件好事是否值得支付某价格，或者某种事情是有益的还是有害的，一个人对这些问题的回答，在时间的进程中可能会出现变更。他的判断中出现的这种变更，可能是由于他关于因果联系的知识发生变化，也可能是由于他的价值观发生改变。例如：一个人达到了某个目标，他认为这个目标是值得他所付出的努力的；但过了若干年之后，他才认识到：他为此付出的代价是毁掉了自己的健康。

至此，这个人就修正了他的判断并且懊悔了。

一般而言，关于目标和好处的选择，有两种类型的懊悔情境。有时候，在原则上（即使不是在实际中）选择是可以被重复的。某个人承认懊悔，这就是在说，如果他有某种选择机遇的话，下一次他将不会再去选择同样的事情。但是有时候，选择却是不可重复的。不可重复的原因可以是：某个人现在意识到的那些后果，在他的整个一生中会继续起作用，尽管他现在为之懊悔不已。不存在这样的机会，它能够让一个人用未来更为聪明的行动，去弥补他在过去做下的蠢事。于是，表达某种懊悔就是对一个人的生活作出判断。这好像是在说：如果我有机会再活一遍，在那至关紧要处，我会按另外的方式去做。

关于懊悔和不懊悔的价值判断，就像享乐判断和幸福判断一样，既不是真的也不是假的。但它们可以是诚实的或者是不诚实的。当一个人事实上并不懊悔时，他可以说他懊悔；并且，当他"感到"懊悔时，他也可以顽固地拒绝承认懊悔。如何揭露这类不诚实呢？例如，可以用这样一种方式：在遭受那些后果之后，如果某人说他对先前的行动感到懊悔，但在一个新的场合，他又重复了他以前的选择，那么我们就可以怀疑，他的后悔是否仅仅是一种伪装。他也许为那件渴求的事情支付了太多代价而感到恼火，因此说它不值得付出这么高的代价，但在他的心灵深处，他还是为达到这一目标而感到高兴。这些都是人们十分熟知的现象。

然而，重复所承认的愚蠢行动是一种不诚实懊悔的确切标志，这种看法恐怕是忽略了与人的好相关联的那些实际问题的复杂性。一件好事，如果它本身是被强烈渴求的并且唾手可得，而它恶的后果遥不可及，关于过去曾遭受这些后果之苦的记忆也许已经淡化，那么，这件好事可能就是人们无法抗拒的诱惑。在下述观念中没有任何逻辑的荒谬：一个人诚实地懊悔某件事情，认为做它是犯了一个错误；相对于他的福利来说，也就是相对于他本人的"真正的"要求来说，是作出了一个坏的选择。但是只要有机会，他就会存心地再一次犯同样的错误。

如果一个人屈服于某种诱惑，选择某个较不直接的好即本身被要求的事情，而不是避开更大的未来的坏即本身未被要求的事情，那么，他就是在用行动固执地对抗他自身好的利益。正是在这种情形下，我们称之为德性（virtues）的那些性格特征，就需要用来确保人的福利，我们会在后面（第七章）讨论德性。

很显然，由于忽视其行动的后果，或者由于粗心大意，一个人可以对自己做恶事。由于意志薄弱，他也可以伤害自己，这一点导致他的某种悖论式表现。情况似乎是，他既要求又不要求、既欢迎又逃避同一件事情。当近距离来考察，把"先决条件和后果分开"来看时，他要求做这件事；当在合适的因果背景中远距离来考察时，他又逃避做那件事。人们可以说，如果这个人让自己被近景拖着走，那么，他就不能够看清楚自己在远景中的处境。人们也可以说，如果一个人牢牢把握他所要求的东西，他绝不可能由于意志薄弱而伤害自己。但是，这种说法不必鼓励一种不适当的乐观主义，后者相信人依据冷静的理性来行动的可能性。

注释

[1] 参见《尼各马科伦理学》，1094a18～21，1095a14～20，和1176b30～31。

[2] 同上书，1097b1～2，也可参见1172b20～23。

[3] 同上书，1097b2～3。

[4] 同上书，1097b1和1097b5～6。

[5] 同上书，1176b34～35。

[6] 在亚里士多德的伦理学中，没有短语与我们的短语"人之好"相对应。亚里士多德也称幸福为最好的或者最高的善。然而，summum bonum（至善）这一概念并不等同于我们这里使用的人之好这一概念，但这两个概念可能有关联。

[7] 必须把我这里所提到的作为生活理想的禁欲主义，与为了灵魂的善而对尘世的欲望采取克制态度的禁欲主义区别开来，后者本身没有"目标"或"价值"，而是对于好的生活的一种练习和准备。

[8] 参见《伦理学》，42～44页。特别是参见摩尔的《G. E. 摩尔的哲学》一书中对他的批评者的答复，554～557页。

选译自［奥］冯·赖特：《好的多样性》，罗特里几与基冈保罗出版公司，1963。周祯祥、陈波译。

《决定论和人的研究》[*]（1971）（节选）

决定论和人的研究

（一）

我把决定论理解为这样一种观念：凡是者也（以某种方式）必定是。这种观念在自然科学和人文科学中都发挥着重要的作用。至于这两类科学是如何联系的，无论对这一问题的最终回答是什么，它们之间的下述区别在表面上是十分明显的。

在自然科学领域，决定论观念是与诸如普遍规律性、可重复性以及实验控制等观念相联系的。而与人文科学直接联系的则是诸如动机和社会压力、目标指向和意向性等观念。在自然科学中，决定论在很大程度上用于前瞻性地寻找预言目标；而在人文科学中，相对来说决定论更强调回溯性解释，或者说强调对既成事实的理解。

自然主义研究和人文主义研究相对于决定论的这些差异，我把它们归于以下根源——众所周知，我所说的听起来有些挑衅意味；自然科学可以刻画为研究由自然法则"支配"的现象；人文科学则主

　＊　本文译自 Manninen and Tuomela(eds.)，*Essays on Explanantion and Understanding*，415～435. D. Reidel Publishing Company，Dordrecht-holland. 承蒙作者惠允，编入此选集。谨致谢忱。

要研究由社会制度和规则"支配"的现象。我将对或许可以称之为在自然法则和社会规则之间的"方法论上的平行主义"进行论证。也就是说，我将证明，人文科学中的决定论观念与社会规则相关，这种关系类似于自然科学中决定论观念与自然法则之间的关系。当然，我不是说国家的法律和其他社会规则本身就像自然法则。相反，它们之间是非常不同的。就如同我们所说的一样，前者是规范性的，后者是描述性的。并且，从这两类法则之间的深刻差异可知，如果我正在作出的"方法论的平行主义"是完全正确的，那么，人的研究中的决定论就意味着道出某些与自然研究中的决定论不同的东西。

我能够预见到，立即会有人表示反对。他们会说，人文科学的理论目标是去揭示这类法则：它陈述的不是行为的规律和规则，而是个体和集体行为以及制度变迁的实际规律。这类法则，如果存在这类法则的话，将用一种类似于自然法则"决定"或者"统治"自然现象的方式，"决定"或者"统治"人和社会的生活。依据这一观点，人的研究中的决定论实质上意味着与自然科学中的决定论同样的东西。

这种特点的决定论主张常常用来说明人文科学。有时就其资格而论，行为的法则不像自然法则，例如经典力学的法则那么"刚硬"，与其说它具有"严格的"因果性，不如说它是概率式的。或者说，这些法则或者它们适用的那些情况是如此之复杂，以至于还不可能精确地表达它们。社会科学依然年轻，在其成长初期，我们不必对之期望太多。

用这种眼光看事情，我认为犯了严重的"方法论误解"的错误。它标志着自然科学中的概念和观念向人文科学的非法转换。这样说并不是否认在人和社会的行为中确定实际规律的研究的合法性，也并不是要排除依赖这些规律作出成功预言的可能性。这是一个邀请，邀请我们用一种新的眼光去看待有关人的研究以及社会科学中的所有理论化和哲学化工作。

对于"意志自由"之类古老的哲学问题来说，这种视角的转换也会产生一些后果。粗略地说，这是个体的行为与在该个体内部起作用的各种力量之间的关系问题：它的意志、要求、热情和情绪，以及他的深思熟虑。这里有一种根深蒂固的倾向，试图把上述问题与下面这个进一步的问题结合起来，即在某个人身体内的神经过程与肉眼可见的反应之间的关系。问题的这种"内在化"是向另一领域的非法转换：在这一领域内，它把一种不合适的态度归属于自然科学，在这里是生理学。解决问题的一种方式是我提议称之为问题的"外在化"方式。它开辟了这样一条途径：从考虑个体的行为，转换为在制度化的人类关系背景下考虑影响（或"决定"）该个体作为某个共同体成员的行为的那些因素。意志自由问题，就如同一般的自由问题一样，本质上是一个社会哲学问题。这么说虽然有点夸张，但却是有用的夸张。

（二）

作为基础和出发点，我将提出和简要地讨论关于行动的两种解释模式。

第一种解释模式我称之为意向论者的解释。它与有时被称为"实践三段论"的推理模式相关。这种推理最简单的形式可陈述如下：

A 意向做 p（例如，明天去戏院）。

A 认为，除非他做 q（例如，事先预定了一张票），否则他将不能够做 p。

因此，A 采取措施去做 q。

如果我们用"已决定"或"已决意"或"已下决心"，也许还有"渴望"来替换"意向"，这一推理仍然是有效的。对于第二个前提中的"认为"，人们也可以用"考虑""认识到""知道"或者"相信"来替换。

很容易看到，实践推理是与行动解释相关联的。假设 A 作为一个事实是以 q 为条件的。我们很想知道这是为什么。指出他意向做 p，并且认为 q 对达到这一目标是必要的，这会是对此问题的一个令人满意的回答。同样的回答也能够解释，在他未能做 p 的情形中，为什么他试图做 q。

在这里，说 A 的行为是由他的意向和认知态度决定的，是十分自然的。给定了意向和认知态度，他就必须去做事实上他所做的那些事情。我们可以说意向和认知态度是当事人行动的决定因素，并且可以说它们共同构成了做 q 的理由或原因。因为 A 着手做 q 的缘故，我们把这件事称为 A 的意向对象；而做 q 本身，我要说，正如 A 看到的，不过是他的行动的情景要求的一部分。

假设为了达到意向目标，A认为做q是充分但不必要条件，如他想进城，并且知道他必须使用公共交通工具才能到达那里——比如说，或者乘公共汽车，或者坐火车，他选择了乘公共汽车。这里我们还能说，他实际选择乘公共汽车这件事，完全是由他的意向以及他知道如何使其意向得以有效实施来解释和决定的吗？

很明显，我们不会这样说。我们能够依据事实解释的行为，正如我所描述的，是一种像乘公共汽车还是坐火车这样的由当事人决定的"选择性行动"。他可以用两种方式中的一种来完成这一行动。即乘公共汽车，或者坐火车，所以，如果他现在选择乘公共汽车，他就完成了这个选择性行动。那么，这一行动就完全是由当事人的意向和信念决定的——而不是由他实际的二中择一的选择决定的。

然而，他的选择就不能被决定吗？当然能。他选择乘公共汽车去，这可能存在各种各样的理由：与坐火车相比，也许它更安全，更便宜，或者更快捷。假如他对交通工具的选择可以归之于一些这样的原因，那么，把这种选择说成是被决定的，也是对的。但是，指出这一点是重要的：尽管在这种意义上，一个人在两种可能行动之间的选择可以是被决定的，但却并不必然如此。如果非要坚持选择是必然的，它们将是十足的决定论教条主义。选择可能完全是"偶然的"。

（三）

许多行动是对言语（或其他符号）刺激作出反应而进行的。这一刺激可能是，例如，一个我须遵守的命令，或者一个我须遵守的要求，或者是一个我要回答的问题，或者是一个我要作出反应的交通灯。为什么我会伸手去拿桌上的盐并把它递给我的邻座呢？因为他提出了请求。这可能就是全部解释。他的请求决定了我的行动，构成了我做我所做的事情的充足理由或原因。

通常，当我对这种刺激作出反应时，我不能够正确地说成是意向作出反应。我仅仅只是作出反应。

然而，假设盐碟从我的手上滑落，盐泼撒到桌子上，我会听到人喊："你在干什么？"那我就会十分真诚地回答："我想（'我打算'）

把盐给 X，他问我要盐。"当我在实施这一个行动失败时，我能够给出回答这一事实表明，遵守一个要求要意向性行动——而不仅仅只是对于某一刺激的条件反射。

在我们的例证中，意向对象是把盐递给我的邻座。也就是说，这个对象是由请求所设定的，并且仅仅由我回溯性地重新设定。因为这个原因，我将它称为外部的设定——并与内在的设定意向对象构成对照：这种意向对象是当我进行行动之前，我说我想要得到的。

类似地，我们可以将行动的决定因素也划分为内在的决定因素和外部的决定因素。意向和认知态度是前一种，符号刺激是后一种。

对言语和其他符号刺激作出反应，就是参与到各种制度化的行为或实践形式中去。实践是"制度化的"，这意味着它们由一个共同体所分享，我们从小就被教育要参与到这个共同体中去。

对符号刺激作出反应，仅仅是参与制度化实践的一种形式。另一种形式是与像国家的法律或道德法典以及良好的举止、习俗和传统这样的规则保持一致。"为什么你不把你的汽车停在这里？"（这也许是方便的）回答也许是"不允许这样做"。这里，一种交通管理规则作为我的行为的决定因素发挥了作用。遵守这种规则是我的意向性行为的一个外在设定的目标。

我们的行动分别由内在因素和外部因素所决定的比例是不固定的。它从一个社会到另一个社会都在发生变化，并且随着社会中个体当事人状况的变化而变化。在一个拥有许多禁忌和生活仪式的社会秩序中，外部的决定因素能够在哪怕细枝末节上操纵人们的行动。在这样的社会中，个人自由的范围是非常狭窄的。

（四）

我们行动的外部决定因素之作用于我们，就如同刺激使我们作出反应一样。这类反应必须学习——就像条件反射那里的情形一样。学习参与到制度化的行为模式中去，是与某种独特的动机相联系的。我将把这种动机的作用过程称为规范压力。

不遵守法律、道德和其他的关于行为和良好举止的规则，很可能给当事人留下不愉快的后果。在法律规范那里，对这类后果的"管理"本身是制度化的，并且由针对当事人的各种各样的强制性措施所构成。在道德规范那里，这类后果则是不允许的、被排斥的、失去尊严和信任的——这些事情会使得一个人在社会中备感不安。

我认为，对于参与到制度化的行为模式中去这种观念来说，它应该被笼罩在规范压力的"气氛"中，这一点至关重要。这并不意味着，对于人们为什么要参与或遵守规则这一问题的回答，总是甚至通常都是目的论的。人们常常并不是为了逃避违背规则的不愉快后果而遵守规则的。但是，有时他们这样做——例如，当参与或者遵守规则与他们的个人利益相矛盾，或者与不舒适相联系，或者看来毫无意义时，于是，对"你为什么做 x"这一问题的回答可能是：如果我没有做 x，那么 y 就会落在我身上，而我又非常希望避免 y。这里，决定我的行动的不是参与的诱惑——而是由我想避免某件如果我不参与我认为就很可能发生在我身上的事情所构成的内在决定因素。

在教育人特别是教育孩子们参与实践和遵守规则时，奖励也起着独特的作用。当奖励在使人遵守规则方面仅仅只是某种惩罚的选择时，我将之称为外部的奖励。整体上看，在行为模式的制度化方面，外部的奖励似乎扮演着一个配角。哲学家们已经指出并且试图给出有关这一事实的解释。我认为，这个解释应该沿着以下的思路来寻找：

行为的制度化通常是为某个目的服务的。制度具有我们所谓社会功能。如果没有交通管制规则，公路上将是一片混乱。没有人希望如此。参与每一个人都关心的实践，因此就被假定是为了某种"公共利益"，即每一个体参与且会给其带来一定好处的利益。这种好处可以看作与实践，即拥有它的观念内在地相联系的"奖励"。因此，遵守规定模式的原因，在整体上就不是规范压力的影响，而仅仅是对于规则的接受，这就是与行为的制度化本质上相联系的一个进一步的特征。当规则以这种方式发生作用时，它们对所讨论的社会成员也被说成是内在化的。规范压力越经常地决定行为，社会感受到的强制性力量就越强，个体当事人在某种主观意义上就越少"自由"。但是，内在化也是一种自由的丧失。因为它意味着允许外部给予的刺激决定人们的行为。社会批评家指向的正是这两种形式的不自由。

他们对内在化事实提出疑问，例如，唤起和使得人们对如下问题作出反应：各种各样的制度和实践是否符合"公共利益"，或者它们是否只是被用来把利益与比如说某个统治阶级的成员连在一起，而根本不是与"公众"连在一起。于是，他们的批评有助于增加社会所感受到的规范压力。社会变得越有强制力，它的制度也就变得越不管用，由此就为制度的变化准备好了社会基础。

（五）

假定以下为真：A 做 q，是因为他意向做 p，而且认为做 q 对 p 是必要的。一方面是意向和认知态度，另一方面是行动，这个"因为"在其间建立的是哪种联系呢？这是哲学家们众说纷纭的一个问题。

一些人坚持认为，这种联系是因果性的。这种观点可以用两种方式来理解。我把这两种方式分别称为足道的和不足道的。

对因果论观点的足道的理解强调如下事实：意向十分常见地被称作"行动的原因"。这是符合惯例的，我们不应该试图改变这里的语言。对于这种讨论人们可能持有的惟一反对意见是，它模糊了如下两种意义之间的差别：在一种意义上，意向无可争辩地被称作行动的原因；而在某些其他的重要意义上，一些事物被说成是因果相关的。后面这些意义之一常被称为"休谟式"的。存在休谟式的因果关系，蕴涵着存在一个一般法则，它把逻辑上相互独立的普遍现象作为原因和结果关联起来。

对行动理论中因果论观点的不足道解释认为，意向和认知态度的某种特定结合就是某类特定行动的休谟式原因。

这一观点的捍卫者有时认为，它要求用神经病学术语对意向和认知状况予以重新解释。因果关系因此首先是某种大脑中的事件与某种肢体和身体其他部位的运动之间的关系。关于这种观点，这里我只说如下几点：

毋庸置疑，确实存在着刚才我们提及的这种因果关系。但是，意志和认知态度的神经病学解释至多只是与头脑中的对应物偶然相关，而没有必然联系。并且，由那些头脑中的事件引起的活动是否是行动，又是一个偶然的事情，它依赖于当事人的其他事实，而不是他的身体活动及神经系统中的过程。这些观察，当证明有更充分的根据时，我认为，足以驳斥有关意向和行动之间关系的不足道的因果论论题。但是，我在这里不能长篇累牍地论证这一观点。

相对立的观点认为，在行动及其基于意向和认知态度的理由之间，存在着一种概念上或逻辑上的联系。这一观点有时被称为逻辑联系论证或者意向论观点。我认为，与因果论观点相比，它更接近真理。但是，证明它正确却是困难的。

因此，我认为，把意向论观点理解为：在前提和实践论证的结论之间存在着一种逻辑上的衍推关系，这是一个错误——为此我本人和其他一些人一直感到歉疚。（参见我的著作《解释和理解》，伦敦，1971，97～118页。）

不妨考虑下述例子。（同上书，116页）——有一个人下了决心要去刺杀一个暴君。他已经进入了暴君的房间，子弹上了膛的手枪瞄准了暴君——但却不能说服自己扣动手枪的扳机。后来查明，没有什么使得我们认为，他已经改变了他的意向，或者他对要求他加以实施的事情有了不同意见。这件事是可想象的即逻辑上可能的吗？

应该指出，这里我们并未假设这个刺客克制自己不去扣动扳机。若如此，我会认为，说这人（仍然）想去刺杀暴君和知道他必须做什么是自相矛盾的。（它会是一个让人联想起所谓摩尔悖论的矛盾。）可假定的仅仅只是，与正当他决心去刺杀暴君时密切相关的，是他什么也没有做。他是"无能为力的"——但既不是体力上的无能为力，也不是精神上的无能为力，而是一种使得我们去修正对其意向和认知的描述的无能为力。

依据这个例子，我认为，关于意向和行动的关系的性质，我们应该说几句话：

如前所述，意向和关于使该意向变得可行所需要做的事情的看法，构成了随后行动的充足的根据或原因。如果当事人随后采取相应的行动，我们完全懂得他为什么做其所做的事情，例如，试图对暴君开枪以刺杀暴君。没有什么能够帮助我们更好地理解他。（当然，我们可以猜想，为什么他会有他曾经有的意向，或者正如他所做的——也许是十分错误的——他是如何看待要使其意向可行需要做的那些事情的。但是这些问题与其行动的决定因素无关，而只与这些决定因素的决定因素有关，如果存在任何这类决定因素的话。）再者，倘若当事人没有采取相应的行动，我们就对他全无了解。他的行为是我们所不了解的，在这一意义上，是非理性的，或者是反理性的，如果考虑到他有充足的理由以某种方式采取行动的话。

我所说的行动的内容决定因素和行动本身之间的关系，因此就既不是一种衍推关系，也不是一种因果关系。我们必须抵制将之归约到它并不是的某种东西的诱惑。但是，存在这样一种意义，其中我们可以将这种关系称为概念的——在我们全面了解其本质之前，关于这种关系，有些话还是留待我们以后再说。

（六）

行动是什么？有人可能会回答：行动通常就是从意向性角度来理解、"观照"，或描述的行动，也就是意指某物或指向目标的行动。

可以相当准确地说，意向性就在行动之中。但在肢体和身体的其他部位的运动中，它又不像是一种内在的"品质"。因为不提到意向性，我们完全能够描述这些运动。因此，行为的意向性究竟是什么呢？

把行动理解为意向性的，我要说，是将之放进关于当事人的一个"故事"之中。我们看见一个人走在大街上，手上提着一个包裹。他包裹掉了，他弯腰将它拾了起来。我们一般会将他拾起包裹这件事视为意向性的。为什么呢？

我们可能完全不知道，他为什么会拾起包裹。但是，我们可以列举出千百个他会这样做的理由，通过这些理由，他们完全能够说明他当时的行动。也许，这个包裹中有他极担心丢掉的东西，或者有他为某个人购买的礼物。或者，也许他意识到不该在街上乱扔东西，或者还可能是遵守某个存在着的要求人不要这样做的规则。换句话说，这里我们熟悉许多可能的、内在的和外部的关于他行动的决定因素。我们很可能认为，某些诸如此类的决定因素将要发生作用。这就是"把他的行动看作意向的"的意思。

对于一个人想要做什么，他所想的是否是某一情景所要求的，以及是否采取相应的行动，总体上存在着逐渐知晓、证实的可靠方式。证实也许并不总是结论性的，并且，弄清以上三者之一，有时不得不依靠对其他二者之一或者二者的已认定的证实。但是，通常，这里所用的证实步骤互相之间是独立的。

弄清一个人的意向和认知态度的标准方式是去询问他。如果我们怀疑他的回答是否可信，常常也有其他的检查方式可用。弄清一个人做些什么，通常简单观察即可。我们不加夸张地看他采取各种各样的行动，即我们可以从意向性的适当方面描述他的可观察的行为。我们可能会犯错误，但是，通常我们把我们看到的当作结论性的东西。

依据这些证实步骤，在前提和实践推理的结论之间，我们可以建立一种预言性关联。一旦证实了这些前提，我们就会期待结论成为现实。在下述意义上，预言的可靠性在这里是一个时间函项。

当一个人想要做某事时，他的意向对象是在未来。当他"立即"（right now）就想要做某事时，也是如此——因为"现在"（now）意味着在他前面立刻就要到来的时间。因此之故，在着手使意向有效实施之前，一个人通常有时间去改变他的意向，也有时间去改变关于他如何行动的意见。他改变其想法的时间越多，他实际上这样做的机会就越大。如果他这样做，预言就可能不能实现。

然而，实质上，对于短促的时间间隔而言，预言的可靠性应该很高。这似乎是下述方式的一个特点，在其中，意向、各种各样的认知态度以及行动的概念是互相关联的。如果下述情形对于某人是真实的：他的行动与他刚刚所声称的意向以及与他对当下情形的理解不一致，我们就会或者怀疑他的话的真实性，或者怀疑他是否知道他所想、所信的东西。如果对人来说情形一般就是如此，它就会改变我们关于意向和信仰是什么的观点。我们就不再能够被传授或传授给他人这些词语的目前用法，因此我们就不再拥有这些概念，至少是在它们目前的形式中不再拥有它们。有人可能会说，我们现在用行动语词，以及认知的和意志的语词所玩的这些语言游戏，是基于（或预设了）意向和行动之间的高度关联，这种关联是与被理解了的情景要求相一致的。

基于意向对行动所做的预期，与根据关于其原因的知识对结果所做的预期有些相似。但是，这两者之间也有一些重要的差别值得注意。

差别之一是这样的。对行动的预期受如下条件支配：在推测行动要发生之前，意志和认知背景方面不会发生任何变化。关于某一既定当事人所做预期的失败频率——假定确实知道他的意向和认知态度——因此就是他的"变化无常"或者"不可靠"甚至"非理性"的程度的标尺。换句话说，预期中所涉及的惟一的"假定"因素，是当事人的一定的意志和认知态度在个别情形中应该保持不变，而且当事人不应该"非理性地"行动。这与自然科学中典型的因果联系是不同的。在这里，一个预期的失败原则上总是可以回溯到一个有关因果关系的假定性法则。

在行动预期这种情形中，几乎不存在须证实或证否的"覆盖性法则"。说诸如此类的意向和信仰，假定它们不会改变，通常产生诸如此类的行为，这并不是陈述一个基于观察和实验的经验概括。这是在陈述一个任何熟悉有关概念的人都会立刻表示同意的必然真理。因此，这一真理很少被提及——也许，除了在哲学论辩中。

(七)

行动和其外在决定因素之间关系的本性是什么？

假设 A 做了 q，因为他被命令这样做是真的。十分明显，在这里，决定因素和行动之间的关联不可能是一种逻辑衍推关系。因为，A 接到了命令，他理解了它，并且能够将这一命令付诸实施，然而他又不这样做，这是自相矛盾的(不可设想的)。然而，这也不是完全不可设想的。——这里的联系不就是原因吗？(在这里，值得注意的是，称一个命令是一个行动的"原因"，比把这个名称用于一个意向更不自然。)

如果这种联系属于一种休谟式的因果关系，则应该存在一个连接原因和结果的法则。这一法则不能是这样的：当 A 被命令做 q 时，A 总是遵守命令。也许这对 A 是真的。但是，对每位学习遵守命令的人，它更可能不是真的。例如，对 B 就可能不是真的。在某些场合，B 也做了 q，因为他被命令这样做，这仍然是非常好的情形。所以，相关当事人是否碰巧就是总遵守命令 q 或总不遵守命令 q 的人，这个问题与有关个别场合下该命令和该行动之间联系的性质问题完全不相干。

就我所能理解的而言，这里"因为"并未建立在任何法则之上。如果情况果真如此，那么，决定因素和行动之间的关系就不是一种休谟式的因果关系。那么，这又是什么关系呢？我建议将之称为辩护关系。

设问 A 为什么要做 q 时，A 回答说："因为我被命令去做 q。"他会不会是在撒谎？或者弄错了自己的动机？当用进一步的问题逼迫他时，他可能承认，他做 q 实际上是因为他害怕那个发出命令的人恼怒，即他是在规范压力的影响之下行动的，并不只是对命令作出反应。但是，如果他不承认有任何其他的动机——甚至"对他自身""在他心中"都不承认——那么，我们就必须认为他恪守了他的诺言，并且说他做 q 是因为他被命令做 q。这里，没有任何判定"因为"陈述为真的、我们可以认可其最高权威的"外部"方式。如前所述，外部的决定因素和行动之间的联系，在逻辑衍推的意义上，不是内在的。但是，在某种特征性意义上，它是一种"内在的"关系，依赖于当事人对于他为什么会如他所做的那样行动的判断。因此，在"因果"一词任何好的意义上，它都不是一种"因果"关系。

正如在一定限度之内，一个人能够依据有关内部决定因素的先前知识去预言当事人的行动一样，他也能够以外部决定因素的知识为基础作出预言。这类预言的可信度随所涉及的当事人的不同而不同，也随所考虑的社会的不同而不同。人们可以把这种可信度用来测度个体对于（一类或者另一类，或者一般的）外部决定因素的反应。例如，人们可以用它测度他对法律或者上司的忠诚。人们也可以用它测度某一特定社会规范的内在化、"内聚性"程度。被测度的这些特征并未解释预言能力。预言能力是他们的标准。除了连接决定因素和行动的粗略的统计相关性，再也没有任何其他的一般法则。

为什么我们不愿意把这种相关性说成是"法则"？思考这个问题是有好处的。是因为它们的不精确性和统计性质吗？或者，是因为它们依赖个别当事人和个别社会吗？不称其为"法则"的一个更重要的理由，我认为，是因为它们依赖诸如规范和行为的制度化模式，而这些东西本身作为人类行动的结果，在历史进程中是易于变化的。我倾向于认为，"科学法则"的有效性不必依赖历史的偶然性。它们应该在任何地方都认可为真。

(八)

我曾经说过，行动的决定因素或者是内部地赋予的，或者是外部地赋予的。通过提及行动的决定因素，我们解释了行动，即回答了当事人为什么如他们所做的那样行动之类的问题。

然而，这样的回答仅仅是"在短浅的观察之中"的解释。它们引出了进一步的问题。例如：为什么人们具有他们所具有的意向呢？

有时，对上述问题的回答是依据进一步的意向而给定的。为什么 A 明天想到音乐厅去？其可能答案是，他想要或决心获得一些音乐教育。在这里，去音乐厅是作为到达目标的手段。但是，为什么他决心追求这一更遥远的目标呢？我认为，从意向方面获取的答案，最终将把我们带到两类主要的意向决定因素之一。我将这两个类型称为要求和义务。

我们首先来考虑要求。——为什么 A 想要去音乐厅？一类常见的答案是：因为他要听 B 演奏，或者要再听交响乐 S，或者仅仅是因为他要听听音乐。这些答案通常都是圆满的解释。一个人的要求，仅此而已。并没有什么更多的东西，用来说明一个人要求什么作为到达目标的手段。

假如进一步追问，为什么一个人要求他所要求的东西，答案有时是这样的：因为它使人高兴，或者一个人喜欢它，或者是因为觉得它优秀、合宜，或有趣。但是，这些答案并未指出要求的决定性方面。它们仅仅只是通过对比要求和独立于我目前的意向的背景来加以详细说明：这里的意向指向所要求的东西。例如，如果我喜欢听音乐，又正好有一个机会，并且影响我的意向和行动的任何其他决定因素又未出现，我就会去听音乐。在这种场合中，我可以说"我要求听听音乐，我喜欢音乐"。也就是说，我喜欢音乐是一种潜在的需要，这种潜在的需要在我的意向中表明了自身，即现在听听音乐，或明天去音乐厅。

一个人不能追问，为什么人们应该要求他们喜欢或感到快乐的东西。有人可能会说，正是令人愉悦和讨人喜欢的事物的"本性"使得人们要求它们，——如同疾病或惩罚之类的令人讨厌和痛恨的事物的"本性"使得人们设法避免它们一样。避免的东西就是不要求拥有的东西，或者要求去掉的东西。因为极担心冒受惩罚的危险，我们打算（决定）遵守规则或者秩序，此时决定着我们意向的正是使我们避免那些本质上不要求的东西。

有人说：“我打算（已经决定）到加那利群岛度假。”“你为什么要去那里呢？”我们问道。我们很想知道他的意向背后的要求。他回答："哦，我就是想去看看那个地方，据说那儿不错。"这可能就是他这里的惟一动力（要求）。但是，假如他回答说："我想那儿会对我很好，我一直很累，近来简直是精疲力竭了。"那么，所计划的这一行动就被看作达到一个目标的手段，目标一般来说是他的健康和康乐。这正是一个人要求改善的东西。

健康、康乐和幸福是要求的"自然"对象。其他与之等同的东西，因其自身之故，我们也当作必要的东西来追求。在这种意义上，它们类似于我们喜欢的或者愉悦我们的东西。"你为什么要求健康"，这样设问没有什么意义。但是，并不能由此推出，一个人必然去关心他的健康，或者去追求他的快乐或幸福。可能有一些压倒一切的考虑。他可能"没有时间"去寻乐，或者"被迫"忽视甚至损毁他的健康。具有下述性质的决定因素具有义务的性质：它们甚至能够压倒"就其本性来说"是要求之对象的事物对我们的意向、行动的影响。

（九）

"义务"这个词在这里应在宽泛的且在某种程度上是松散的意义上使用。在我心中，它的范围可以粗略地刻画如下：

作为社会中的一员，任何人常常都占据着一种或几种职位，从而被期待、有时甚至是被迫去做各种各样的事情。某些这类职位是一个人"自然地"占据的，例如父母的职位；另外一些职位则是被任命或者选举产生的。但在每一种情形中，期待他的行动或行动类型是由他所属的社会的明晰的或含蓄的规则（法律、习惯、习俗）所限定的。我将把这类职位称为角色，期待占据某个角色的人所要做的事则称为义务。（这个词的词源学显示，一个人的义务是：根据他在社会中的职位，他应该对社会其他成员所做的事情。）

因此，一个国家的首脑就被要求关心国家的声誉、主权和兴旺。这会使得他达成意向和作出决定，但作为一个"个体公民"，他既不能也不会这样考虑。这些意向的对象构成了他和其他人考虑其义务的组成部分。失职对他并不一定有法律上的牵连，但却肯定会在其（"个人的"）利益中产生某些希望避免的后果，例如声望受损，或者一个不利的"历史结论"。所以，如果没有"来自义务"的动力，那么就会有"来自要求"（"自我利益"）的动力，使得他具有适合他角色的指导行动的意向。

有人看到一名警察跳入一辆轿车飞驰而去。为什么会有这个行为？有人告诉我们，他想去抓获那个被人看见正在街上跑的窃贼。为什么他应该意图这样做？作为一位平民，他甚至可能觉得情愿让这个可怜的人逃掉算了。但是，他的警察角色把这种意向"强加"给他，随之而来的所有行动考虑的都是使得这一意向变得可行的方式。如果他没有意识到这一点，并采取相应的行动，他就要冒被解雇甚至被惩罚的危险。

对细节作些必要的修改，类似的考虑可应用于所有角色。角色应该被一种规范压力的气氛所环绕，在必要的时候，使得人们完成其职责，这是这一图景的本质部分。——也许，某种程度上要"违背他们的意志"，但是，仍然与他们的要求是一致的，从而避免更坏的事情发生在他们身上。关于这一点，在作为意向的外部决定因素的角色和作为行动的外部决定因素的规则和符号刺激之间，存在着一种平行对应。但是，关于规则的情况同样也适用于角色，对于我们的功能社会概念来说，在整体上，角色行为不应该靠规范压力来推动，而应该是"内在化的"，那就是：义务毫无疑问地被接受为我们所意向的东西的最终决定因素。

隐含在各种各样的角色之中的义务，比任何其他的决定因素更能对人们的意向产生影响，并因此而直接指导人们的行动，这种说法也许是正确的。但是，其发生的程度是随着社会的不同、角色的不同而不同的。因此，一个社会中角色分配的问题是与个人自由问题密不可分的。

所谓"自由时间"是一个人生命中的这样一个部分：他可以做他要求做的事，又暂时忘记至少是指派给他的某些角色加诸他身上的要求。当一个人没有时间满足他的要求，仅仅只能履行其义务时，他就是他的角色的奴隶。这时，他可能拥有双重角色：作为最卑贱的位置上的仆人和拥有巨大权力的主人。

（十）

除了要求和义务之外，对一个人的意向起决定作用的还有第三类因素——意向要通过它才能转化为他的行动：他的能力。

与要求和义务"促使"人们去行动不同，能力对行动的决定是否定性和限制性的。它划定了一个人行动自由的"界限"、"范围"或"区域"。这个范围随人的能力大小而发生或大或小的变化。

有做某事的意向，预设着：当事人认为（无论对错），他能够获得他所意向的对象。他认为他不可能成就的事情，他也不会去尝试。这样说是为了对实践论证中所涉及的意志和认知态度之间的关系作概念上的观察。根据观察可知，在"要求"和"能够"之间不存在一一对应关系。一个人可能要求做某件他知道他不能做的事。但是，如果他的要求不想仅仅停留在"无根据的希望"上，他就必须形成获得这种能力的意向。例如，他可以下决心学会做它。这在逻辑上又预设了：在其主观估计中，他能够学会做该事情。

能力或者是天生的，或者是由生物和物理因素决定的，或者是后天获得的。智力和记忆力、健康状况和体力是自然界的恩赐——自然对人们的赋予是不平等的，且使得依赖于这些赋予所获得的能力在同一个体的一生中也不断变化。但是，在相当广的范围之内，自然赋予人们的能力是大致相等的，而且，人们之间存在的差别可以通过关心或者训练的结果达到某种程度的平等。

能力的习得经过学习、指导和教育而发生。这些大都属于社会的制度化过程。但是，由于个人对做事的可能性的探究，由于创造性的努力，也能获得新的能力。所以，对于获得能力而言，那些具有技术发明品性的人占有特别重要的地位，主要是因为他们在社会上举足轻重。

学习和教育是社会结构的组成部分，这一事实能够说明在人们获取能力的可能性方面存在严重的不平等。一个人可能负担不起，或者他的社会地位可能不允许他利用某些其他的人可以享受的教育上的便利。他所能做的事情的范围可能因此之故而受到很大的限制。于是，在这一范围之内，他的义务、"生活的迫切需要"，与他的要求相比，可能在大得多的程度上将决定他的意向性行动。

因而存在着许许多多人们"按其天性"能够获得的能力，但是由于道义上的原因，例如，为了融入他作为其成员的那个共同体的规范性结构，他却不能够获得。

而且，许多能力是在操练时要求以工具或机器形式出现的装备。这一说法对于所有受制于技术发明的能力，特别是对于那种使用技术去生产商品的能力，都是成立的。这一事实是造成在人的自由方面的不平等的最大源泉，同时也成为下述做法的最大动力，即通过改变在每一个人能够做的事情上所施加的制度化限制，来使得人人平等。

这里所展示的社会哲学化前景是很容易认识到的——但是，对它作进一步探索则肯定超出本文的范围之外。

(十一)

然而，一个人在给定情景中所能做的事，只有部分地受制于他的能力。一个同等重要的条件是由机会构成的。一位孩子可能已经学会了如何开窗，但是，如果他周围的窗户都已经打开，在那种情况下，开窗就是不可能的。能力是一位当事人的一般特性；而机会则是一个具体情景的个别特性。

任何人的每一次行动都创造或破坏行动的机会——被当事人自己和被其他的当事人。关上一扇门，我就创造了一个打开这扇门的机会；离开这个房间，我就可能破坏了另外一个人请求我帮助做一项重要工作的机会。

因此，与相对稳定的能力、要求和义务相比较，机会总是处于不断的变化之中——更不用说它们在社会制度中的背景了。这里意向处于某种"中间地带"。如同情景变化为行动创造了新的机会一样，意向把在业已存在的要求和义务以及特定的能力结构连接起来。情景变化、意向性、能力以及动机和规范背景之间的这种相互作用，我称之为事件逻辑。它构成了那座保持历史运转的"机器"的齿轮。

有时，使得新行动可能或绝对必要的变化了的情景，是自然力量单独起作用的结果。例如，一次地震或洪水蹂躏了人的生存环境，就是这种情况。在这些变化冲击之下形成的行动意向，常常是所有人在所有时间共享的要求（和规避）的发泄途径，它也可以称为一种"生存意志"。人们寻求避难或者迁居到新的住所——或者他们组织起来采取各种各样的对策，例如构筑堤坝以抵御洪水或者保护环境不受工业污染。这些措施也（在实践论证的第二个前提这种意义上）改变了社会的制度化水平。

一种迥然不同的事件逻辑为如下情形的变化所体现，它主要是由人们的角色行动——例如，政府、公司、军队等的行动——所造成的。某个国家征服了另一个试图保卫其边界的国家的一个省，"如果我们不这样做，他们就可能侵略我们"，现在就成了一个实践三段论中给出理由的前提。在这个由征服者所造成的新情形中，相邻的国家即其政府认为，有必要与第三方势力缔结联盟以捍卫自己的独立。现在这两个联合起来的国家构成了对第一个国家的威胁，对其统治者而言，进一步的行动就是绝对必要的了，等等。每一个由一方实施的新行动，都会"引发"另一方的一个"潜在"实践论证的结论——这个论证的"潜在性"在于下述事实：目标结构，包括角色占据者的义务和那些将其期望寄托在角色占据者身上的人的要求（"希望和恐惧"），都是固定不变的；并且，从过去的经验或断定它们的传统标准来看，情景要求似乎也是单义的。

当事情正朝着灾难或衰败方向而去时，这类连续创造充足理由、迫使行动成为必需的链条给人留下了特别深刻的印象。帝国主义战争的起源，帝国的衰落，经济的衰败常常都遵循着这种模式，因而呈现出一种"历史必然性"的气氛。

另一种稍微有些不同的"逻辑"，是由伟大的创造性发明，特别是由技术领域里的伟大创造发明所展现出来的。这类发明开辟了行动的新的可能性，并因此而成为潜在的要求，而不是先已存在的、在制度上被决定的义务的发泄途径。由这些变化所"释放"的连锁反应，常常在一方面是角色占据者的义务和由规则设定的意向的外部对象，另一方面是由情景变化之流给予行动机会的指令之间，造成一种张力。制度形式的内在化变得越来越困难和越来越迟疑不决，规范压力增强了，和共同体的"内在矛盾"一起凝聚成改变制度的理由。

(十二)

我尝试着给出的关于动力机制和行动的必然性链条之运行的描述，将有助于我们回答下述问题：历史中是否存在"法则"。

公正地对待这一问题，应该说，如果在具体历史事件之间存在类似法则联系的话，那么，我们与其把它们视做"历史法则"，不如将其视为社会学的、也许是经济学的普遍法则的例示。

大量所谓经济学法则：塞伊法则或者说格林汉姆法则、供求法则或者边际效用递减法则，等等，很容易进入外行的头脑。在社会学中，人们关于够得上法则名义的东西很少有一致意见——但是，并不缺乏候选对象，例如有关生产力和生产关系决定社会结构的几个马克思主义原则。

现在我的意见是，这类法则适用于特定类型的活动以及那类具有非常一般的概念模式(我已在本文中加以概述)的历史情景。甚至最基本的经济学法则，也预设了在市场上交换商品和为生产者、消费者估测货物价值的粗略标准的某些制度化形式。通常并不太难以弄清楚，在关于制度框架的何种假设之下，这些法则具有关于下述方式的概念必然性，要求和能力凭借此种方式制约着行为。在不同的框架内，不同的法则是有效的。这意味着不同的框架要求不同的法则，如果事件逻辑得到正确地描述的话。理论经济学分析的复杂性主要在于，发明适当的概念工具，以描述在给定的历史情景的制度化结构中的经济行为。因此，例如，在后资本主义社会被强烈"操控"的市场中，就不能期望"经典的"市场经济法则保持有效。因为这一理由，人们有时会说，经济学和社会学的法则本身易于发生历史变迁——与自然法则不同，后者不分时间和场合都是有效的。

社会"法则"不是来自经验的概括，而是用于解释具体的历史情景的概念图式。它们的发现或者毋宁说发明，是一件概念分析的事情，它们的应用则是一件情景分析的事情。因此之故，人们可能会说，社会研究占据了哲学和历史之间的中间位置。它可以在两极之间的这一个或那一个方向游动，但是，它却不能脱离这两极中的任意一极，作为一个自足的生命来生存。

历史，当它是"科学的"而不仅仅是编年史或者故事集成的时候，它就是对于过去的一个片断（其中有着有名姓的演员和制度）中事件逻辑的探究。从决定论观点进行的历史研究，差不多也就是研究历史变迁和人类行动的决定因素之间的相互作用。正如我们已经看到的，在很大的但不是压倒一切的程度上，这些决定因素植根于社会组织结构之中，如角色的分配和行为模式的制度化。随着行动的社会决定因素的变化，行动也会是不同的。但是，决定因素的变化反过来又是行动的结果——除开自然界中独立于人的变化的那些情形。因此，人们的行动是由他们所处的历史情景决定的，但是历史情景本身又是人们的行动的结果。在人类既是自己命运的奴隶又是自己命运的主人这一事实中，并不存在逻辑上的恶性循环。

自然变迁的决定因素是因果规律——人不可能改变它们。但是，他能够动用关于规律的知识而驾驭自然的变迁，其办法是创造和抑制机会起作用的原因。然而，人的预见是有限的，他对自然的控制会引起何种将成为新原因的进一步后果，也许是人类不可能预见到的。古文明大地上那些被侵蚀的景象提醒我们想到这一点——而且，现代工业社会所面临的生态问题也时刻在提醒我们。人使自己成为自然的主人已经到了前所未有的程度，这是人作为一个物种所取得的最伟大的成就之一。为了不被自然放逐，要求练习自我限制及其技能，这是人类今天面临的最严峻的挑战。而且，如果在那个受规律控制的王国，即他的社会——在其中，人的主人地位绝不会受到挑战，他永远是统治者——中不发生深刻的变革，人类就不大可能成功地应对这一挑战。

选译自曼宁宁和图米拉编：《解释与理解论集》，D. 里德尔出版公司。 周祯祥、 孙伟平译，陈波校。

[美]塞尔(John R. Searle，1932—   )

《怎样从"是"中推出"应该"》(1970)

《怎样从"是"中推出"应该"》[①]（1970）

一

人们常说，一个人不可能从"是"推出"应该"，这个论点来自休谟《人性论》中的著名的段落，它虽然不像预想的那么清楚，但至少在大的轮廓方面是不模糊的：有一类事实陈述，它在逻辑上与价值陈述明显不同；没有任何一组事实陈述，其本身负载任何价值陈述。用更加现代的术语说，在没有附加至少一个评价性前提的情况下，没有任何一类描述性的陈述能负载评价性的陈述。不相信这一点就是犯了那一直被称作自然主义谬误的错误。

我将试图提出一个与此论点相反的例证[1]，当然不是说单个反例证就能否定一种哲学论点，但在目前情况下，如果我们能提出一个看似可信的反例证，并且能说明或解释它如何和为什么是一个反例证，以及如果我们能进一步提出一种理论支持我们的反例证——一种将引出数目不定的反例证的理论，那么我们至少使人们对原先

① 这篇论文的较早版本曾在斯坦福哲学讨论会和美国哲学学会太平洋分会上宣读过。我要向许多提出过有帮助的评论、批评的人致谢，其中尤其是汉斯·霍兹伯格（Han, Herzberger），阿诺德·考夫曼（Arnald Kaufmann），本森·麦兹（Benson Mates），麦尔登（A. Z. Melden）和戴格玛·塞尔（Dagmar Searle）。

的论点有了值得重视的认识。如果我们能做到上述这一切的话，那么很可能我们甚至会倾向于认为，这一论点的范围比我们原先以为的更加狭窄。一个反例证一开始必须举出一个或一些陈述——支持这一论点的人都会同意它们是纯事实的或"描述性的"（它们不必实际包含"是"一词），然后表明它们是怎样在逻辑上与这一论点的支持者认为是清楚的"评价性的"陈述（在目前情况下它会包含"应该"一词）相关的。[2]

考虑下面的系列陈述：

(1)琼斯说出"史密斯，我在此许诺付给你五美元"这样的语词。

(2)琼斯许诺付给史密斯五美元。

(3)琼斯自己承担了付给史密斯五美元的义务。

(4)琼斯受到付给史密斯五美元义务的约束。

(5)琼斯应该付给史密斯五美元。

关于这个清单我将论证，任何陈述和它的后继者之间的关系，虽然并非在任何情况下都是"负载"的关系，然而却也不只是一种偶然的关系；使这种关系成为负载关系所必需的附加陈述，不需要涉及任何评价性陈述、道德原则，或任何诸如此类的东西。

现在让我们开始证明。(1)是怎样与(2)相关的？在某些场合下，说出(1)的引号中的那些语词也就是做出许诺的行为。在那些场合下，说出(1)的那些语词就是在做出许诺，这是那些语词的意义的一部分或一种后果。"我在此许诺"，这在英语中是一种典型的手法，用来表现(2)所描述的行为：做出许诺。

让我们以一种额外前提的形式陈述关于英语用法的这一事实：

(1a)在某些条件 C 下，任何一个说出"史密斯，我在此许诺付给你五美元"的语词（句子）的人都是在许诺付给史密斯五美元。

在"条件 C"这个类目下都涉及了哪些东西呢？所涉及的将是所有这样一些条件，这样一些事态，对于说出那些语词（句子）以构成一成功的许诺行为来说，它们是必要而充分的条件。这些条件包括如下一些因素：说话者是在听者史密斯的面前，他们都是意识清醒的，都说英语，都是认真的。说话者知道他在做什么，不是在药物的影响之下，没有被催眠或是在演戏，不是在开玩笑或报告一事件，等等。这个一览表无疑会有几分不确定，因为许诺这个概念的界限，像自然语言中大部分概念的界限一样，是不那么精确的。[3]但有件事是清楚的，不论这些界限可能会怎样的不明确，无论确定边缘情况可能会怎样的困难，那些条件——它们决定了一个人说出"我现在许诺"可能被正确地认为是做出了一种许诺——肯定是经验条件。

因此让我们增加一个作为额外前提的经验假设，即这些条件如愿以偿。

(1b)条件 C 如愿以偿。

从(1)，(1a)以及(1b)我们推出(2)，论证的形式是这样的：如果 C 那么(如果 U 那么 P)。C 表示条件，U 表示说出的话，P 表示许诺。在这一假设上增加前提 U 和 C，我们便推出了(2)。至此为止，我看不出有任何道德前提潜藏在逻辑的柴堆里。从(1)到(2)的关系还有更多的话要说，但我想稍后回头再谈。

什么是(2)和(3)的关系？我的理解是，根据定义，做出许诺也就是一种将自己置于受一种义务约束的行为。对于做出许诺这一概念的任何分析，如果不包括许诺人将自己置于受到对受约人的一种义务的约束，或承担或接受或承认对受约人的一种义务以表现出通常对受约人有利的某种未来行为过程这种特征的话，都是不完整的。一个人可能很容易认为，做出许诺可以根据他的听者那儿所产生的期待或一些类似的情况来加以分析，但是稍加反思就会看到，意向陈述和许诺之间的关键的区别在于做出许诺所承担的承诺和义务的性质及程度。

所以我倾向于说(2)直接负载(3)，但是如果有人愿意加上——为了形式上清晰的目的——这样一个同义反复的前提我也不会有任何的反对：

(2a)所有的许诺都是承担做被许诺事情的义务的行为。

(3)是怎样和(4)相关的？如果一个人将自己置于受一种义务的约束，那么，在其他情况不变的条件下，他就是受到了一种义务的约束。我理解它也是一种同义反复。当然，有可能发生各种事情，它会免除一个人已经承担的义务，所以需要"其他情况不变"这一附加条件。所以，要在(3)和(4)之间得到一种负载关系，我们还需要一限定性的陈述：

(3a)其他情况相同。

形式主义者在从(2)进到(3)时，可能愿意加上如下同义反复的前提：

(3b)其他情况相同条件下，所有那些将自己置于受一种义务约束的人，都受到了一种义务的约束。

所以，从(3)进到(4)在形式上和从(1)进到(2)是相同的：如果 E 那么(如果 PUO 那么 UO)。E 表示其他情况相同，PUO 表示置于受义务的约束，UO 表示受到义务的约束，加上 E 和 PUO 这两个前提，我们便推出 UO。

(3a)即子句其他情况相同，是一个隐蔽的评价性前提吗？它确定看上去像是，在我已给出的表述中尤其如此，但我认为我们可以表明，尽管关于是否其他情况相同的问题常常涉及评价性的考虑，但从逻辑的角度说并非在一切情况下都必然如此，我将在下一步之后再来讨论这个问题。

(4)和(5)的关系是什么？类似于解释了(3)和(4)的关系的同义反复一样，这里也有一个同义反复，即在其他情况相同的条件下，一个人应当作他受义务约束要做的事情。这里，正像前面的情况一样，我们需要某种具有这种形式的前提：

(4a)其他情况相同。

我们需要子句"其他情况不变"以排除这种可能：外在于"应该"这种"义务"关系的某种东西也许会介入。[4]这里，就像在前面的两步一样，通过指出那个明显被压缩的前提是同义反复，所以尽管它形式上清晰，但却是冗余的，我们清除了省略三段式的外表。然而，如果我们希望从形式方面陈述这一论证的话，那么它和(3)进而(4)的形式是相同的：如果 E 那么(如果 UO 那么 O)。E 表示其他情况相同，UO 表示承担了义务，O 表示应该；加上 E 和 UO，我们便推出 O。

现在来简单谈谈"其他情况相同"这一短语以及它怎样在我所尝试的推导中起作用的。这个话题以及密切相关的关于可废除性的话题极为困难，我在此只打算证明我的主张，即条件满足并不必然涉及任何评价性的事情。在眼下这种场合中，"其他情况相同"这一表达式的确切含义大致是这样的，除非我们有某种理由(也就是说，除非我们实际准备提出某种理由)设想那义务是无效的(步骤4)或当事人不应该履行许诺(步骤5),否则那义务便是有效的,他应该履行许诺。"其他情况相同"这个短语并不包含这样的意思:为了满足它,我们需要建立一个普遍的否定命题,即任何人都不可能有理由设想当事人不受义务约束或不应该履行许诺。这是不可能的并会使这一短语无用。事实上不可能提出相反的理由,这便足以满足那条件了。

如果有理由设想义务是无效的或许诺者不应该履行许诺,那么就会明显出现需要评价的情形。例如,请设想,我们认为一个被许诺的行为是错误的,但我们同意许诺者确实承担了一种义务,他应该履行他所做的许诺吗?不存在任何已建立的程序事先客观地对这类情况做出决定,一种评价(如果这真是一个正确字眼的话)是理所当然的。但除非我们有相反理由,在其他情况不变的条件下,没有任何评价是必需的,是否他应该履行许诺的问题由说出"他曾许诺"而得到解决。总有一种可能:我们也许不能不做一评价以便从"他曾许诺"推出"他应该",因为我们也许不能不评价一种反论证,但是评价并非在一切场合都是逻辑上必要的,因为也许事实上不存在任何反论证。所以我倾向于认为,关于"其他情况相同"条件,不存在任何一定是评价性的东西,即便确定它是否被满足会经常涉及评价。

但是,假设关于这一点我错误了,它能挽救对"是"和"应该"之间有一不可沟通的逻辑鸿沟的信念吗?我认为不能,因为我们总是能重述我的(4)和(5),以使它们将"其他情况相同"子句作为一部分包括在结论之中。所以从我们的前提我们本可推出"其他情况相同,琼斯应该付史密斯五美元",这仍然充分地反驳了传统的观点,因为我们仍表明了在描述性和评价性的陈述之间的负载关系。并不是减轻罪责的情况可以使义务失效这一事实使哲学家们犯了自然主义的谬误,就像我们后面将看到的,毋宁是一种关于语言的理论使哲学家们犯了错误。

如此我们已经从"是"推出了(在严格的自然语言所能容许的"推出"一词的意义上)"应该",那些被用来使推导有效的额外前提根本没有道德的或评价性的动机。它们是由经验假设、同义反复以及对语词使用的描述构成的。另外也必须指出的是,"应该"是一种"直言的"(categorical)而不是"假言的"(hypothetical)应该。(5)并不是说琼斯如果想什么什么的话，他就应该全部付清；它是说他应该全部付清，其他没有什么好讲的。还要注意，推论的步骤是在第三者那里进行的，我们不是从"我说'我许诺'"中得出"我应该"的结论，而是从"他说'我许诺'"中得出"他应该"的结论。

上述论证阐明了在说出某些语词和做出许诺的言语行为之间的联系，然后转而阐明了许诺即承担义务，再从承担义务推到"应该"。从（1）到（2）的步骤完全不同于其他步骤，需要特别的注释。在（1）中，我们把"我在此许诺"解释为具有某种意义的英语短语。作为这意义的后果，在某些条件下说出那个短语也就是做出许诺的行为。因此，由提供（1）中带引号的表达式和在（1a）中对它们的使用的描述，我们似乎已经引出了做出许诺的习俗，我们本来还可以从比（1）更加基本的前提开始。

（1b）琼斯说出下列语音系列：aihirbai pramis təpei yu smiθfaiv daləz。①

于是我们本来需要一些额外的经验的前提，它表明这个语音系列以某种方式和相对于某些方言的某些有意义的单位有关。

从（2）到（5）的推导相对容易一些。我们依赖于在"许诺"、"有义务的"和"应该"之间的明确的联系，惟一出现的问题是义务可能会以种种方式被弄得无效或被解除。我们需要对这种事实予以分析。我们解决这一困难是通过增加一些进一步的前提，即没有相反的考虑，以及其他情况相同。

二

在这一节中，我想讨论针对上述推论的三种可能的反驳。

第一种反驳

由于第一个前提是描述性的而结论是评价性的，因此在（1b）关于条件的描述中一定有一个隐蔽的评价性的前提。

至此，这一论证只是由假设在描述性和评价性之间存在逻辑的

---

① 英文"史密斯，我在此许诺付给你五美元"的音标。

鸿沟——它受到前面推论的挑战——而用未经证明的假定来辩论。要使反驳有效，坚持这种区别的人就必须表明（1b）如何确切地一定包含了一个评价性的前提以及这一前提可能是哪一种。在某些条件下说出来某些语词也就是在做出许诺，这些条件的描述不需要任何评价性的因素。重要的是，在从（1）到（2）的转换中，我们从确定说出某些语词进到了确定某种言语行为。这种推进的实现是因为言语行为是一种习俗行为，按照习俗，说出一些特定的语词也就正是表现了那种言语行为。

这第一种反驳的一个变种是：你所表明的一切不过是说，"许诺"是一种评价性的而不是描述性的概念。但这一反驳同样是用未经证明的假定来辩论，且最终将证明它对于描述性和评价性之间的原先的区别来说是灾难性的。因为一个人说出某些语词而这些语词又有它们所具有的意义，这无疑是客观事实。如果关于这两个客观事实的陈述加上对说话条件的描述就足以负载反驳者宣称是评价性陈述（2）（琼斯许诺付给史密斯五美元）的话，那么甚至无需通过（3）（4）以及（5），一个评价性的结论就被从描述性的前提推导出来了。

第二种反驳

这推论最终建立在一个原则上，即一个人应该履行其许诺，这是一个道德原则，所以是评价性的。

我不知道是否"一个人应该履行其许诺"是一个"道德的"原则，但无论是或不是，它也都是同义反复的。因为它只不过是从两个同义反复中推导出来的：

所有的许诺都是（导致、承担、接受）义务，并且一个人应该履行（完成）其义务。

需要解释的是，为什么这么多哲学家都没有看出这一原则的同义反复的特征。我认为有三件事使他们没有看出这一特征。

第一是没有将在做出许诺这一习俗的外部所提的外部问题与在此习俗框架之内所提的内部问题区分开来。"为什么我们有做出许诺这种习俗"的问题和"我们应该有像做出许诺这种关于义务的习俗化的形式吗"是被问及的外部问题而不是内在于做出许诺这种习俗之中的。"一个人应该履行其许诺吗"的问题可能会混淆于或被当作（我认为经常被当作）一种可大致表述为"一个人应该接受做出许诺的习俗吗"的外部问题。但是如果确实被当作内部问题，当作关于许诺而不是关于做出许诺的习俗的问题的话，"一个人应该履行其许诺吗"的问题就像"三角形是三条边的吗"的问题一样的空洞。将某事认作一种许诺也就是同意，在其他情况相同的条件下，它应该被履行。

使问题晦暗的第二个事实是，存在着许多种情形，既有真实的也有可以想象的，在这些情形下一个人不应该履行许诺，履行许诺的义务被某些进一步的考虑所消除；由于这一理由，我们在推论中需要那些笨拙的"其他情况相同"子句。但是义务可以被消除的事实并不表明本来不存在任何义务。情况恰恰相反，这些原先的义务正是使我们的论证有效所需要的全部。

而第三个因素是这样的：许多哲学家仍然没有认识到"我在此许诺"是一种表述行为的表达式这一说法的完整含义。当说出这句话时，一个人是在做出许诺而不是在描述做出许诺的行为。一旦做出许诺被看作一种不同于描述的言语行为，那么就更容易看到，这种行为的特征之一就是承担一种义务，但是如果一个人认为说出"我许诺"或"我在此许诺"是一种特殊的描述——例如，是关于一个人精神状态的描述——那么在做出这个许诺和义务之间的关系就会显得非常神秘。

第三种反驳

这种推论所运用的只是那些评价性词项的事实的或引号的含义。例如，一个观察益格鲁—撒克逊人行为和态度的人类学家完全可能做出这些推论，但它并不包括任何评价性的东西。因此步骤（2）等值于"他做他们称为做出许诺的事情"，步骤（5）等值于"根据他们，他应该付给史密斯五美元"。但由于（2）到（5）的所有步骤都是在间接引语中的，所以是伪装的事实陈述，故事实与价值的区别没有受到影响。

这个反驳并未损及那个推论，因为它只不过是说，那些步骤可以重新解释为在间接引语中的，我们可以把它们解释为一系列外部陈述，我们可以构造一个关于所说言语的平行的（或至少相关的）证明。但是我要论证的是，严格地说来，没有任何附加的间接引语或解释，这一推论仍是令人信服的，一个人可以构造一种没有反驳事实与价值区别的类似的论证。这一点并不表明我们的证据没有反驳它。的确，它是不相干的。

三

至此，我已经针对一个人不可能从"是"推出"应该"的论点提出了反例证，并考察了对于我的反例证的三种可能的反驳。但即使设想我所说的这些是真的，人们仍然会感到某种不安，会觉得一定是哪里有某种陷阱。我们可以这样来陈述我们的不安：我只是承认关于一个人的某个事实如他说出某些语词或他做出一种许诺，这怎么就能使我认为他应该做某事情？现在我想以给出问题答案的轮廓的方式，简单地讨论一下我想做的推论可能具有的更加广泛的哲学意义。

首先我将讨论认为我们根本不可能回答这个问题的理由。

倾向于接受在"是"和"应该"、描述性和评价性之间的死板的区别是以某种关于语词与世界关联的图画为基础的，这是一幅非常有吸引力的图画，它如此地有吸引力（至少对我来说）以致完全不清楚在什么程度上仅仅提出反例证便能构成对它的挑战。需要的是解释怎样以及为什么这一古典经验主义图画不能处理这些反例证。简单说来，这幅图画是这样构成的：首先我们提出所谓描述性陈述的例子（"我的汽车一小时跑 80 英里"，"琼斯六英尺高"，"史密斯长着棕色头发"），然后我们将它们和所谓评价性陈述对照（"我的汽车是部好车"，"琼斯应该付给史密斯五美元"，"史密斯是个下流的人"），任何人都可看出，它们是不同的。我们是通过指出下述情形而明确表述这一不同的：对于描述性的陈述来说，真或假的问题是可以客观决定的，因为知道描述性表达式的意义也就是知道在什么样的客观确定的条件下包含了这些表达式的陈述是真的或假的。但是在评价性陈述的场合，情况相当不同，知道评价性表达式的意义，其本身不足以知道在什么条件下包含这些表达式的陈述是真的或假的，因为这些表达式的意义使得这些陈述根本不可能有客观的或事实的真或假。说话者就他的评价性陈述所能提供给人们的任何辨析，在根本上都涉及对他所持的态度、他所接受的评价标准或他选择作为生活和评判他人依据的道德原则的某种诉求。因此描述性的陈述是客观的，评价性的陈述是主观的，这一差别是被使用的词项种类不同的结果。

这些不同的根本理由是，评价性陈述所做的工作与描述性陈述所做的工作完全不同。它的工作不是要描述世界的特征而是表达说话者的情感，表达他的态度、赞扬或谴责、称颂或蔑视、嘉奖、推荐、建议，等等。一旦我们认识到两者所做的工作不同，我们就认识到在它们之间一定有一个逻辑鸿沟。要做自己的工作，评价性陈述就一定不同于描述性陈述，因为如果它是客观的，它就不再能起评价的作用。用形而上学的方式说，价值不可能位于世界之中，因为如果它位于世界中的话，它就不再是价值而只是世界的另一个部分。用形式的方式说，一个人不可能根据描述性语词来定义评价性语词，因为如果他能的话，他就不再能够使用评价性语词去嘉奖，而只能描述。而换种方式说，从"是"推出"应该"的任何努力都一定是浪费时间，因为即使这一努力成功了，它所能表明的也只是这个"是"并不是真正的"是"而只是伪装的"应该"，或者说，这里的"应该"不是真正的"应该"，而只是伪装的"是"。

对于传统经验主义观点的这一概述是非常简单的，但我希望它传达了这个图画的某种力量。在一些现代作者那里，特别是在黑尔和诺威尔-史密斯（Nowell-Smith）那里，这幅图画达到了相当细微和精确的程度。

这幅图画错在哪里？无疑它在很多地方都错了。最终，我要说，它的错误之一在于对诸如承诺、责任以及义务这些概念没有提供任何融贯的说明。

为了得出这一结论，首先我可以这样说：这幅图画没能对不同种类的"描述性"陈述作出解释。它关于描述性陈述的范例是这样一些说法，如"我的汽车一小时跑80英里"，"琼斯六英尺高"，"史密斯长着棕色头发"等诸如此类的东西。但是它自身的死板迫使它也将下述说法解释为描述性陈述："琼斯结婚了"，史密斯做出一个许诺，"杰克逊有五美元"，"布朗击出一记本垒打"。之所以是被迫的，乃因为某人是否结了婚，做出许诺，有五美元或击出一记本垒打，就像他是否有红头发或棕色眼睛一样，是一种客观的事实。然而前面一种陈述（含有"结了婚""许诺"等的陈述）似乎和描述性陈述的一般的经验范例很不相同。它们是怎样不同的呢？尽管二者都陈述了某种客观事实，但含有"结了婚""许诺""本垒打"以及"五美元"的陈述所说的事实的存在预设了某些习俗(institutions)：在给定了有关钱的习俗之后，一个人才有五美元。去掉这种习俗，他所拥有的不过是一小块带有绿色墨印的长方形的纸；只是有了棒球的习俗，一个人才击出一记本垒打，没有这一习俗，他只不过是用木棒击中一个棒球而已；同样地，一个人也只是在婚姻和做出许诺的习俗内才是结婚和做出一种许诺的，没有这些习俗，他所做的也只不过是说出一些语词或作出一些姿势而已。我们可以将这种事实描述为习俗的事实，并把它们和非习俗的或粗糙的事实相对照：一个人拥有一小块带有绿色墨印的纸是一个粗糙的事实，而他有五美元则是一种习俗的事实。[5]古典的图画没有解释关于粗糙事实的陈述和关于习俗事实的陈述之间的区别。

这里的"习俗"一词听起来像是生造的，因此我们要问：这都是些什么样的习俗？为回答这一问题，我需要在两种不同的规则或约定之间作出区别。有些规则调整先已存在的行为方式，例如，礼貌就餐行为规则调整怎样吃饭，但吃饭是独立于这些规则而存在的。另一方面，有些规则并不只是调整而是创造或定义新的行为方式。例如，象棋的规则不只是调整先已存在的被称作下棋的活动，它们似乎也创造了那一活动的可能性或界定了那一活动；下棋的活动由符合这些规则的行为所构造。离开这些规则，就没有象棋的存在。我现在想做的区别追随了康德在调整原则和建构原则之间所作的区别。因此让我们采用他的术语把我们的区别描述为调整规则和建构规则之间的区别。调整规则调整那些其存在独立于规则的活动；建构规则构造(同时也调整)那些其存在于逻辑上依赖于这些规则的活动形式。[6]

现在我一直在谈论的习俗是各种建构规则的系统，婚姻的习俗、金钱的习俗以及做出许诺的习俗就像棒球或象棋的习俗一样，都是这样一些建构规则或约定的系统。我所说的习俗事实就是预设了这些习俗的事实。

一旦我们认识到这种习俗事实的存在并开始把握了它们的性质，那么就会很容易地看到，许多形式的义务、承诺、权利以及责任都是类似地习俗化了的。一个人有某些义务、承诺、权利和责任，这常常是种事实，但它是一种习俗的事实，而不是粗糙的事实。我正是求助于上述这种习俗化形式的义务、做出许诺，才从"是"推出"应该"。我由一种粗糙的事实开始，即一个人说出某些词，然后以一种方式求助于习俗以产生出一些习俗的事实，借助它们，我们得到了那个人应该付另一个人五美元的习俗的事实，整个论证建立在诉诸做出许诺也就是承担义务这一建构规则的基础上。

我们现在可以看清我们何以能引出数目不定的这类论证。想想下面这个很不相同的例子。我们现处于我方（进攻方）第七局的半场，当我跑离二垒时，投手（防守方）投出的球箭一般地飞向游击手的区域，在离线还足足有十英尺时，我被触杀出局，裁判员大喊"出局！"然而，作为一个实证主义者，我坚守阵地。裁判员要我回球员休息处，我向他指出，你不能从"是"推出"应该"。我说，没有任何一套描述事实的描述性陈述会负载任何我应当或应该离场的评价性陈述。"你不可能仅由事实而得到命令或推荐"，这里需要一个评价性的大前提。所以我回到并赖在二垒上（直到我被强行带出场）。我想每个人都会觉得我在这里的要求是十分荒谬的，是逻辑不合理意义上的荒谬。当然，你可以从"是"推出"应该"，尽管实际上在此情况下进行这种推论远远比在做出许诺的情况下进行的推论要更加复杂，但这种推论在原则上并无不同。由同意打棒球我便已经承诺了对某些建构规则的遵守。

现在我们也可以看清，一个人应当履行自己的许诺这一同义反复只是一类相似的同义反复中的一种，种属同义反复涉及义务的习俗化形式。例如，"一个人不应该偷窃"可以理解为是说，承认某物是某人的财产必然涉及承认他有处置它的权力。这是一个关于私有财产习俗的建构规则。[7]"一个人不应该说谎"可以理解为是说，做出一个断言必然涉及承担一种说真话的义务。再举另一个建构规则的例子："一个人应该还债"可以理解为是说，承认某东西为债务，也就必然是承认偿还它的义务。不难看出，所有这些原则将怎样产生反例证，反驳了不可能从"是"推出"应该"的论点。

于是，我的暂时的结论如下：

第一，古典的图画没能解释习俗的事实。

第二，习俗的事实存在于建构规则系统内部。

第三，某些建构规则系统涉及义务、承诺以及责任。

第四，在这些系统的内部，我们可以按第一种推论的模式，从"是"推出"应该"。

带着这些结论我们现在返回到我在这一节一开始所提的问题：我陈述关于一个人的事实——如他做出许诺的事实——怎么能使我得出他应该做什么的观点？一个人可以这样开始对问题的回答：对我来说，陈述这种习俗的事实已经涉及习俗的建构规则；正是这些规则，赋予了"许诺"一词以意义。但这些规则使我认为：琼斯做出许诺涉及了我认为他应该做什么（在其他情况相同的条件下）。

于是，可以说，我们已经表明了"许诺"是一个评价性语词，但由于它也是纯粹描述性的，我们其实已经表明，整个区别需要重新审查。被断言的在描述性的和评价性的陈述之间的区别其实是至少两个区别的合并。一方面在不同种类的言语行为之间有一区别，一个言语行为家族包括评价，另一个家族包括描述。这是不同种类的语内表现行为力量之间的区分。[8]另一方面在其断言可以客观确定为真或假的言论和那些其断言不能客观确定真假而是"个人决定的事情"或"意见的事情"的言论之间存在着区别。人们一直设想，前面的区别是（一定是）后面区别的一种特殊情况，如果某个东西具有评价的语内表现行为力量的话，它就不可能被事实的前提所负载。我的论证的要点之一是要表明，这种论点是错误的，事实前提可以负载评价性的结论。如果我是正确的，那么被断言的在描述性和评价性言论之间的区别只是在作为描述和评价这两种语内表现行为力量的区别时，才是有用的；甚至在此也不是非常有用，因为如果我们严格地使用这些词项的话，它们只是几百种语内表现行为力量中的两种；说出（5）这种形式——"琼斯应该付史密斯五美元"——的句子，从特征上说，不属于两类言论中的任何一个。

注释

[1] 我将不涉及休谟对于这个问题的处理。

[2] 如果这一计划成功，我们就填平了"评价性"和"描述性"之间的鸿沟，并最终证明了这种说法的缺陷。然而，眼下我的策略是同意这一说法，假设评价性和描述性的概念是相当清楚的。在本文的结尾，我将指出在哪些方面

它们陷入了混乱。

[3] 另外，许诺概念还是这样一类概念的成员之一，这类概念有着一种特别的不明确性，即可废除性。参见哈特（H. L. A. Hart）的《责任和权利的归属》，见《逻辑和语言》（第三辑），福录（A. Flew）主编，牛津，1951。

[4] 这一步骤中的其他情况相同子句排除了某种情况，它们和前一步骤中被排除的情况有些不同。当那义务被免除时，例如，如果受约人说："我免除你的义务"时，通常我们说"他承担了一种义务，然而他（现在）不受那义务的约束。"但是在其他考虑（例如优先义务）压倒那种义务的情况下，我们说，"他受义务的束缚，然而他不应该履行它"。

[5] 关于这一区分的讨论，见安思康伯（G. E. M. Anscombe）的"粗糙的事实"，《分析》（1958）。

[6] 关于相关区别的讨论，见罗尔斯（J. Rawls）的《关于规则的两种概念》，载《哲学评论》，LXIV（1955）。

[7] 蒲鲁东（Proudhon）说："财产是赃物。"如果一个人想把此话当作一种内部的谈论，它是没有意义的。它的意图是要作为一种外部谈论，攻击并拒绝私有财产的习俗。它通过使用那些为了攻击那习俗而内在于那习俗的词项，获得它那悖论的样子和力量。

　　站在某些习俗的甲板上，一个人可能会瞎摆弄一些建构规则并甚至把一些其他的规则扔出船外；但是一个人能将所有的习俗扔出船外（也许为避免不得不从"是"推出"应该"）吗？一个人不可能这样做并仍然采用我们明显认为是人的行为方式。假定蒲鲁东已对每一种可能的习俗加上下述这样的话（并试图依据它们而生活）会怎么样："真理就是谎言，婚姻就是不忠实的行为，语言就是缄默，法律就是犯罪"等。

[8] 对于这一概念的解释，见奥斯汀（J. L. Austin）的《怎样用词做事》（坎布里奇·马萨诸塞州，1962）。

选译自《哲学评论》（美），总第73期，
1964（1）。　陈亚军译。

[美]霍斯泊斯（John Hospers，1918—2011）

《自由意志和精神分析》(1950)（节选）

《自由意志和精神分析》（1950）
（节选）

　　非专业哲学家和反传统者否定人类自由的存在的情况是极为普遍的。但同时他们对他们所否定其存在的东西是什么并没有清楚的概念。关于自由意志的争论首先需要说明的是，任何有意义的术语必定有一个有意义的反语（opposite），即：如果断言人类是不自由的是有意义的，那么断言人类是自由的也一定是有同等意义的，而不管后一断言实际上是否为真。当然，它是否为真将依赖于人们赋予"自由"这个含糊的词（weaselword）的意义。例如，如果人们使自由依赖于自由意志论，那么人类的自由是不存在的。但是似乎没有正当的理由断言存在这样一个依赖，特别是由于人们说一个行为是自由的，起因的缺乏是与人们的意志最无关的事。毫无疑问，人们可以赋予"自由"这个词以其他的意义——如"能做我们想做的任何事"之类——尽管在这一意义上没有人是自由的。但是，否定自由的人必须弄清楚的首要之点是，他所否定的东西是什么。如果一个人知道人们不自由是个什么样子，那么他也必须知道人们自由将是个什么样子。

　　哲学家们发展了大量"自由"的意义，根据这些意义，大量人类的行为都能被称作是自由的行为。对于自由行为的最普遍的意义是，一个行为是自由的，当且仅当它是一个自愿的行为。但是，"自愿"这个词并不总是同一个意思。有时人们称一行为是自愿的意味着：

如果我们选择做这个行为，则我们能够做它，换句话说，对于我们来说，在身体上和心理上有做它的可能，以至于这个行为的发生紧接着做它的决定。（一个人举起他的胳膊的决定实际上伴随着举起胳膊的实际行动，只要他不是一个麻痹症患者。但一个人将月亮从天上摘下来的决定不会伴随着实际的行动。）有时，人们（如摩尔[1]）将一个自愿的行为理解为这样一种行为：如果主体事先选择不执行它，它就不会发生。但是，这些意义都与这样一个意义不同，即：一个自愿的行为是由深思熟虑，或可能仅仅是由选择产生的行为。例如，如果我们选择这么做，确实有很多行为我们能够避免，但是，即使我们对这些行为考虑甚少，我们仍然会选择不执行它们。外出散步时，在迈出一步的过程中，抬起腿的行为是一个人能够通过选择避免的，但是，在这个人学会了走路以后，这个行为就通过习惯自动地或半自动地发生，因此就不是选择的结果。（一个人可能选择去不去散步，但不能选择散步时迈这一步或那一步。）在摩尔的概念中，这样的行为是自由的，但它们不是深思熟虑意义上的自由。并且，还有很多具有同样普遍性质的行为不能被摩尔的这一定义所涵盖：情感的突然迸发，至少在一些情况下是不能被一个即刻在先的意志所避免的。因此，如果这些要被包括到自愿行为的标题下，那么我们就必须将"即刻在先的意志能避免某个行为"这一条件修正为："主体过去某时的意志或一系列意志能够避免这一行为"，如在主体较早和较可塑的年岁中所采取的一系列不同的习惯。

　　［有时，我们称人们，而不是他们的行为是自由的。例如，史德宾（Stebbing）宣称：人们永远不能称行为是自由的，而只能称这个行为的执行者是自由的。[2]但是，这两者似乎并不是不可调和的。根据其某种自由的行为（通常并不正好是自由的），我们难道不能说某个人是自由的吗——无论我们说某个行为是自由的可能会意味着什么？任何关于一个自由的行为的陈述都能转换成关于行为的执行者的陈述。］

　　现在，无论我们采用以上哪一种方法来定义"自愿"，仍然会存在是自愿的而我们却不大可能将其认作是自由的行为。因而，当一个人屈从于一个拿着武器的歹徒的命令时，在上述的每一种意义上，他都可能是自愿这样做的：他如此行为是选择的结果，甚至是深思熟虑的结果，并且，如果他不愿意如此行为，他就能够避免——然而，如果他拒绝就会被击毙。在严刑拷打下泄漏国家机密的人的情况是同样的：如果他拒绝就要忍受更多的痛苦。然而，我们不能一般地把这样的行为和与这样的行为相应的人称作是自由的。我们说这些行为是在强制下被执行的，如果一个行为在强制下被执行，我们就不能称之为是自由的。我们说："他不是自由的，因为他被迫如此行为"，尽管他的行为是自愿的。

几乎每一个人都会承认这些自由行为和自愿行为的同一性中的差异。然而，有时，人们会补充说，这是能被承认的所有差异。例如，据石里克说：

"自由是强制的对立面；如果一个人不在强制下行动，他就是自由的。当其自然欲望的实现受到阻碍时，他就是被迫的或不自由的。因此，当他被锁住或被囚禁时，或当某人用枪胁迫他做某些他在其他情况下就不会如此做的事时，他是不自由的。这一点十分清楚，并且每一个人都会承认，我们正是如此来解释日常的或法律上的缺乏自由的概念的。如果没有这样的外在强制施加于一个人的身上，那我们就认为这个人是十分自由的……"[3]

石里克补充道，哲学上的完全困惑的自由意志的争辩是毫无疑义的，因为人们已经把强制与因果关系、必然性、一致性混淆在一起了。如果我们问，是否每一事件都是有原因的，答案毫无疑问是肯定的；但如果我们问，是否每一事件都是被迫的，答案显然是否定的。自由的行为是非被迫的行为，而不是无原因的行为。并且，当我们说事务的某种状态（如水往低处流）是必然的时，如果"必然"意味着"强迫"，则（上述问题的）答案是否定的；如果"必然"仅仅意味着它总是这样发生，则答案就是肯定的：应用的普遍性与强制混淆在一起了。据石里克说，这就是问题的终结。

石里克的分析确实有助于澄清一些问题，并且对于那些不幸陷入他所说的那种混淆中的人们来说，确实是有帮助的——这些人可能大部分是些处于其哲学发展的困难期的人。但是，这就是问题的终结吗？尽管所有的行为是有原因的，但只要它们在他所叙述的意义上不是强迫的，它们就是自由的吗？虽然"自由"等同于"非强迫"是可接受的，但被迫行为的领域要比他或其他哲学家们所怀疑的那样大得多就是不可能的吗？（尽管对于摩尔来说，只要一个行为在本文前面所叙述的那种意义上是自愿的，它就是自由的，但他在这一方面要比石里克审慎得多。他认为可能在另一种意义上，人类和人类的行为是根本不自由的。[4]）我们记起了一些这样的论述：人们不过是他们早年环境所把持的兵卒；是超出他们控制范围的形势的牺牲品；是根源于他们父母的因果性影响的结果，等等。于是，我们思索并发问："我们真的还是自由的吗？"历代的圣贤都说过，人类是被束缚的，这其中难道没有一些重要的东西吗？在石里克解开这个Cordian结的过程中，难道不可能有某些东西太过轻易、太过技巧了吗？举个例子，一家首都报纸刊登了一篇题为"男孩凶手早在他出生前就命该如此"[5]的文章，描述了一个12岁的男孩怎样因谋杀了一个女孩而被判入狱，以及他的父母亲的背景，包括酗酒的记录、离异、社会失调和局部麻痹症。我们还能说他的行为——尽管是自愿的，也确实不是在枪的胁迫下所做的——是自由的吗？这个男孩很早就表现出行为残忍的倾向，以此来掩盖他潜在的受虐心理，以及以此来"证明他是一个男人"；他母亲的溺爱只会使这种倾向恶化，直到他杀了那个他所爱慕却冷落了他的女孩——不是只是在盛怒之下，而是有谋算地、深思熟虑地谋杀她。他的犯罪行为，或就那点而论，他生命中的大部分行为是自由的吗？的确，问这个问题是为了得到否定的回答。也许，我举了一个极端的例子；但这只是为了更清楚地显示石里克分析的肤浅。尽管并不是每一个人都有犯罪倾向，但那些至少在很大程度上决定其当前行为的影响铸造了每个人；毫不夸张地说，他是这些影响的产物，这些影响来源于且先于其"辨识年龄期（years of discretion）"，决定了他的性格特征，即使他现在想改变这些性格特征也无法做到。于是很显然，一个人是什么依赖于一个人是怎样成长起来的，这就不会奇怪何以哲学家们和圣贤们都认为人类确实无法掌握他们的命运。人的意志不是高高在上的和超脱于那些铸造了他的事件之洪流的；而是被摄入了这一洪流中，并随着这一洪流继续开展。道德学家说，当一个人的性格决定了某个行为时，这个行为是自由的；但是，如果其性格最有决定性的方面在他能做任何事去铸造它们之前已经无可挽回的养成了，那又如何呢？即使他所能获得的意志力量的程度足够塑造他的习惯和训练他克服早年环境所造成的影响，但如果这成为一种他所不能控制的因素，那又如何呢？我们该对这种"自由"说些什么呢？这与一发明出来就是为了给罐头贴标签的机器的自由不是十分相似吗？一些机器能比另一些机器运行得更有效率，仅仅是因为它们被设计得较好。

在这里，我的目的不是在一般地确立这一论点，而仅仅是在相比较而言人们较少注意到的某个特殊方面，即被精神病学家们称为因我的幻觉性动机所导致的我的注意力的潜在反限制性的领域。在下面，我将尽量清楚地描述我想表达的观点。

让我试着非常简略地概述一下精神分析学的学说。[6]人类有意识的生命，包括有意识的决定和意志，仅仅是无意识的代言人——不是直接的无意识驱策力(unconscious drives)之命令的代言人，而是无意识驱策力和无意识谴责(unconscious reproaches)之间的妥协之命令的代言人。在被称为有意识的人格之自痴性表象的背后，"三巨头(Big Three)"在作祟：本我(id)，一个"永远的我欲"(eternal gimme)，表达其愿望并要求立即得到满足；超我(super-ego)，立即表现出否定这个愿望；和无意识的自我(unconscious ego)，前两者之间的调停人，力图通过妥协保持前两者之间的和平。[7]

关于这三个"主人"所起之作用的例子是无穷无尽的；精神分析学的病例书提供了成千上万这样的例子。在当前的背景中，我们要了解的重点是：正是无意识决定了意识的推动之势和意识行为的将成之实。例如，哈姆雷特有强烈的俄狄浦斯情结，超我的谴责猛烈地抵消了这一情结；在一个不寻常的成人的境遇中，这些早年的情结被生动地唤醒，在这一境遇中，哈姆雷特的叔父从其父亲那里夺取了令人垂涎的王位并娶了他的母亲。这一境遇唤起了对哈姆雷特之超我的强烈的非难，这就是他那众所周知的延误了刺杀其叔父的主要原因。有上十次的机会，哈姆雷特能轻易地杀死克劳蒂斯(Claudius，哈姆雷特的叔父)；但是每一次他都"决定"不这样做：道德学家会说这是一个自由的选择——但是不，听听超我是怎样说的："你如此憎恨你叔父的原因，你计划要刺杀他的原因，恰好是你自己想犯的罪行：杀死你的父亲，并取代他与你母亲相爱。你的命运和你叔父的命运是联系在一起的。"这麻痹了哈姆雷特，使他不能采取行动。在意识层面里，他只知道他不能行动；他使这种意识层面的无能合理化，每次都为它找不同的借口。[8]

　　我们一直以来就意识到这样一个事实：我们在各个方面都不是自己命运的主人——有很多事是我们不能做的，自然要比我们强大得多，我们必须遵守法律，否则就有受到惩罚的危险，等等。我们也变成了"官样式的"有意识的，即使在我们的私人生活中，我们必定早已长时间地知道了这一点，即：就我们所感受到的情感来说，我们是不自由的——我们喜爱谁或憎恨谁，我们倾慕什么类型的东西，等等（都是不受我们控制的）。直到最近我们才被提醒：我们基本的爱憎，我们情不自禁的行为，或行动的无能，都有无意识的动机。但是，不受人欢迎的事实是，我们的意志行为和导致意志行为的整个一连串深思熟虑都不过是无意识愿望的正面表达，或者更进一步说，是无意识之妥协和防卫的正面表达。

　　人面对这样的选择：他是否应该杀死另一个人？道德学家会说，这是一个自由的选择，是深思熟虑后的结果，是一个有意识地执行的行动。然而，即使主体自己不知道或没有意识到在他内心起作用的力量，他的选择对他来说也是已经被决定了的：他的有意识的意志，仅仅是一个被掌握在深层的、决定他行为的无意识动机手中的工具和奴隶。如果他有大量的精神分析学家们所谓"自由漂浮的罪感（free-floating guilt）"，他就不会杀人；但是如果这种犯罪要求被立即吸收到自我毁灭行为的形式中去，那么积累起来的罪恶就不得不通过某种犯罪行为宣泄出来。这个人不知道自己内心的钟表装置是什么，他就好像钟面上的针，以为自己是自由地在这个钟面上摆动。

　　有一个结过又离过好几次婚的妇女。现在，她面临着下一次婚姻的选择：她应该嫁给 A 先生呢？还是 B 先生呢？或者谁都不嫁？她可能会花大量的时间来"决定"这个问题，并且她的决定可能看来似乎是她的自由意志的最终胜利。让我们来假设一下：A 是一个正常的、很好相处的（welladjusted）、善良的和慷慨的人，然而 B 是一个吸别人血汗的人，是一个骗子，他将会不断地与她争吵。如果这个妇女属于某种可分类的精神病学上的类型，她将不可避免地选择B，并且，即使她的前任丈夫与 B 十分相似，以至于别人会认为她"已经学到了教训"，她也会这样做。在意识的层面上，她当然会"对这一事件进行恰当的考虑"，等等。但对于精神分析学家来说，所有这些都无关紧要，只是对她在意识中所不知道的内部运转的一种风一样不定的伪装。如果她有某种受虐狂的张力，就如她在以前的一系列症状中所表现出来的那样，她必定选择 B：她的超我，总是将这一情境中的痛苦最大化，看看选择 B 会对自我毁灭的行为允诺什么样的惊人可能性。正是她的超我，推动她做出如此的选择，甚至将这一选择的真正基础隐藏在合理化的精妙外表之后。

一个男人沉迷于赌博。为此，他输掉了他所有的钱，输光了属于他妻子的东西，甚至变卖了他的财产，也不管他的孩子。也许某一次他会停止赌博；然后，不可避免地他又会重操旧业。这个人不明白，他更多的是一个牺牲品而不是一个主体；或者，即使他有时感觉到，自己正处在某种他不知道是什么的东西的痛苦中，他也丝毫不知道这种东西的特性，并且很快又陷入那种认为他(他的意识层面的自我)正在自由地决定其行为过程的幻觉中。当然，他所不知道的是，他还在因他母亲对他婴儿时期的自恋原初性伤害而向他母亲出气，因她对他婴儿时期之愿望的虚构拒绝而报复她——并且，这通过排斥一切与她等同的东西，即教育、纪律、逻辑性、常识、训练而表现出来。在轮盘赌的轮子上，机会——上述这些东西的对立面——统治着一切，在成人的行为之中这几乎是独一无二的；并且他的不可自拔，表明了他在无意识中对母亲和所有她所代表之东西的持续的、强烈的、重复的排斥。

他的这种伪攻击行为(pseudo-aggression)在效果上就是受虐。从长远看来，他总是输；当他赢时，他永远不能见好就收。他不是为了赢才去赌博，我们毋宁说，输是他精神平衡的必要条件(陀思妥耶夫斯基就是这样的例子)：罪要求惩罚，并且在自我与超我的"交易"中，超我认为以达到自我毁灭的状况来换取婴儿时期愿望的满足是理所当然的。赢会破坏这种精神上的平衡。[9]

一个人有洗手的洁癖(wash-compulsion)。他必须不断地洗手——他每天要用完大约 400 条纸巾。当别人问他为什么要这样做时，他说："我有这个需要，我的手脏"；如果别人向他指出他的手其实并不脏，他就会说："不管怎样，我觉得它们脏，当我洗手时，我会感觉好一点。"于是他一次又一次地洗手。每一次他都"自由地决定"；他觉得他必须洗手，也许他思考片刻，但总是以洗手作为结束。当然，他不明白的是，在他内心有一根看不见的线牵动着他不可避免地如此行为：婴儿时期的本我愿望（idwish）偏好脏，超我以此来攻击它，而受到惊吓的自我必须回答："不，我不喜欢脏，看，我多爱干净，看，我多频繁地洗手！"

让我们来看看这个病人从事了什么更进一步的"自由行为"（这是历史上一个真实的案例）：纳粹士兵将他抓进了集中营，并给了他最坏的待遇。在集中营里，他不再爱干净，甚至连这种企图都没有——相反，现在他选择尽可能地在污秽中打滚。他现在所知道的就只是厌恶干净。并且，每次他必须选择他不会选择的东西。然而，在这些场景背后，另一幕戏剧正在上演：由于超我感受到了来自外界强制的巨大痛苦，停止了它在这方面的攻击——外界现在正严刑拷打，于是超我解除了责任。因此，自我也就解除了这样的痛苦，即，不断地以洗手的形式做出受惊的答复，来证明超我的错误。这个人不再需要这种防卫了，他滑回到了他对污秽的天然嗜好。即使是对于纳粹士兵来说，这个变化也太过头了：某一天，他们抓住了他，说道："我们要教你怎样变得干净！"他们将他拖进雪地里，将一桶又一桶的冰水浇到他身上，直到他被活活冻死。这就是一个原初本我愿望的最终结果，毁灭性的超我将其控制在自己的谋划里。

最后，让我们来举一个较少色彩的、也更平常的例子。一个大学生，拥有财富、魅力和一切常人认为是成就功名的重要条件，他开始发展以下的人格模式（personality-pattern）：尽管他受过社会交谈要优雅的良好调教，但他总是在某处失言，并且总是在最坏的可能情况下；他对他的朋友们做出伤害很深的尖刻的评价——而且显然总是采取那种伤害最大的方式：他总是对 B 而不是对 A 做出一个不会伤害 A 但会伤害 B 的评论，诸如此类。这些都不是有意识的。通常，他很体谅别人，但他总是设法（无意识地）去利用那些最可能记恨的朋友，并且总是在他明知他不应该利用的时候，他毫无预警地在凌晨 3 点给邻城的一位朋友打电话，要求去他的公寓度周末；自然，他得罪了这位朋友，但他并不知道自己已经引发了怨恨（当神经官能症的模式建立起来的时候，"常识"会暂时衰退，并且在这一情况下，一个人的智力是毫无帮助的，它被神经官能症的兴趣所利用)，并且，当他们下一次见面这个朋友对他很冷淡时，他还不明白这是为什么，并觉得受了不公正的对待。他的攻击性行为招致了怨恨和作为回击的攻击性行为，但在意识层面上，他所看见的只是别人针对他的行为——并且，他认为自己是受不公正"迫害"的无辜牺牲品。

从道德学家的观点看，这些行为都是自由的：他选择在凌晨3点给他的朋友打电话，他选择做如此尖刻的评论，等等。他所不知道的是，一种根深蒂固的受虐模式已经建立起来了。他的无意识要比他的意识层面的智力精明和聪明得多；它以不可思议的准确性洞见了何种行为将最大限度地毁灭他，并且正确无误地强迫他采取这种行为。在意识层面上，这个学生"不知道他为什么这样做"——他在不同的时候给出不同的"理由"，但这再一次表明，它们全都是无意识机制之遮掩的合理化，这种无意识的机制，不管他愿不愿意，都强迫他采取其"常识"所要规避的行为。

一个人对此类事件观察得越多，他就越能明白：当精神分析学家谈论"自由的错觉(delusion of freedom)"时，其意思是什么。并且，一个人越成为一个精神病学家，他就越对这种自由意志是多么严重的一种错觉的感觉感到害怕。在一些种类的病例中，我们大部分人已能看到：没有精神病学家敢看癫痫病人，并且，一想到你面前的这个人很快将成为一个疯狂的人，不再是你所知道的那个有思想、高智商的人了，你就会悲伤不已。但是人们在其他背景中却不知道这一点，例如，他们会觉得奇怪：为什么他们曾经善待过的人会如此恶劣地对待他们？让我们假设，你在金钱上或精神上或以某种其他的方式帮助了一个人，于是他欠了你的债；更进一步假设，他是一个神经官能症患者，在无意识里，这种病人将善良混同于软弱，将侵犯混同于力量，于是他会无意识地将你对他的善意看作软弱的表现，并且利用它作为侵犯你的机会。他情不自禁，可稍后，他又会遗忘这一点；但是，他仍然会被驱使这样做。如果我们有一些精神病学的知识，我们就会带着怜悯的态度去看待他，一个人是那么令人尊敬，另一方面又是那么不可信赖——但是我们也会在实践中变得现实起来，并且明白，你不能对某些类型的人表示善意；在他们有意识的意志"自由"行为中，他们会利用你的善良来反对你。

有时，人们自己会朦胧地觉得：有某种"场景背后的东西"正决定着他们的行为。那个离婚者有时会超然地来审视她自己，觉得她好像是某种机器[确实，精神分析学家称她这种情况为"反复的机器（repeating-machine）"]："我知道我陷入了一个网里，我会爱上这个人并与他结婚，于是，整个荒谬的循环又将从头开始。"

我们谈论自由意志，并且我们说，例如，如果一个人愿意如此行为就能如此行为，则他是自由的——但我们忘记了，他的愿望被吸入了决定论的溪流，无意识的力量强迫他愿意或不愿意做那些有争议的事。看不见的线从后面操纵着傀儡的行为，或者说得好听一点，是内心的活力在操纵——这种分析几乎在任一点上都是站得住脚的。

并且，令人瞠目的事实是，这一切早在我们知道发生了什么之前就开始了。在5岁之后，人格结构（Personality-structure）就丧失了可塑性，并且在大部分情况下，是在3岁以后就差不多如此。正是在这个年纪，决定了一个人是否会成为神经官能症患者——它犹如是上帝的诅咒一般令人毫无觉察。例如，一旦一种受虐的模式建立起来，那么，在我们或其他任何人知道发生了什么并能对它做出反应之前，这个受虐的雪球已在它的下坡路上滚动很久了。这种受虐的积累是在极度自恋的压力下进行的，这种自恋与真实的或虚构的婴儿时期之愿望的剥夺联系在一起。在这种背景下，将人比作傀儡不是无根据的隐喻，而是对毫不夸张的事实的真实描写：只有精神病学家才知道，人们确实是傀儡；哲学家们断言，"行为是意志的结果，是深思熟虑的结果，是有意识地决定的结果，它是自由的"。毫无疑问，说得温和一点，这些断言留给这些人的只是几许寒冷。

但是，有人可能会反对，所有这些描述的情况都是反常的、神经官能症的例子。至少很好相处的（正常的）人是自由的。

且不谈我们怎样清楚地以及根据什么来将神经官能症患者同常人区分开来这个问题，而让我用一个例子来说明一种任何人都会称之为正常的倾向，即一个人决定赡养他的妻子和可能有的家庭，并且，让我根据精神分析学的理由来简略地探讨一下它的起源。[10]

每一个降临到这个世界上的婴儿，都带有一种羽翼丰满后的自大狂情形——他只对他自己感兴趣，他带着这样的信念去行动，即相信他是这个宇宙的中心，他人的存在只是为了满足他的愿望，并且不管什么原因，只要他的愿望没有立即得到满足，他就大吵大闹。即使母亲将所有的时间、忧虑、关心都倾注在这个婴儿身上，他也毫无感激之情，并且，当他长大了一点，对他进行教导会遇到极大的困难；他天然地倾向于假定：除了拒绝和挫败之外，发生在他身上的一切都是起因于他自己——拒绝和挫败是起因于"残酷的、否定的"外部世界，尤其是起因于母亲；并且，他对任何人都不欠什么，他不依赖于任何人。这种全能情结或非依赖的幻觉被称为"专制的虚构（autarchic fiction）"。大人们的行为助长了孩子们对世界的这种概念，他们总是自动地努力去满足婴儿的食物、睡眠、关注方面的每一种需要。孩子误解了这种因果关系，他并不将这些愿望的实现看作母亲的善意和爱的结果，而仅仅看作他自己全能力量的结果。

经验逐渐摧毁了这种虚构的全能，并且这种破坏可能是人类早年生活中最深刻的失望。首先，婴儿发现他自己是饥饿、排便、撒尿等器官冲动和必然性的牺牲品。更重要的是，他发现母亲的乳房根本不是他自己的一部分，而是他所依赖的另一生物的一部分——在此之前，他从来没有将母亲的乳房与他自己的身体区分开来过（他没有这个必要，因为当他想要母亲的乳房时他就能得到它）。他被迫认识到这一点，例如，当他想要吃东西时，正好母亲不在；哪怕是耽搁了一小会儿。这对"专制的虚构"也是一个巨大的破坏。最痛苦的是断奶的经验，这可能是每一个婴儿生命中最大的悲剧，此时他的依赖性受到了极残忍的强调；这是一种挫败的经验，因为他想要的东西再也不会有了；如果以前他还在某种程度上保有非依赖的幻觉，现在则不能那样想了——很清楚，他食物的来源不依赖于他，而他却要依赖于他食物的来源。"专制的虚构"的破灭对每个孩子来说都是一个巨大的幻灭，是对他的自我的一个极大打击，在他的有生之年，他会采取种种方式来力图弥补这种破灭。他怎样做到这一点呢？

一开始，他对挫败的反应是愤怒和吵闹；并且，他通过踢、咬等他所仅知的方式来回应。但是，他在肉体上是无助的，并且，这些方式是无效的，反而有助于更加强调他的依赖性。并且，父母用禁令来回应孩子的这种反应，常常包括剥夺对他们的关注和爱。一般说来，孩子很快就知道，这种形式的反叛是无益的，它带给他的害处要比带给他的好处多。他想通过猛烈的攻击性行为来回应挫败，但同时知道他会因这种攻击性行为而受到惩罚，也知道在任何情况下，后者都是无效的。他找到了什么挽回面子的解决办法呢？由于他必须"面对事实"，由于如果他打算得到和平的话，他就必须在任何情况下都"顺从"，于是他力图使其看起来好像他自己是这些要求和禁令的来源：他将外部的禁止力量内化——在这里我们找到了意识的起源。通过使禁止的作用看起来好像来自他自己的这种方式，孩子能够"挽回面子"——似乎在说："这个禁令来自我自己，而不是来自外界。那么我就不是屈从于外界的规则，我只不过在遵守我自己建立起来的规则而已"，这样就在某种程度上挽救了"专制的虚构"，并且同时通过遵从父母的要求，避免了针对他自己的不愉快的后果。

而且，男孩在无意识里永远都不会原谅他的母亲[11]，因为在早年生活中，他在食物和所有其他事情上不得不依赖于她。这打破了他的非依赖的幻觉。这些感受一直被压抑着，不再被记起；但在以后的生活中，它们通过各种方式表达出来——例如，男人不断地要求女人履行做饭、家务等诸如此类的义务（"她所做的只不过是待在家里做几顿饭而已，可她却把那称为工作"），尤其是男人在其性经验中将母亲等同于女人。通过等同于某人，一个人在效果上就抵偿了他所等同的人——取代了那个人，在无意识里否定了他的存在；对这个男人来说，等同于他早年的母亲，扮演如同他母亲曾"施舍"他般地"施舍"他妻子的主动角色，在效果上就表达出对他母亲的存在的否定，他母亲的存在是这样一种事实：因为它是引起其"专制的虚构"破灭的主要原因，所以对他的自我来说，这个事实是令人困窘的。通过赡养他的妻子，他在无意识里否认了他母亲曾经施舍过他以及他曾经依赖于她的施舍。为什么总是丈夫担任养家人的角色，并且希望他的妻子不依赖于除他以外的任何人，即使20年前他只不过是一个寄生的婴儿？这在他来说，是一种挽回面子的举措：他能将"看，我不是寄生的婴儿，相反，我是养家人，是施舍者"的推理付诸行动。他担任养家人的角色是一种不断挽回面子的举措，以此来否定他早年的依赖，对他的自我来说，这一依赖是如此令人窘迫。

毫不奇怪，一般而言，男人们都不喜欢被唤起对他们婴儿时期的记忆，在那个时候，他们依赖于女人。

于是，在这里我们有了一个完全正常的成人的反应，这一反应在无意识的层面上被激发。这个男人选择养家——他选择只不过是一个再正常不过的无意识层面上的动机。（在这里，我只描述了没有被实际实践中几近无数的变化弄复杂的事情的"正常"情况。）

然而，责任的概念是怎样的呢？在我们的分析中，它会发生什么事？

让我们从一个真实的例子开始吧。仲冬时节，一个妇女和她两岁大的孩子乘坐火车前往蒙特利尔。孩子生病了。这个妇女非常想到达她的目的地。她自己不知道，她是神经官能冲突的牺牲品——这种神经官能冲突的本质在这里是不相关的，除了它强迫这个妇女对她的孩子做出攻击性行为的事实之外——部分地是因为怨恨那个她瞧不起、却爱这个孩子的丈夫，但主要地是为了挡住超我对依恋受虐的进攻。在意识层面上，她爱这个孩子，并且当她如此说时，她是真诚的，但是她必须对他做出攻击性的行为，就好像很多孩子爱他们的母亲，却在大多数时候对他们很险恶一样——这是一种神经官能的伪攻击性行为。当火车接近蒙特利尔时，孩子病得更严重了；火车的供暖系统坏了，于是列车员请求妇女在下一站下车，并将孩子马上送去医院。妇女拒绝了。很快，孩子的情况进一步恶化，这位母亲尽她一切所能来使孩子活下去，但就是不下车，因为她宣称她必须到达她的目的地。但是，在她到达那儿之前，孩子死了。当然，此后这位母亲悲伤，责备自己，歇斯底里地哭泣，并且加入了教会，以求得从罪感中解脱——当她想起她的攻击性行为是怎样地杀死了她的孩子时，这种罪感就常常将她淹没。

她对她的行为负有责任吗？在日常生活中，我们犯了过错之后，就会说："记在经验的账上。"在这里，我们应该说："记在自恋性的神经官能症的账上"。如果她的神经官能症强迫她如此行为，她是无法控制的——她甚至不知道在这些场景背后是什么东西作祟，她的有意识的自我仅仅执行了它被派定的部分。这比人们通常所认为的那样要真实得多：一般地，犯罪行为不应由它们的主体来负责；这些主体是被动的，而不是主动的——他们是神经官能冲突的牺牲品。

他们的过度活动（hyper-activity）是在无意识的层面上被决定的。

当然，这样说不是意味着我们不应该惩罚罪犯。很显然，为了保护我们自己，我们也必须将他们从我们中间清理出去，这样，他们就不能再干扰和危害有组织的社会。当然，如果我们在这种方式上使用"有责任的"这个词，即：通过定义，将让某人对一个行为承担责任等同于有理由惩罚他，则我们能且确实让人们承担责任。但是，这与自由的行为是自愿行为意义上的"自由"是相似的。它还不够深刻。在一种更深刻的意义上来说，我们不能让人们承担责任：我们能让他的神经官能症承担责任，但他对他的神经官能症不负有责任，特别是因为神经官能症在他甚至还不会说话的年纪之前就已不可避免地开始了。

神经官能症是有责任的——但神经官能症难道不是他的一部分吗？我们一直如此谈论，好像这个人和他的无意识是两个分离的东西似的；但是，他难道不是一个将意识和无意识两部分包括在一起的人格吗？

我不愿否认这一点。但是在这里，它不能帮助我们；因为，当人们谈论自由时，他们所想到的，并且当他们为它而战时，他们所持有的是这样的概念，即：有意识的意志是他们命运的主人。"我是我命运的主人，我是我灵魂的首领"——他们指的是他们有意识的自我，那种他们能认识、寻求和内省的自我。在不管你愿不愿意，都决定你的行为的无意识和强迫你的外界力量之间，选择任何事几乎都是不可能的。无意识就像是一种外部力量；并且，确实，精神病学家断言，体内的希特勒（你的超我）比任何外界的希特勒更能让你痛苦。于是，人们所想望的那种自由，他们惟一会满足于的那种自由，恰好是精神病学家认为他们所不能拥有的自由。

虽然，我们无法因一个人眼睛的颜色，或因他父母的道德，或甚至因他在三岁时所做的事，或在很大程度上他有什么样的冲动和他爱上了谁而正当地责备他，但此前，这是一种十分普遍的想法，即认为我们能因他的其他成人行为，特别是他自愿地和带有预先设想生活幸福的能力的人，不要把这当作我们自己的成就，而仅仅把它当作它所是的东西——上帝的礼物。

然而，让我们停止形而上学的讨论，而将这种情形用图解法置于一个推论证明的形式之中。

1. 超出我们控制的事件是我们不能对之负有责任的事件。

2. 在我们婴儿时期发生的事件 E，是我们不能控制的事件。

3. 因此，事件 E 是我们不能对之负有责任的事件。

4. 但是，如果我们不能对某种东西负有责任，那么我们也不能对不可避免地产生于它的某种结果负有责任。

5. 事件 E 有一个不可避免的后果神经官能症 N，神经官能症 N 依次有一个不可避免的后果行为 B。

6. 由于 N 是 E 的不可避免的后果，且 B 是 N 的不可避免的后果，所以 B 是 E 的不可避免的后果。

7. 因此，由于我们对 E 不负有责任，所以我们对 B 也不负有责任。

在萨缪尔·巴特勒(Samuel Butler)的乌托邦讽刺诗"Erewhon"中，有下面这样一段文字，写的是一个法官正在宣告对一个囚犯的判决：

"对你来说，说你来自一个不健康的家庭，说你在孩童时期发生了一场严重的事故，它永久性地损坏了你的体格，这些都是适当的；这样的借口是罪犯惯常的避难所；但是正义的耳朵一刻也听不到它们。在这里，我不打算开始关于这个或那个之起源的令人好奇的形而上学问题——一旦他们的说法被容忍，这种问题就没完没了，并且会导致将罪恶归因于一连串原始的细胞或基本的气体。不问你是怎样变坏的，只问你是不是坏的。这已经被肯定地决定了，我也会毫不犹豫地说，它已经被公正地决定了。你是一个坏人，危险的人，并且，在你的同胞的眼中，你被打上了所知的最凶恶的一种罪行烙印。"[12]

当道德学家们读到这一段文字时，他们也许会点头赞成。但是，他们被开了一个玩笑。当我们了解到这个囚犯是因什么罪——即肺病——而被判决时，刺痛感就来临了。法官提醒这个被告人，在早些年，他曾因恶化的支气管炎而被判决，并警告他以后要吸取教训。巴特勒在这里运用了他惯用的手法，即将某种人类的倾向展现到一个可笑的极端，从而将其贬为荒谬的。

假定这篇文章的主要结论是正确的，我们给自由还留下了什么余地呢？

当然，这全依赖于我们对"自由"的用意如何。在这篇文章的开头所提出的意义上，有无数自由的行为，也有无数不自由的行为。当"自由"意味着"非强迫的"且只承认外部强迫时，则又有无数自由的行为。但是；现在我们已经将强迫的概念扩展到了包括无意识之力量所做出的决定。随着这种理解进入人们的头脑，我们的问题是："随着强迫概念的这种扩展，以及根据当前精神分析学的知识，在人类的行为中还存在自由吗？"

如果我们问临床精神分析学家们这个问题，毫无疑问，他们的回答会沿着如下的线索：他们会说，他们根本就不习惯于使用"自由"这个术语，但是，如果他们不得不为区分自由的人与不自由的人提示一个标准，他们会说一个人的自由与他的神经官能心理成反比；换句话说，即险恶的无意识决定他的行为越多，他就越不自由。因此，他们会谈及自由的程度。他们会说，作为一个神经官能症已被治愈的人，他变得更自由了——自由地去认识那些曾被神经官能冲突所妨碍的能力。精神病学层面上的适应环境的个体，在这个意义上相对来说是最自由的。确实，我们有时说，那些精神失常被治愈的人已经得回了他们的自由：他们被从险恶的无意识的专制下解放出来，而那种险恶的无意识以前就这样对他们实行统治。后来，这一态度动摇了。至少在一些圈子里，人们逐渐认识到，很多自愿的行为是被无意识所强迫的。一些哲学家也认识到了这一点——艾耶尔[13]谈论道：有盗窃癖的人是不自由的，当另一个人运用习惯的权势来压制一个人的个性时，这个人是不自由的。但他只走到了这一步。显然，诸如盗窃癖和精神分裂者等通常的例子满足了大多数哲学家，并且随着除去这些例外，其余的人就被允许在巨大而诱人的自由和个性的领域中漫步。迄今为止，对自由的侵袭仍留下了绝大多数人未被触及；当精神病学家们开始认识到这些事实时，尽管哲学家们并没有（认识到），他们开始击中了要害：他们认识到无意识对意识的统治已经扩展到所有的人类，而不仅仅是一些例外的个体，认识到"幕后的三巨头（big three behind the scenes）"不是人类的尊敬者，它们统治着我们的一切，甚至包括自由的圣地（sanctum sanctorum）——我们的有意识的意志。确实，在"正常"个体情况下的无意识的统治比在神经官能症情况下所施行的暴虐和专制多少要仁慈一些。因此，前者所引起的评论较少；但是，所有情况中的原则都是一样的：无意识是每一个命运的主人，是每一个灵魂的首领。

我们说一台机器大部分时间制造出好的产品，但偶尔制造出一个"次品"。我们当然不会让这个产品对此承担责任，而是这台机器，或——经由这台机器——其制造者对此负责。将责任的概念扩展到无生命的事物是愚蠢的吗？当然。但是，运用这一概念来谈论人类就会不那么愚蠢么？在无数重要的方面，这两种情况不是相似的吗？偶尔，一个孩子也会被制造坏了，即使他的环境和所受到的培养与他的那些被制造得好的兄弟姐妹们一样。他是个"令人讨厌的小家伙"。他在成年生活中反对父母之训诫的反叛行为(如已引述过的赌博者的案例)起源于这样一种早年的经验，即婴儿时期之愿望遭到真实的或虚构的拒绝的经验。有时这种拒绝是真实的，如果孩子要成长为遵守文明生活之普遍礼仪的人，很多拒绝是非常必要的；有时，如果孩子有异常大量的自恋，他会将发生的每一件事都解释成对他愿望的拒绝，并且不管父母做什么，即使是满足他每一个力所能及的愿望，也不会有帮助。在所有事例中，后来的神经官能症都可归因于此。我们能让这个人自己承担责任吗？很难说。当然，如果他从事危害社会的活动，我们必须将他投入监狱，但责任是另外一回事。早在他能够思考和决定之前，使他的神经官能症行为不可避免地发生的事件就已经发生了。作为一个成人，但是一个不是他所制造的世界的牺牲品——只不过这个世界是内在于他的。

那些被制造得好的孩子们又怎样呢？我们只能说"他们正好很幸运"，他们不幸的兄弟所遭遇的事情没有发生在他们身上；不是通过他们自己的优点，他们也没被注定这样的生活：无意识的犯罪，赎罪，意识的压抑，为平息暴虐的超我的受惊的自我姿态(ego-gestures)，而他们的兄弟却被注定了这样的生活。机器以极小的损害将他们制造出来。但是，如果我们不能因他们兄弟的恶而责备他，那么我们也不能因他们的善而赞扬他们；当然，如果我们不因不是人们的过错的事而责备他们，也不因幸运的偶然事件而赞扬他们的话。

我们都同意机器会制造出"次品"，也都同意自然在生物领域会制造出有残缺的人——盲人等身体残障人士；但是我们犹豫是否要将人格的领域包括进去，因为，这似乎是我们作为人类的尊严的最后保留地。我们的自我绝不能容忍这一点；至少，我们必须保留这一孤岛不受洪水的侵害。但在这里，不也正可以做出同样的分析吗？自然也会制造出比其他任一类型都多得多的精神上的"次品"；并且确实，在某些方面，我们所有人都是"次品"，只不过是程度不同罢了。我们中的一些人很幸运，没有赌博神经官能症，或犯罪倾向，或依恋母亲的受虐心理，或使我们生活悲惨的超度反复冲动（overdimensional repetition-compulsion）；但是，同样，无意识统治着我们的大部分行为，而且这些行为通常被认为是最重要的。并且，如果我们可以把神经官能症比作上帝的诅咒，那么，我们中的那些选民，那些没有受到神经官能症之罪恶的地狱之火煎熬的人，在一定程度上似乎也是"残酷的专制者"的卑下奴隶。

但是，假定有人说，只有在一个人的行为完全不受无意识决定的程度上，他才是自由的，那么无意识是仁慈的，还是险恶的呢？如果这是标准的话，精神分析学家们就会说，大部分人的行为根本不能被称为是自由的：我们的冲动和意志必定与我们对生活的基本态度有关，无论我们是乐观者还是悲观者，是意志坚定的还是意志软弱的，无论我们是急性子还是慢性子，无论我们是"天然利己的"还是"天然仁慈的"（所有的行为都起因于这些事情）；那些使我们烦恼的事情，无论我们喜欢金发女郎还是褐发女郎，喜欢年纪大的还是年纪小的，无论我们变成哲学家还是艺术家还是商人——所有这些在无意识的层面，都有它们的基础。如果人们普遍地称大部分行为是自由的，不是因为他们相信我们应该将被迫的行为称作自由，而是不知道，我们有多大比例的行为确实是被迫的。只有我们生活的相对"无味"的方面——例如对与我们没有实际重要性的人们的行为——例外于这一规则。

我认为，这些正是区分自由和缺乏自由的两条原则性标准，这些标准是我们能够在精神分析学的知识基础上建立起来的。可想而知，我们还能够建立起其他标准。当然，在每一个案例中，这仍然是琐屑的事实："它全依赖于我们选择怎样去使用这个词。"事实就如它们所是的那样，不管我们选择什么样的词来标贴它们。但是，如果我们选择以一种这样的方式来标贴它们，即：与人们长久以来在头脑中含糊地使用这些标签的方式不一样，就像如果我们被称作是

"自由的"，那么我们将做很多行为，我们知道这些行为与我们通过现代精神分析学的方法去做这些行为大约一样多，那么，我们就只有操纵词语去误导我们的同胞了。

注释

[1]《伦理学》，15～16 页。

[2]《哲学和物理学家》，212 页。

[3]《伦理学问题》，艾林(Rynin)译，150 页。

[4]《伦理学》，第六章，217 页。

[5]《纽约邮报》，1948-05-18(4)。

[6] 我知道，并非所有的临床精神分析学家都会接受下面所陈述的理论。很多非弗洛伊德主义者不会同意下面所陈述的结论。但是我相信，只要人们接受无意识动机(unconscious motivation)的概念，这一事实就不会影响我的讨论。我也知道，在以下的描述中所借用的语言很多是万物有灵论的和隐喻性的，但是只要我陈述一个观点，我就宁愿走极端，以及在它最戏剧性的形式中陈述它。通过使用这样的语言，我能将这个理论最清楚地表达出来，就好像用模型常常能使学生最清楚地了解原子理论一样。

[7] 在埃德蒙德·柏格勒(Edmund Bergler)的《离婚无济于事》一书中，特别是第一章中，这一观点得到了非常清楚的展开。

[8] 参见《西格蒙德·弗洛伊德基本著作》，现代图书版，310 页(《梦的解析》)。也可参照恩勒斯特·琼斯(Ernest Jones)的论文《对哈姆雷特的精神分析学研究》。

[9] 参见埃德蒙德·伯格勒的关于病理学上的赌博者的论文，载《神经系统的疾病》(1943)。也可参见《关于犯罪机制的假定》，载《犯罪精神病理学期刊》(1944)和《临床研究对酗酒者的心理起源问题的贡献》，载《酗酒研究季刊》，第 5 卷第 434 期(1944)。

[10] 例如，埃德蒙德·伯格勒：《意识的争战》，第 1 章。

[11] 女孩在此以后的发展不太一样。社会要求成年男性有较多的进取性，因此在男性身上就有较多的超我来约束消极顺从的倾向，由此他的防卫必须更强。

[12] 萨缪尔·巴特勒：*Erewhon*，现代图书版，107 页。

[13] A. J. 艾耶尔：《自由与必然》，载《争论》，1946(9、10)，40～43 页。

选译自《哲学和现象学研究》（美），1950（10）。

汪琼译，万俊人校。

图书在版编目（CIP）数据

20 世纪西方伦理学经典 / 万俊人主编. —北京：北京
师范大学出版社，2021.8
ISBN 978-7-303-24033-3

Ⅰ.①2… Ⅱ.①万… Ⅲ.①伦理学－研究－西方国家
Ⅳ.①B82

中国版本图书馆 CIP 数据核字（2021）第 070135 号

营 销 中 心 电 话　010-58805385
北 京 师 范 大 学 出 版 社
主题出版与重大项目策划部　http://xueda.bnup.com

20 SHIJI XIFANG LUNLIXUE JINGDIAN
出版发行：北京师范大学出版社　www.bnup.com
　　　　　北京市西城区新街口外大街 12-3 号
　　　　　邮政编码：100088
印　　刷：北京盛通印刷股份有限公司
经　　销：全国新华书店
开　　本：787 mm×1 092 mm　1/16
印　　张：168
字　　数：2495 千字
版　　次：2021 年 8 月第 1 版
印　　次：2021 年 8 月第 1 次印刷
定　　价：798.00 元（全八册）

策划编辑：祁传华　　　　　　责任编辑：陈佳宵　郭　瑜
美术编辑：王齐云　　　　　　装帧设计：王齐云
责任校对：陈　民　　　　　　责任印制：陈　涛

版权所有　侵权必究
反盗版、侵权举报电话：010-58800697
北京读者服务部电话：010-58808104
外埠邮购电话：010-58808083
本书如有印装质量问题，请与印制管理部联系调换。
印制管理部电话：010-58808284